Hanna Vatter

Radikale Männlichkeit

Hanna Vatter

Radikale Männlichkeit

Der narzisstische Charakter und seine Sehnsucht nach Autorität

Alibri Verlag
Aschaffenburg

2023

Hanna Vatter ist akademische Mitarbeiterin an der Fachhochschule Potsdam, an der sie zum Komplex Carearbeit, Misogynie und Männlichkeit promoviert. Sie gibt Seminare und hält – als bildungspolitische Referentin – Vorträge zu den Themengebieten Geschlecht und Rechtsautoritarismus.

Alibri Verlag
www.alibri.de
Mitglied in der Assoziation Linker Verlage (aLiVe)

1. Auflage 2023

Lektorat: Vera Warschau
Umschlaggestaltung: Eva Creutz
unter Verwendung einer Abbildung von pexels-mohammed-ben-yekhlef-12289477

Druck und Verarbeitung: druk-24h, Białystok

ISBN 978-3-86569-356-3

Inhaltsverzeichnis

Teil 3
Radikale Männlichkeit

Für Linda – die Kämpferin

Meine große Wertschätzung möchte ich
meinem Partner Arne Kersting
und meiner feministischen Lektorin Vera
ausdrücken. Ihr habt mich sehr unterstützt.

Wir alle brauchen Andere und sind mit ihnen verbunden,
das wird auch in so einem Schreibprojekt sehr klar.
Danke!

Zwischen Frau und Mann da „kommt es zu Attraktion, Begierde, Besitznahme, Konsumption, Abscheu usw. Aber nicht zu dieser Verwunderung, die das, was sie anschaut, immer ein erstes Mal anschaut und die den anderen nie als ihr Objekt begreift."

Luce Irigaray

Die sexuelle Differenz stellt eine der Fragen oder die Frage dar, die in unserer Epoche zu denken ist.

Luce Irigaray

Einleitung

Auseinandersetzungen um Autorität sind Triebfedern unserer Kultur. Und dies schon so lange, wie Menschen Kultur schaffen, um ihre Reproduktion zu organisieren. Die Autorität ist fest in religiösen und säkularen Welterklärungen verankert: „Gott schuf also den Menschen als sein Abbild; als Abbild Gottes schuf er ihn“.[1] Mythologisch wie ideologisch scheint der Mensch nur mittels Hierarchie und Ungleichheit miteinander auszukommen; das spiegelt sich in diesem Bibelzitat wider, das die religiösen Vorstellungen von zwischenmenschlichem Umgang sprachlich einfängt. Die Autorität ist dabei männlich. Und auch in säkularen Mythologien[2] ist diese männlich. So haben wir es bei Herrschern und Führern fast ausschließlich mit Männern zu tun. Dies hat seinen Ursprung nicht etwa in einer irgendwie gearteten Biologie von Frau und Mann. Geschlechtssegregierende Kulturen haben stets für ein Hervorbringen von Geschlechtsidentitäten gesorgt, in denen Männlichkeit eine übergeordnete Position einnimmt. Im Laufe der historischen, männerbündischen Organisation der menschlichen Reproduktion hat sich ein Subjekt herausgebildet, das männlich bestimmt ist. Die Philosophie und andere Wissensbereiche setzten es als Ausgangspunkt von Überlegungen darüber, wie ein kulturelles Zusammenleben organisiert werden kann. All dies unter dem Primat einer impliziten männlichen Autorität. Sie ist dementsprechend omnipräsent: in Beziehungen, der

1 Die Bibel, Einheitsübersetzung der Heiligen Schrift, Gesamtausgabe, Psalmen und NT, Ökumenischer Text Stuttgart 1997, Genesis Kapitel 1, Vers 27.

2 Adorno und Horkheimer analysierten in ihrer *Dialektik der Aufklärung* (1944) den dialektischen Rückfall der Aufklärung in ihr scheinbares Gegenteil: den Mythos. Die im animistischen Opfer angelegte begriffliche Subsumtion des Anderen und Fetischisierung des Aktuellen, hat sich in der Säkularisierung als neuer Mythos etabliert. Die Säkularisierung ist die wissenschaftliche Entwicklung von Begriffen und die Beschneidung der Macht der Kirche Verbote und Gebote durchzusetzen.

Familie, dem Staat und insgesamt in der gesellschaftlichen (sprachlichen) Struktur. Autoritär heißt, dass die Subjektpositionen übereinander gelagert sind. Dass die Macht ungleich verteilt ist. Dies drückt sich in sozialer Hierarchie und dementsprechend ungleichen Bedingungen, für ein genussvolles Leben aus. Wir haben diese Hierarchien derart verinnerlicht, dass wir sie kaum infrage stellen. Und das, obwohl es historisch immer wieder antiautoritäre Bewegungen gab, die die Hierarchien als antiemanzipatorisch angriffen. Allerdings nie so fundamental, dass sie über die Oberfläche hinaus abgebaut worden wären.

Aktuell wird in unterschiedlichen Bereichen des gesellschaftlichen Lebens der Ruf nach männlicher Autorität wieder lauter. In der Pädagogik beispielsweise drückt sich die Autoritätssehnsucht im Wunsch nach mehr männlichen Vorbildern in Familie, Kita und Grundschule aus. Auch im psychoanalytischen Diskurs setzt sich das Denken durch, dass Jungen und Männern aktuell eine Identifikationsfigur fehle, die durch Verbote eine moralische Orientierung vermittele. Die Orientierungslosigkeit wird ebenfalls in den Gesellschaftswissenschaften und der Philosophie beklagt. Sichtbar wird eine solch problematische Entwicklung beispielsweise im aktuellen Fall des Kinder- und Jugendpsychiaters Michael Winterhoff. Dieser verabreichte vielen Kindern und Jugendlichen in Heimunterbringung eine völlig unverhältnismäßige Menge ruhigstellender Neuroleptika, die schwere Nebenwirkungen und Langzeitschäden verursachen können. Die Vergabe begründete er mit der pseudowissenschaftlichen Diagnose des „frühkindlichen Narzissmus“.[3] In seinen autoritären Publikationen wie *Warum unsere Kinder Tyrannen werden* propagiert er einen hierarchischen, antiemanzipatorischen Erziehungsstil. Er diagnostiziert: „Schwierigkeiten bereiten zunehmend Kinder und Jugendliche, deren Eltern vom ersten Tag an liebevoll mit ihnen umgehen, für jeden gut gemeinten Erziehungsratschlag dankbar sind und innovative pädagogische Konzepte in die Tat umzusetzen versuchen.“ Er schreibt weiter, dass auch der „Klaps auf den Hintern“ aus guten Gründen wieder diskussionsfähig geworden sei.[4] Etliche staatliche

3 Vgl. Nicole Rosenbach, Per Quast; Steinhäuser, Marc (2021): Ermittlungen gegen Kinderpsychiater Winterhoff; wdr.de, 16.9.2021, online verfügbar unter www1.wdr.de/nachrichten/landespolitik/winterhoff-vorwuerfe-jugendamt100.html, zuletzt geprüft am 26.11.2021.

4 Winterhoff, Michael (2008) Warum unsere Kinder Tyrannen werden – Oder: Die Abschaffung der Kindheit. Gütersloh, München: Gütersloher Verlagshaus. S. 16 ff.

Institutionen, wie z. B. das Jugendamt, arbeiteten eng mit Winterhoff zusammen. Durch ihren Glauben an Autorität und Hierarchie gefährdeten sie das Wohl der ihnen Anvertrauten.[5] Im Narrativ Winterhoffs erscheint die Autoritätssehnsucht als Gegenentwurf zur antiautoritären Bewegung der 68er Jahre und ihren emanzipatorischen Errungenschaften. Das der Autorität inhärente Prinzip des Ideals männlicher Überlegenheit gegenüber allem weiblich konnotierten kann auch von Frauen zur Identifikation genutzt werden. Ein solcher, männlicher Habitus lässt sich beispielsweise bei Alice Weidel erkennen, die so zu ihrer machtvollen Position gelangte, in der sie nun Misogynie, Antifeminismus und Homophobie Vorschub leistet. Einzelne Frauen gelangen vorwiegend deshalb in männlich codierte Positionen, weil sie die zugrundeliegende Idee, einer intergeschlechtlichen Hierarchie nicht in Frage stellen. Diesem Subjektverständnis liegt die Vorstellung einer Geschlechterdifferenz zugrunde, die symbolisch wie materiell Ungleichheit reproduziert. Die Imagination des Verhältnisses (oder gerade eines Nicht-Verhältnisses) Männlichkeit zu Weiblichkeit verleiht ersterer Macht und Anerkennung, zweitere verharrt konstruktionsgemäß in der Ermöglicherin dieses Verhältnisses. Umgekehrt bedeutet das, dass *en gros* nur männlich codierte Elemente Machtchancen innehaben und Anerkennung versprechen. Weiblichkeit ist minderwertig und wird kulturell stets als solche reproduziert. Es handelt sich sozusagen um eine Differenz, die Einheit ermöglicht, indem sie Verschiedenheit symbolisch eliminiert, dadurch aber männlich, *weiße* Überlegenheit produziert.

Insofern ist es nicht verwunderlich, dass autoritäre Rechte und Konservative diese Art von patriarchaler Differenz zwischen Frau und Mann als Ausgangspunkt ihrer Kämpfe setzen und sie verstärken wollen. Sie kämpfen für eine rigide Geschlechtertrennung und für eine gesellschaftliche Verunmöglichung von Homosexualität. Denn Homosexualität stellt in antibürgerlicher Form das institutionalisierte Zusammenleben von Frau und Mann

5 Die erwähnte Monografie war monatelang Bestseller und wurde 450.000 mal verkauft. Winterhoff wurde außerdem zu zahlreichen bekannten Talkshows eingeladen und hielt europaweit Vorträge. Inzwischen ermittelt die Staatsanwaltschaft wegen gefährlicher Körperverletzung gegen ihn. Dass Winterhoff in eine solch machtvolle Position gelangte und so viele Menschen seiner gewalttätigen „Erziehung" zustimmten, werte ich als weit verbreitete Autoritätssehnsucht. Vgl. Spiegel (2022): Polizei durchsucht Praxis von Kinderpsychiater Michael Winterhoff, www.spiegel.de/panorama/justiz/michael-winterhoff-polizei-durchsucht-praxis-von-kinderpsychiater-a-d6fb9f95-6035-47e3-8447-5548820c85d3, zuletzt geprüft am 22.6.2022.

infrage: „Wir wehren uns gegen die staatsfinanzierte Globohomo-Ideologie und bekämpfen sie überall, wo sie sich zeigt. Diese Mauer ist ein Symbol für unseren Widerstand. Sie ist die rote Linie, die wir verteidigen: Heimat, Freiheit, Familie und die natürliche sexuelle Identität. Dekadenz hat keine Zukunft. Eure Zeit ist bald vorbei."[6] Luce Irigaray zufolge gehen die Rechtsautoritären gegen „den Genderwahnsinn" vor, weil im Unbewussten der Menschen eine Selbstrepräsentation vorhanden ist, die göttlich-männlich bestimmt ist.[7] „Brasilien über allem, Gott über allen"[8] ist ein aussagekräftiger Satz des ehemaligen, *rechtsautoritären* Präsidenten Brasiliens, Jair Messias Bolsonaro (2019–2022). Unbewusst verbindet er sprachlich die Nation mit dem Göttlich-Männlichen und verleiht so sich selbst und den ihn umgebenden Männern Macht.

Kulturell wurden bisher keine allgemeinen Praktiken geschaffen, die ein egalitäres Zusammenleben ermöglicht. Dies hat im beschriebenen Prinzip der unbewussten, männlichen Konnotation der Kultur und des kulturellen Subjekts ihre Ursache. Weiblichkeit ist kulturell nicht als eigenständige Position und Lebensweise entwickelt. Als Trugbild der Emanzipation erzeugen Frauenquoten und einzelne Frauen in Machtpositionen den Irrglauben, das männliche Subjekt habe inzwischen global betrachtet keine Machtposition mehr inne. Die von mir untersuchten Attentäter jedenfalls wurden durch diesen Irrglauben motiviert, Andere in Shootings zu töten.

Ausgewählt habe ich für meine Analyse Anders Behring Breivik, Elliott Rodger, Stephan Balliet und Tobias Rathjen. Sie sind Schlüsselfiguren im westlichen Kontext und stammen aus Norwegen, den USA und Deutschland. Die Texte dieser Attentäter weisen verschiedene Narrative auf, die jedoch einen gemeinsamen Kern haben: den Wunsch nach männlicher Autorität und damit auch der eigenen Überlegenheit. Darüber hinaus waren die Täter davon überzeugt, unfair behandelt worden zu sein. Sie hatten den

6 Zitat aus einem Aktionsbericht, der auf der rechtsextremen österreichischen Webseite Heimatkurier wiedergegeben wurde. Patriotische Intervention: Brandmauer gegen Trans-Propaganda, Artikel vom 3.6.2022, https://www.heimat-kurier.at/2022/06/03/patriotische-intervention-brandmauer-gegen-trans-propaganda, zuletzt geprüft am 26.6.2023.

7 Irigaray: Das Geschlecht das nicht eins ist, S. 190.

8 Kuner, Lisa (2021): „Brasilien über allem, Gott über allen": Wie viel Einfluss haben Evangelikale in Bolsonaros Land? www.merkur.de/politik/brasilien-bolsonaro-evangelikale-kirchen-christen-suedamerika-90253997.html, zuletzt geprüft am 20.6.2022.

Eindruck, dass ihnen ein größeres „Stück vom Kuchen" zustehe als das, das sie im Leben abbekamen. Diesen Eindruck hatten sie deshalb, weil sie sich mit einem männlich-überlegenen Selbst identifizierten. Denn dieses verlangt nach einer machtvollen Position, die zugleich die Chance bietet, durch Andere ein noch größeres Selbst gespiegelt zu bekommen, also symbolische und materielle Anerkennung zu erhalten, die der Ideologie gemäß dem Männlich-Dominanten „von Natur aus" zustünde.

Um das beschriebene Phänomen und seine todbringende Konsequenz zu erläutern, verwende ich die Machttheorie des Strukturalisten Jacques Lacan und die der feministischen Poststrukturalistin Luce Irigaray. Diese Machttheorien und wie ich die Täter und ihre Taten anhand dieser Theorien interpretiere, werde ich in Teil 3 Teil ausführlich darlegen.

Ich stelle dabei fest, dass es sich beim Selbstverständnis der Täter um männlichen Narzissmus handelt. Nicht im Sinne einer psychischen Erkrankung, sondern im Sinne der Lacanschen Theorie, der zufolge sich ein Subjekt nur durch die Spiegelung durch andere Subjekte als identitäre Einheit begreift. Die Gesellschaften dieser Welt bieten dem männlichen Subjekt eine Spiegelung, die Höherwertigkeit suggeriert. Die Täter begriffen sich alle als überlegen. Wenn nun die spiegelnde Umwelt nicht den unbewusst und bewusst empfundenen, übergeordneten Selbstwert zurückspiegelte, so reagierten sie mit massiven Aggressionen. Diese sozialpsychologischen Vorgänge haben inzwischen einen kollektiven Charakter, der besonders deutlich in den sozialen Medien aufzeigbar ist. Die von mir untersuchten Attentäter stellen in dieser kollektiv-psychotischen Wahrnehmung von Kultur, in der sie sich als Führerfiguren imaginieren, nur die verkörperten Zuspitzungen von kollektiven Tendenzen dar.

Statt jedoch eine gesellschaftstheoretische Analyse der Motive der hier untersuchten Attentätern vorzunehmen, werden ihre Taten oft mit individuellem Wahnsinn erklärt. Von den Behörden wie auch den Medien wird der Eindruck vermittelt, es handele sich um psychisch gestörte Einzeltäter. Dabei hängen die Täter mit einer gesellschaftlichen Bewegung zusammen, in der dieses drängende Gefühl – um eine gesellschaftliche Machtposition gebracht worden zu sein, die ihnen aufgrund ihrer Identität qua Natur eigentlich zustehen würde – stark geteilt wird.[9] Von Geschlecht und nationaler

9 Dies entspricht einer Anspruchshaltung gegenüber der Verfügung über Kapital und symbolischer Anerkennung in der privaten und öffentlichen Sphäre. Beispielsweise haben viele Männer das Gefühl, ihnen stünde Sex und Fürsorge

Angehörigkeit werden sogenannte „Etabliertenvorrechte“ abgeleitet. Bei der Betrachtung dieser Ideologie fällt eine große Leerstelle auf: Es wird kaum gefragt, warum diese Menschen solche Ungerechtigkeitsempfindungen und Aggressionen entwickeln, und warum die Bewegung männerdominiert ist. Bei den Attentätern handelt es sich sogar fast ausschließlich um Männer.[10] Nichtsdestotrotz wird ihre Männlichkeit als Phänomen und Kulturelle Dimension nicht weiter besprochen. Auch ihre massive Misogynie, ihre Sehnsucht nach Hierarchien und nach einer Männlichkeit begünstigenden Ungleichheit wird gefährlicherweise nicht thematisiert.

Diese Leerstelle lässt sich durch eine patriarchale Abwehr erklären. Die erwähnte gesellschaftliche Hierarchie ist derart selbstverständlich und unbewusst, dass sie nicht in die Analyse der Attentate und der *rechtsautoritären Bewegung* miteinbezogen wird. Das vorliegende Buch hat zum Ziel, diese Leerstelle zu füllen und eine Antwort darauf zu geben, was Geschlecht und geschlechtsspezifische Subjektivierung mit dem Entstehen und Ausagieren von Vernichtungswünschen zu tun haben.

In diesem Buch wird die These argumentiert, dass dem narzisstischen Charakter des Neopatriarchats aktuell die bedingungslose Spiegelung des Männlichen durch Frauen und „Ausländer“ fehlt. Das führt zu Selbstwertkonflikten und in der Folge zu Aggressionen, die Vernichtungswünsche gegenüber denjenigen produzieren, die vermeintlich in der Hierarchie unter diesen Männern stehen. Als Kompensation des kollektiven narzisstischen Selbstwertkomplexes und als Folge von pathischer Projektion entsteht der Wunsch, Subjekte, die die eigene, männliche, rassifizierte Überlegenheit infrage stellen, zu vernichten. Auf der Basis dieser Annahme, diskutiere ich den Wunsch der Attentäter und Mitglieder der rechtsautoritären Bewegung nach männlichen Autoritäten als Identifikationsfiguren. Denn machtvolle Männer verleihen dem männlichen Kollektiv – so unterschiedlich die ein-

---

von Frauen zu. Andere haben das Gefühl, dass „Ausländer“ ihnen Chancen auf eine anerkennungsreichere Lohnarbeit wegnehmen. Wieder andere beklagen, dass „Ausländer“ ihnen „die Frauen wegnehmen“. Alle Narrative waren Teil des Gedankenguts der Attentäter und sind in der *rechtsautoritären Bewegung* weit verbreitet.

10 Rechtsterroristische Gewalt seit 1945 ist mit 98 % fast ausschließlich von Männern verübt worden. Nur 0,2 % waren Täterinnen. Der Anteil der Frauen in der rechtsautoritären Szene wird auf 20 % geschätzt. Vgl. Billstein, Thorsten (2020): Kein Vergessen. Todesopfer rechter Gewalt in Deutschland nach 1945, S. 24 f.

zelnen Mitglieder auch sein mögen – insgesamt Macht und Selbstwert. Ich bewerte die Attentate als Herstellung überlegener, männlicher Identitäten. Sie sind Teil einer unbewussten Revolution hin zum hierarchischen, männlich konnotierten Volkskörper mit faschistischen Vaterfiguren.[11] Einzelne sind bereit, sich für die Ingroup zu opfern, um sich ganz in deren Gruppenidentität aufzulösen.

In *Teil 1* dieses Buches werden zur Einordnung der Attentate Aktualität und Kontinuität der antiegalitären Narrative aufgezeigt. Es geht im Weiteren um die Verortung und Reichweite der europäischen, *rechtsautoritären Bewegung*. Hier erläutere ich, inwiefern Kapitalismus, Faschismus, Misogynie und Antifeminismus zusammenhängen. Dabei werden einerseits die Kapitalreproduktion und ihre Krisen und andererseits deren Verquickung mit Stereotypen und ihrer Funktion dargestellt. Bezogen auf Deutschland gipfelte diese Verknüpfung im Zweiten Weltkrieg und der damit einhergehenden massenhaften Vernichtung menschlichen Lebens. Nach dem Zweiten Weltkrieg überdauerten autoritäre Einstellungsmuster und Zusammenhänge. Und auch die gesellschaftlichen Strukturen, die den Faschismus möglich machten, existieren fort.

Bei der Dethematisierung von Patriarchat und Geschlecht in Bezug auf die Attentate handelt es sich auch wissenschaftlich um eine Forschungslücke. Sie führt zur Verkennung der Ursachen und Gefahren, die in den Shootings stecken. Es wird nicht reflektiert, dass die Täter kulturelle Verkörperungen sind und insofern kulturtheoretische Erklärungsansätze bemüht werden müssen, um sie und ihre Taten zu interpretieren. Ich zeige auf, warum dabei einerseits eine feministische Perspektive unbedingt notwendig ist und diese andererseits oft bei der Erklärung der *rechtsautoritären Bewegung* unberücksichtigt bleibt.

11 In der *rechtsautoritären Bewegung* sind auch Frauen aktiv. Diese stellen aber durch die Art ihrer Politik die hierarchische Struktur der Gesellschaft nicht infrage. So propagieren sie ebenfalls die subordinierte Position von Frauen und sonstigen, geanderten Menschengruppen. Die populäre Autoritäre Birgit Kelle beispielsweise findet in ihrer 2017 erschienenen Monografie „Muttertier, Eine Ansage“, dass die „Fossilfeministinnen“ der Frau ihre „natürliche“ Aufgabe der Mutterschaft untersagten. Diese metaphorische Verbindung von Natur und Mutterschaft ist in der Tat sehr interessant. In Teil 3, Kapitel „7. Frauenmarkt: Fetischobjekt Frau“ wird es um diese sprachliche Verbindung gehen und deren Implikationen bezüglicher der Frauenkonstruktion in Patriarchaten. Vgl. Kelle, Birgit (2017): Muttertier, Eine Ansage. Lüdenscheid: Fontis.

Dabei geben in *Teil 2* dieses Buches die Biografien und Fakten, die über die Leben der Täter bekannt sind, Hinweise auf die jeweiligen Ich-Konflikte und Identitätskonstruktionen, die für die Analyse der Selbstbilder in Abgrenzung zum *Anderen* wertvoll sind. War der Täter populärer und noch am Leben, so gab es umfangreichere Informationen.

In *Teil 3* dieses Buches wird zunächst die Bedeutung von psychotischer Wahrnehmung erläutert. Dabei interessiert, inwiefern sie auf überindividuelle, gesellschaftlich geteilte Auffassungen hinweisen. Der Faschismus beispielsweise baut auf kollektiven Psychosen auf. Wird die Beschäftigung mit den Beweggründen eines Attentäters mit der Wertung „psychisch gestörter Einzeltäter" abgewehrt, ist dies hochproblematisch. Denn auch wenn deren Verschwörungserzählungen zunächst wirr und ungewohnt wirken, beinhalten sie wichtige Informationen zur Wahrnehmung der Realität von immer mehr Menschen. Deshalb wird in Teil 3, Kapitel „1. Tätliche Wahrnehmung: Psychose und Hysterie", der Zusammenhang zwischen Verschwörungsnarrativ, psychotischer Realitätswahrnehmung und der darin enthaltenen Selbstpositionierung analysiert. Leitend war die Frage, welche Funktion die Verschwörungserzählungen in Bezug auf den eigenen Subjektstatus innerhalb einer Gesellschaftsformation haben. Im Weiteren geht es um den konkreten Inhalt der Verschwörungsnarrative der Täter. Dieser wird dann in einen Zusammenhang mit autoritären Narrativen gebracht, die aktuell in westlichen Gesellschaften an Definitionsmacht gewinnen. Daran anschließend werden in Teil 3, Kapitel „4. Neopatriarchale männliche Subjektivierung" anhand der Theorien von Jacque Lacan und Slavoj Žižek[12] Formen dominanter Subjektivierung dargestellt. Ergänzt wird Žižeks und Lacans Analyse um eine patriarchatskritische Dimension, mittels derer erläutert werden kann, warum die neopatriarchale Subjektivierung Hass auf das *Andere* hervorbringt.

Das Kapitel „5. Der Muttermord und die Sehnsucht nach Autorität" in Teil 3 dieses Buches zeigt den Kern der beschriebenen Subjektivierung auf. Mutterschaft/Weiblichkeit wird demnach wie ein Naturrohstoff behandelt, der unbezahlt ausgebeutet werden kann. Hier ist die Frage, warum

12 Neben Alenka Zupančič und Mladen Dolar ist Žižek einer der populärsten Angehörigen der *Ljubljana Lacan Schule*. Diese entwickelte sich aus einer kritischen Opposition gegenüber dem jugoslawischen Autoritarismus. Soiland, Tove (2010): Luce Irigarays Denken der sexuellen Differenz. Eine dritte Position im Streit zwischen Lacan und den Historisten. Reprint. Wien, Berlin: Turia + Kant (Turia Reprint).

nicht die Mutter den Vater als Autorität abgelöst hat. Warum identifizieren sich die Attentäter und weite Teile der *rechtsautoritären Bewegung* mit der (vermeintlich fehlenden) Vaterautorität? Und was geschieht, wenn diese als nicht mehr übermächtig genug wahrgenommen wird?

Lacan diagnostizierte, dass aktuell eine Genusspflicht besteht. Das Subjekt ist aufgefordert, sich ständig zu optimieren, zwanghaft glücklich und erfolgreich zu sein.

In Teil 3, Kapitel „6. Pflichtschuldiges *Genießen*" argumentiere ich mittels Alenka Zupančičs Theoretisierung einer selbstzerstörerischen Verbindung von Moral, Kants „guter Seele" und der „Pflicht zum Genießen". Die Analyse werde ich in den Kontext des Männlichkeitsideals der Täter stellen und dann der Frage nachgehen, inwiefern dieses Pflicht-Genießen einen geschlechtsspezifischen Kern hat. Das Kapitel „7. Frauenmarkt: Fetischobjekt Frau" in Teil 3 dieses Buches dient der Reflexion darüber, welche Gründe es dafür gibt, dass *rechtsautoritäre* Männern das Bedürfnis haben, Frauen zu erniedrigen und sie in „ihre natürliche Rolle" zurückzuweisen.

Wenn Subjekte daran scheitern, die eigene Identität genussvoll auszubilden, müssen dafür Sündenböcke gefunden werden. Diese Rolle wird gesellschaftlich abgewerteten Gruppen zugeschrieben. Weil es in patriarchalen Gesellschaften „nicht weit her ist" mit kritischem Denken werden innere Konflikte weiterhin auf diese Gruppen projiziert. Die inneren Widersprüche der Produktions- und Lebensweise gipfelten im Falle der Attentäter in aggressiven Vernichtungswünschen und -taten, die identitätsbasiert sind. Ich argumentiere, dass es kein Zufall ist, dass sich der Hass auf genau diese Gruppen, die der Frauen, „der Ausländer" und „der Juden", richtet. Das patriarchale Begehren bringt soziale Ungleichheit und gruppenbezogene Menschenfeindlichkeit hervor.

Geleitet hat mich daher die Frage, wie die Täter das *Andere* in Abgrenzung zum männlichen *Selben* konstruierten – wie sie also ihre Identität genussvoll imaginierten und auslebten. Die vorliegende Analyse dient dem Zweck, aufzuzeigen, wie sich die genannte neopatriarchale Struktur der *symbolischen Ordnung* im Schreiben der Täter zeigt. Und was das in Bezug auf die Selbst- und Fremdwahrnehmung der Täter bedeutet. In welchen Konfigurationen wurde *Genießen*/fehlendes *Genießen* thematisiert? Welche Fremdgruppen wurden zu welchem unbewussten Zweck konstruiert?

Dies werde ich dann im Fazit mittels Aufzählung und Kombination der einzelnen Analyseergebnisse reflektieren. Die zu beantwortende Frage ist, warum die *Anderen* von Abwertung betroffen sind, wie sich die Abwertung darstellt und was diese mit dem Selbstwert der Abwertenden zu tun hat.

Dieses Buch soll nicht zuletzt aufzeigen, dass es sich um eine gefährliche Bagatellisierung handelt, wenn in den Medien die autoritätssehnsüchtige und antiegalitäre Bewegung als „immer noch existent“ beschrieben wird. Die Formulierung „immer noch“ legt eine zeitliche Progression „zum Guten“ nahe – ganz im Gegenteil würde ich das ignorante „immer noch“ durch die Worte „wieder“, „vermehrt“ oder „gefährlich“ ersetzen.

Dieser Text soll zur patriarchatskritischen Untersuchung der Attentate beitragen. Meine Reflexionen und theoretischen Überlegungen sollen aufzeigen, dass die westliche Kultur mit Diskursen konfrontiert ist, die Menschen zukünftig noch stärker gegeneinander vorgehen lassen werden. Die von mir gewählten psychoanalytischen Theorien sollen einen Erklärungsrahmen anbieten, der die patriarchale Subjektivierung ins Zentrum der Bewertung der aktuellen, rechtsautoritären Tendenzen stellt. Dabei wird die Verbindung zwischen Unbewusstem, Wertverhältnis[13] und Geschlecht aufgezeigt theoretisiert.

Denn die geschlechtsspezifische Dimension hat ihre Gründe in der neopatriarchalen Subjektivierung, was mit Männlichkeitskonstruktionen einhergeht, die auf die Abwertung des *Weiblichen* und des *national Anderen* angewiesen sind. Männlichkeit als psychoanalytische Identitätskategorie ist im Kern antiegalitär – und da es sich dabei um Kultur und nicht Natur handelt, ist dies potentiell veränderbar.

Vor dem Verändern muss allerdings das Verstehen kommen. Und dieses Verstehen herzustellen, ist Anliegen meines Buches.

13 Mit Wertverhältnis ist die symbolische und materielle Akkumulation und Distribution von Wert und Waren gemeint. Im Kapitalismus wird nicht für von Bedürfnissen abgeleitete Bedarfe produziert. Vielmehr setzen sich „die Menschen [...] einem blinden Verhältnis toter Dinge – ihrer eigenen Produkte“ aus, dessen Wirkungszusammenhang sie sich zumeist nicht bewusst sind. Unbewusst fetischisieren Subjekte die Waren und sind durch ihre diskursiv produzierten Genusswünsche wiederum an das Verhältnis zurückgebunden. Dies nennt Lacan den psychoaffektiven Komplex des „Mehrgenießens“ (plus de jouir). Scholz, Roswitha (2011): Das Geschlecht des Kapitalismus. Feministische Theorien und die postmoderne Metamorphose des Kapitals. 2. Aufl. Horlemann: Bad Honnef, S. 16; Vgl. Soiland, Tove (2022): Genießen als Faktor des Politischen, S. 24.

Teil 1

Die Rechtsautoritären und ihre Männlichkeit

1. Forschungslücke Männlichkeit und Misogynie

Wie in der Einleitung erwähnt, ist ein zentraler Ausgangspunkt dieses Buches die These, dass in der Aufarbeitung von Attentaten, sowohl im öffentlichen Diskurs, als auch in wissenschaftlichen Beiträgen, eine massive Leerstelle herrscht: nämlich – in den allermeisten Fällen – die Berücksichtigung der männlichen Sozialisation der Täter und ihres misogynes Weltbildes. Ohne die Einbeziehung des patriarchalen Geschlechterverhältnisses lassen sich jedoch weder die Beweggründe der meisten Attentäter noch die Dynamik einer erstarkenden *rechtsautoritären Bewegung* angemessen aufklären.

Die Analyse dieses patriarchalen Geschlechterverhältnisses basiert auf verschiedenen Theorien, Annahmen und Definitionen, deren Grundzüge in diesem Kapitel vorgestellt werden. Hierzu zunächst die Frage: Was meine ich, wenn ich von *männlich*, *weiblich* und *Geschlecht* spreche?

Unter „Männlichkeit“ und „Weiblichkeit“ verstehe ich sowohl eine sprachliche Position als auch eine körperliche Materialität, die auf der Reproduktionsnotwendigkeit der Menschen basiert. Diese Reproduktionsnotwendigkeit ist Ausgangspunkt menschlicher Kultur.[14] Wie sie or-

14 Im Unterschied zur Reproduktion der Tier- und Pflanzenwelt ist menschliche Reproduktion komplex und sprachbasiert, bzw. symbolisch. Die Menschheit besteht aus den einzigen Wesen, die das symbolisieren können. Durch diese Art der symbolischen Verarbeitung von Realität ist seine Kultur durch sie gestaltbar.

ganisiert ist, kann unterschiedlich sein. In patriarchalen Gesellschaften ist diese Reproduktion männerbündisch organisiert. In Bezug auf die westliche kapitalistische Kultur hat sich daraus ein, die Gesellschaften weltweit dominierendes Wertverhältnis entwickelt. Und dieses wird noch in jeder Subjektwerdung im Inneren des Menschen, dem Unbewussten, stabilisiert. Männlichkeit bedeutet insofern ein historisches Identitätskonzept, das durch die familiale Sozialisation gebildet wird. Und zwar durch Identifikationsprozesse, die das Männliche als das Subjekt setzen und das Weibliche als die ihn umgebende Differenz. Dies bedingt die Subordination von Weiblichkeit und ebenfalls die tendenzielle Verweiblichung von Gewaltbetroffenheit, Armut und Krankheit. Auf der Gegenseite sorgt diese Art der Sozialisation für ein Gefühl der Mehrwertigkeit, Hass sowie Abwehr in Bezug auf das Weibliche und das Fremde insgesamt. Diese Prozesse sind sowohl reflektierbar als auch grundsätzlich veränderbar. Jedoch müssten sie erst ins kollektive Bewusstsein rücken und es müsste sich daraus eine radikale, bewegungspolitische Praxis ergeben. Das wird allerdings durch das Funktionieren von Herrschaft, und ihrer unbewussten, psychologische Ebene – diskursive Ideologien – erschwert. Denn die Aufrechterhaltung von Herrschaft ist notwendigerweise auf einem gewissen Maß zivilgesellschaftlicher Zustimmung aufgebaut. Je mächtiger eine gesellschaftliche Gruppe, desto durchsetzungsfähiger ihre Deutungen der Welt – ihre Fähigkeit Konsens über die Einwirkung in Diskurse herzustellen. Da es sich bei Ideologie, oder Diskursen um ein teils unbewusstes Wissen handelt, kann nicht unbedingt von manipulativen Verhältnissen gesprochen werden. Dieser Überlegung möchte ich im Beispiel des aktuellen „Asylkompromiss" verdeutlichen. Beim Wort selbst handelt es sich bereits um ein „Framing", das von Herrschaft geprägt ist. Denn aus menschenrechtspositiver Perspektive beurteilt, handelt es sich bei dem sogenannten „Asylkompromiss" um die fundamentale Aushebelung eines Menschenrechts: des Rechtes, auf einen fairen Asylprozess und Schutz. Politiker:innen begründen die Verabschiedung unter Anderem mit „den Sorgen der Bürger". „Der besorgte Bürger" nämlich, sei in seiner Angst ernst zu nehmen, die Gesellschaft ändere sich und er sehe sich mit „fremden" Menschen konfrontiert, was ihn wegen seiner emotionalen und intellektuellen Unfähigkeit überfordern würde. Mit diesem Narrativ, wird das Nichthandeln infolge von zum Teil schwerster Gewalt gegen geflüchtete und migrantisierte Menschen gerechtfertigt. Nun handelt es sich hier ganz eindeutig um eine herrschaftliche Perspektive. Würde aus der Perspektive migrantischer Organisationen und anderer Betroffener oder mit in diesem Kontext politisch Befasster erzählt, wäre das

Narrativ ein anderes, und zwar, dass der sogenannte „Asylkompromiss", das damit verbundene Sterben im Mittelmeer, die gewaltsamen Pushbacks und die allgemeine, rassistische, vernichtende Gewalt menschenverachtend ist. Gleichzeitig heißt das nicht, dass jede Person, die migrantisiert oder sonstig betroffen ist, Einsicht in diese Verhältnisse hat. Auch eine von Rassismus betroffene Person, kann rassistisch wahrnehmen und handeln. Zudem, sind Diskurse keine gezielten Manipulationen, im Sinne von es setzen sich „die Weißen" an einen Tisch und besprechen, wie ihre Herrschaft durch die Unterdrückung anderer gesichert werden könne. Viele der aktuellen Rassist:innen interpretieren sich nicht als solche, sondern begründen ihr menschenverachtendes Verhalten z. B. mit Sachzwanglogiken oder „der menschlichen Natur". Die Rassist:innen bemerken nicht, dass sie durch ihr Unbewusstes als Teile von Gesellschaft in Ideologien (Diskurse) involviert sind, deren Wirken durch ihre Körper sie nicht erfassen (können).[15]

Diskurse sind eine Mischung aus Interpretationen und Selbstverständlichkeiten, die auch eine affektive Ebene besitzen.[16] Wir sind als sprechende Wesen selbst Teil von ihnen und reproduzieren sie durch unsere unbewusste und bewusste Teilnahme an ihnen, einfach dadurch, dass wir kulturelle Wesen mit Vorstellungskraft sind. Der Eintritt in die Sprache macht den Prozess der Kultur, und damit Involviertheit und Verbundenheit mit anderen unwiderruflich geschehen. Durch Reflexion können wir zu einem gewissen Bewusstsein über die Funktionsweise von Diskursen und über die durch sie reproduzierten Ungleichheitsmechanismen und Hierarchie gelangen – ein Teil wird uns jedoch immer unbewusst bleiben, und unsere Affekte binden uns auch an das Nichterfassbare zurück. Menschen reproduzieren als Gefühlswesen Wahrheiten – und die Affekte sind Ausdruck des Unbewussten. Herrschaft ist mit Gefühlen verbunden, in dem Sinne, dass aus unreflektierten Affekten Ideologie und Handlungen entstehen. Hier ein aktuelles Beispiel für die Verbindung von Affekten und Ideologien: Der ehemalige CSU-Bundesverkehrsminister, Andreas Scheuer, erklärte, dass er

15 Nur die kritisch-reflexive Bildung, kann hier wirksam werden. Deshalb ist politischerseits unbedingt in Forschung und Bildungsarbeit zu investieren.

16 Lacan beschreibt die Wahrnehmung – also die Eingebundenheit von Subjekten in Diskurse – anhand der drei psychischen Register: Dem Imaginären (Vorstellung), dem Symbolischen (Zeichen, sprachliche Elemente), sowie dem Realen (Unfassbares, entgeht der Symbolisierung). Und dem Realen, das jedoch nicht in Begriffen fassbar ist. Vgl. Žižek, Slavoj (2016): Lacan. Eine Einführung, S. 19 f.

für einen AFD-Antrag gestimmt habe mit den folgenden Worten: „Mir war so, als hätte es sich um einen Antrag von uns gehandelt".[17] In der Formulierung klingt die unbewusste Ebene bei der Handlung für etwas zu stimmen mit. Scheuer agiert gefühlsbasiert, so, wie es in nicht zu Bewusstsein gelangten Gesellschaften üblich ist. Von CDU über SPD, den Grünen bis zu „den besorgten Bürgern" und Reichsbürgern breiten sich solche gefühligen Wahrheiten und Diskurse aus. Sie alle würden sich nicht als „rechts" bezeichnen, fühlen aber gewisse, scheinbare Sachzwanglogiken, die in der Logik menschenverachtend und hierarchisch sind und so sehr wohl rechtsideologisch. Eine Einordnung der Begriffe „autoritär", „rechtsautoritär" und „faschistisch" nehme ich in Teil 1, Kapitel „2. Die historische rechtsautoritäre Ideologie" vor. Durch die Erläuterung der oben genannten Diskurse möchte ich gerne zeigen, dass es sich also nicht einfach um eine gezielte Manipulation „der Mitte" durch „die Rechtsradikalen" handelt. Es geht vielmehr um ein komplexes Zusammenwirken von Ideologien und menschlichen Affekten. Und die Ausbreitung von wahnhafter Wahrnehmung ist sicherlich einerseits gezielt als aktive politische Arbeit intendiert, andererseits braucht es jedoch psychologische Konfigurationen, innerhalb derer Ideologie anknüpfen kann. Und diese Konfigurationen resultieren aus gesellschaftlichen Strukturen, also der insgesamten, kulturellen Reproduktion des Lebens. Insofern sind wir alle Teil dieser Diskurse und auch „die Mitte" teilt antiegalitäre und menschenfeindliche Narrative. Niemand ist also von der Pflicht freigesprochen, sich selbstkritisch in Bezug auf unbewusste, biografiebedingte Ungleichheitsbedürfnisse zu hinterfragen und diese Phänomene auch gesellschaftlich und gemeinsam zu reflektieren.

Die Verbindung zwischen Unbewusstem und Ideologie, wie sie sich in rassistischen Diskursen zeigt, gilt gleichermaßen für die Misogynie. Auch hier ist die herrschaftliche Perspektive die dominante. Männlichkeit und Misogynie werden in Bezug auf die Attentate nicht als die ausschlaggebenden Elemente erkannt, weil die dominanten Diskurse selbst Misogynie enthalten. Deutlich wird das in der Ausklammerung der Betroffenheit von Frauen bei Debatten zum Tatmotiv. Die Männlichkeit der Täter wird unterschlagen sowie ihre enorme Frauenfeindlichkeit, weil Misogynie derart selbstverständlich zur Kultur gehört, dass sie nicht reflektiert wird. Dieser

17 ZDF (2023): Scheuer: Aus Versehen für AFD-Antrag gestimmt, online unter www.zdf.de/nachrichten/politik/scheuer-abstimmung-afd-100.html, zuletzt geprüft am 9.7.2023.

Zusammenhang ist auf die patriarchale Historie und Subjektivierung zurückzuführen.

Im Verständnis der beschriebenen vergeschlechtlichten Sozialisierung liegt der Schlüssel zur Erklärung der untersuchten Attentate und der erstarkenden *rechtsautoritären Bewegung*.

Die folgenden drei Theoretiker:innen haben auf diesem Gebiet wichtige Beiträge geleistet. Bei allen drängen sich jedoch auch tiefergehende Fragen auf, die ich mithilfe der Theorien von Jacque Lacan und Luce Irigaray zu beantworten versuchen werde.

Der Autor Klaus Theweleit ist einer der wenigen, die eine patriarchatskritische Untersuchung autoritärer Gewalt vornehmen.[18] Er analysierte in den 1970er Jahren Briefe, Tagebücher und Autobiografien, die von nationalsozialistischen Funktionären publiziert wurden. So z. B. Material des kriegsbegeisterten Ideologen Ernst Jünger, der für seinen Einfluss auf das nationalsozialistische Regime wie auch auf die aktuellen *Rechtsautoritären* bekannt ist. In seiner Analyse erkennt Theweleit einen Autonomiekonflikt der Männer in Bezug auf die Mutter, der durch die psychosexuelle Entwicklung in der patriarchalen Familie hervorgerufen wird. Dies führe im Extremfall zu Vernichtungstaten, die eine Bewältigung der daraus resultierenden Angst vor Weiblichkeit darstellten. Das Attentat ist ihm zufolge die Herstellung von Homöostase, eines innerpsychischen Gleichgewichts. Diese Analyse übertrug er auch auf zeitgenössische Attentäter. In der Studie *Das Lachen der Täter* untersuchte Theweleit unter anderem auch den Attentäter Anders Behring Breivik. Dessen von Zeug:innen geschildertes, ausdauerndes Lachen während des Ermordens von 77 Menschen sei Ausdruck dieses Spannungsausgleiches.[19] Die Nationalsozialisten verkörperten Theweleit zufolge eine Revolution der Söhne, die die Mutter Nation verteidigen und wiederherstellen sowie in ihr herrschen, bzw. sie beherrschen wollen.[20] Denn sie seien vom Vater, der den Ersten Weltkrieg verlor, enttäuscht worden und setzten sich ödipal als Söhne an die Stelle des Vaters. Hierauf möchte ich meine Analyse aufbauen und die Perspektive erweitern. Die von mir untersuchten Attentäter stellen ebenfalls von der Vater-

18 Vgl. Theweleit, Klaus (2019): Männerphantasien, Berlin: Matthes & Seitz.

19 Vgl. Theweleit, Klaus (2015): Das Lachen der Täter: Breivik u. a., Psychogramm der Tötungslust. 3. Auflage, Wien: Residenz Verlag.

20 Vgl. Theweleit: Männerphantasien, S. 114.

autorität enttäuschte Söhne dar.[21] Die Erweiterung bezieht sich nun auf die Ausformulierung der historischen und aktuellen sprachbasierten Subjektivierung in der neopatriarchalen Familie, in der der Vater nicht notwendig anwesend ist, sondern als sprachliche Struktur *im-Namen-des-Vaters* die Subjektivierung strukturiert.[22] Ich gehe davon aus, dass diese veränderte Subjektivierung weitreichende Folgen für das geschlechtsspezifische *Genießen* hat und zu den von mir untersuchten Attentaten führte. Wie führt also die neopatriarchale Subjektivierung zum Verhalten der Täter? Welche Aspekte ihrer männlichen Subjektwerdung führen zu Vernichtungswünschen? Die Attentäter, als Söhne, sind vom Identitätsangebot, dass ihnen durch den Vater unterbreitet wird, enttäuscht. Sie sehnen sich nach machtvolleren männlichen Autoritäten, mit denen sie sich identifizieren können, um ihr Selbstwertgefühl zu steigern. Hierfür muss die Subjektivierung in der Familie analysiert werden, die inzwischen widersprüchliche Auflösungstendenzen zeigt. Der dort abwesende oder der im historischen Vergleich machtlosere Vater stellt die Ermächtigungsbedürfnisse des Sohnes nicht zufrieden. Gleichzeitig tritt Männlichkeit gesellschaftlich weiterhin als machtvoller Möglichkeitsraum auf. In filmischen oder literarischen Heldenerzählungen beispielsweise, oder in der Gamingwelt, im Sport, in der vergewaltigungskulturellen Pornografie und der Prostitution werden Männlichkeitsbilder reproduziert, die gegenüber der sozialen Gruppe der Frauen eine machtvolle Position einnehmen. Zudem ist Weiblichkeit wei-

21 Mit Hilfe der Theorien von Luce Irigaray und Tove Soiland argumentiere ich in Teil 3 Teil dieses Buches, dass in den aktuellen neopatriarchalen Zeiten der Patchworkfamilie der reale Vater immens an Macht eingebüßt hat.

22 Das Lacansche Konzept der Subjektivierung ist linguistisch angelegt: Die patriarchale Herrschaft findet ihm zufolge als sprachliche Struktur statt. Der Spracherwerb entspricht dabei der identitären Organisation des Subjektes um den Umstand der phallischen Macht herum. Bezeichnungen sind in diesem Sinne eine Hervorbringung von Hierarchien und Ungleichwertigkeiten. Nicht der reale Vater spricht die Kastrationsandrohung aus, sondern die Gesamtheit von Bedeutung durch unbewusste Zeichenanordnung setzt das Prinzip der „symbolischen Kastration“ durch. Die Menschen haben keinen Einblick in dieses Geschehen und nehmen daher an, dass durch „die Natur“ oder Sachzwang „schon alles seine Richtigkeit haben muss“, da die Evolution schließlich „Jäger und Sammler“ gebildet habe. Diese Narrative sind ideologische Einkleidungen von kulturellen Phänomenen, die nicht kritisch erfasst werden können. Vgl. Soiland, Tove (2022): Genießen als Faktor des Politischen – psychoanalytische Zugänge zur Gegenwart. Eine Einführung, In: Soiland, Tove; Hartmann, Anna (2022): Postödipale Gesellschaft Band 1, S. 22 f.

terhin symbolisch abgewertet, stellt also kein Identitätsangebot dar, das diese Söhne nutzen wollen.

Nach wie vor wird Irigaray zufolge durch die patriarchale Subjektivierung nur die männliche Identitätskategorie hergestellt.[23] Diese verliert aktuell scheinbar an Macht. Das Narrativ dieser Zeit ist das einer geschlechtsbezogenen Gleichberechtigung und einer Aufwertung auch anderer Differenzkategorien, was für die Attentäter eine Selbstwertkränkung bedeutet. Sie imaginieren allesamt Verschwörungen, innerhalb derer westliche Männer durch weibliche, muslimische und/oder jüdische Macht abgewertet, kontrolliert und beherrscht werden. Deshalb ermächtigen sie sich durch die Gewalttat und konstruieren u. a. damit eine dominante Männlichkeit, die ihrer Wunschvorstellung (Imagination von Männlichkeit) entspricht. Ich erweitere somit Theweleits Ansatz um die Analyse des aktuellen Neopatriarchats auf der Basis einer psychoanalytischen Machttheorie, die Weiblichkeit in ihrer kulturellen Subordination reflektiert.

Einen weiteren Forschungsbeitrag zum Verständnis männlicher Attentäter liefert Kate Manne, die Misogynie als Struktur der patriarchalen Gesellschaft analysierte.[24] Sie untersuchte unter anderem Elliott Rodger und stellte dabei fest, dass viele Männer einen Anspruch auf Bedürfnisbefriedigung durch Frauen postulieren und eine Verfügungsgewalt über sie und ihre Körper. Grund der von ihr festgestellten, strukturellen Misogynie sei die ungleiche Konstruktion der Geschlechter. Allerdings fehlt hier eine Theorie, die erklären würde, warum sich dies menschheitsgeschichtlich entwickelt hat und wie diese Struktur durch die Subjekte unbewusst reproduziert wird. Dass Frauen als minderwertig konstruiert sind, ist nicht zufällig. Diese Subjektivierung hat ihren historischen Ursprung im kulturellen Spracherwerb, der in komplexer Wechselwirkung zu materiellen Bedingungen steht. Der kulturelle Spracherwerb ist nach Lacan und Irigaray so angelegt, dass das Männliche als das Wichtige, das Weibliche als das Unwichtige gesetzt wird. Dem Männlichen ist damit ein Selbstwert eingeschrieben, der nach Macht verlangt. Und dieses Bedürfnis zu befriedigen, bräuchte es den Vater, der auch vor dem Gesetz der Frauen-Besitzende ist. Der neopatriarchale Attentäter sehnt sich nach dieser Vaterfigur, die so mächtig ist, dass sie die eigenen Machtbedürfnisse auslebt. Die unbewusste Misogynie drängt dabei nach Erniedrigung von Frauen und den *Anderen*.

23 Vgl. Irigaray: Das Geschlecht das nicht eins ist, S. 190.

24 Vgl. Manne, Kate (2020): Down girl. The logic of misogynie. London: Penguin Books.

Der bei Manne ausbleibende Begründung für die Misogynie der Attentäter lässt sich meiner Meinung nach nur auf die Spur kommen, wenn ein zwischenmenschliches Unbewusstes berücksichtigt wird, in dem sich die geschlechtsspezifische Menschheitsgeschichte niederschlägt.

Der Männlichkeitsforscher Rolf Pohl setzte sich in vielen wissenschaftlichen Beiträgen mit sexualisierter Gewalt auseinander. Er stellte dabei fest, dass die Täter Frauen unbewusst dafür bestraften, Begehren in ihnen hervorzurufen. Ihm zufolge lösen Frauen insgesamt bei vielen Männern Angst, Abwehr und Hass aus, weil ihre Existenz deren Selbstkonzept als autonomes Subjekt infrage stellen.[25] Pohl beschrieb Männlichkeit an sich als krisenhaften Zustand und bezog seine Forschungsergebnisse auch auf Attentäter der jüngeren Zeit.[26] Ich baue auf seine These auf, dass das affektive Begehren für die Attentäter angsteinflößend ist und ergänze dabei um die beschriebene Erkenntnis, dass die Gewalt zusätzlich eine machtvolle Aneignung der zum Objekt gemachten Frau ist. Diese Aneignung basiert darauf, dass die betroffenen Frauen zu Spiegeln gemacht werden, zu Spiegeln, die das Selbstbild der Attentäter größer und mächtiger erscheinen lassen sollen.

Lacans Theorie des Spiegelstadiums, wie er sie 1949 auf dem 16. Kongress für Psychoanalyse in Zürich vorstellte,[27] besagt, dass es in der kindlichen Entwicklung eine Phase zwischen dem 6. und 18. Monats gibt, in dem sich das Ich eines Menschen entwickelt und so auch ein Bewusstsein für das eigene Selbst (Selbstbewusstsein). Das Sich-Erkennen des Kleinkindes im Spiegel setzt laut Lacan eine Kaskade von psychischen Prozessen in Gang, aus denen einerseits eine Spaltung und Entfremdung des Ichs folgt und die anderseits die Grundlage eines allen Menschen intrinsischen Narzissmus legt. Er beschreibt diese Kaskade wie folgt: Das Kleinkind nimmt sich bisher nur aus seiner Innenwelt heraus wahr, in der es beispielsweise nie das eigene Gesicht gesehen hat und die eigenen Körperteile nur als Partialobjekte erfassen konnte. Das erste Sich-Erkennen im Spiegel geht daher mit der jubilatorischen Erfahrung von Ganzheit einher, aus der sich

25 Vgl. Pohl (2019): Feindbild Frau.

26 Pohl, Rolf (2018): Sexualität und Gewalt – Über Männlichkeitskrisen, Weiblichkeitsabwehr und die Zerstörung der Frau als Subjekt. Online verfügbar unter www.youtube.com/watch?v=x0fu8rTmYwQ, zuletzt geprüft am 7.7.2023.

27 Lacan, Jacques. (1949): Das Spiegelstadium als Bildner der Ichfunktion. Bericht für den 16. Internationalen Kongreß für Psychoanalyse in Zürich am 17. Juli 1949. Schriften 1 (1986): S. 61-70.

das Ich konstituiert, die Imagination einer identitären Einheit und Abgeschlossenheit.

Während das Kind zuvor symbiotisch mit der Außenwelt verbunden war – was bezüglich der Bedürfnisbefriedigung meist eine symbiotische Verbindung mit der Mutterbrust bedeutet – beginnt sich die Welt des Kindes in Ich und Nicht-Ich aufzuteilen. In dem Sinne vollzieht sich in der Spiegelphase nicht nur die Formierung des Ichs, sondern auch das Erkennen der Anderen und aus dem Bildhaften dieses Prozesses stellt sich das Kind zum ersten Mal die Frage: „Wie sehen mich die Anderen?".

Den Prozess der Spiegelung analysierend formuliert Lacan weitere, für seine Theorie wesentliche Thesen. Da das Spiegelbild des Kindes nicht das Kind selbst ist, es sich aber mit seinem Bild identifiziert, tritt ein Entfremdungsmoment ein, den Lacan mit der Spaltung des *Ichs* in *je* und *moi* theoretisiert. Diese zwei psychischen Momente lassen sich, je nach Lesart, mit dem Freudschen Ich und Ich-Ideal vergleichen. Die Selbstidentifikation mit seinem eigenen Bild legt nach Lacan den Grundstein für die Sphäre des Bildhaften innerhalb des Psychischen, die er als den Register des *Imaginären*, oder auch das *Imaginäre* bezeichnet.

Ein weiterer wichtiger Aspekt ist, dass Lacan das Sich-Erkennen als einen Moment der Verzückung beschreibt. Das Kind nimmt sich das erste Mal als vollständiges, autonomes Wesen war, was jedoch im Widerspruch zur faktischen Abhängigkeit eines einjährigen Kindes steht. So muss sich das Spiegel-Ich erst durch Interaktion mit Anderen zum *sozialen Ich* entwickeln.

Hier greift nun die zentrale These dieses Buches, dass sich genau diese Entwicklung vergeschlechtlicht vollzieht. Dem Spiegel-Ich wohnt, wie der Ausdruck der Verzückung nahelegt, ein initialer Narzissmus inne, der durch die patriarchale Gesellschaft entlang biologisierter Körper zur Einordnung in die männliche oder die nicht-männliche Subjektkategorie führt.

Weiteres Element der Lacanschen Spiegeltheorie ist die Entstehung des Begehrens. Wie beschrieben, verstand sich das Kind vor der Spiegelphase als symbiotisch mit dem Körper der Mutter verbunden. Sowohl die Bedürfnisse wie Hunger, Schlaf und Geborgenheit als auch deren Befriedigung waren Teil der Innenwelt des Kindes. Mit dem Erkennen von sich und anderen treten jetzt die Bedürfnisse und ihre Befriedigung auseinander. Während die Bedürfnisse im *Ich* angesiedelt sind, geht die Befriedigung (in den allermeisten Fällen) vom Körper der Mutter aus. Bedürfnisbefriedigung transformiert sich zu Begehren nach der Erfüllerin dieser Bedürfnisse. Das

Begehren nach der Mutter ist die erste duale *Ich* zu *Nicht-Ich* Beziehung und die Grundlage aller weiteren zwischenmenschlichen Beziehungen.

Die vormalige symbiotische Einheit ist somit unwiderruflich verloren und da sich das Begehren auf etwas dem Kind – oder, anders formuliert, dem subjektivierten Menschen – Äußerlichem bezieht, haftet ihr immer auch ein Mangel an. Vollständige Befriedigung, also absoluter Genuss, kann nach Lacan nie erreicht werden, da es kein Zurück zur vordiskursiven Einheit gibt.

Dieser Prozess ist in der patriarchalen Gesellschaft ein geschlechtlicher, Subjekte werden *sexuiert*.[28] Wie in der Rezeption von Pohls Theorie aufgezeigt, steht der narzisstische Moment der Selbsterkenntnis im Spiegel im Spannungsfeld zur Abhängigkeit von der Mutter. Die Krisenhaftigkeit der männlichen Sexualität besteht später in dem starken männlichen Autonomiebestreben, das gekoppelt ist an eine heteronormative Fixierung auf die gesellschaftlich abgewertete Frau, die unbewusst vermeintlich den Schlüssel zum Genuss reguliert.

Wie in der Einleitung bereits angemerkt, sollen in diesem Buch die von mir gewählten, psychoanalytischen Theorien Lacans, Irigarays, Soilands und Ansätze der *Ljubljana Lacan Schule* einen Erklärungsrahmen bieten, der die patriarchale Subjektivierung ins Zentrum der Bewertung der aktuellen, rechtsautoritären Tendenzen stellt. Gesellschaft ist weder auf Individuen zu reduzieren, noch existieren Menschen aktuell ohne Struktur. Es wird hier keinesfalls behauptet, dass die Strukturen das Subjekt vollkommen determinieren. Das wird gesellschaftlichem Wandel nicht gerecht, der stattfand und stattfinden könnte. Jedoch handelt es sich bei der Verbindung von Subjekt und Struktur um ein komplexes, sprachinduziertes Verhältnis, dass unbewusst, und daher in seiner weltumspannenden Komplexität schwerlich von einzelnen Bewegungen verändert werden kann. Bewegung ist in diesem Sinne nicht auf einzelne Interventionen, einzelner Subjekte reduzierbar. Auch wenn (symbolische) Verschiebungen existieren ist hier die Frage, wie erstens der Diskurs historisch und ideologisch einzuordnen ist, der die Attentäter hervorbrachte. Zweitens geht es um die Beharrlichkeit, mit der soziale Ungleichheit durch diese Diskurse reproduziert wird und woran das liegt.

28 Vgl. Morel, Geneviève (2022): Psychoanalytische Anatomie. Die drei Zeiten der Sexuierung, In: Sexuelle Differenz in der postödipalen Gesellschaft. Band 2, Soiland, Tove; Frühauf, Marie; Hartmann, Anna (Hrsg.), Turia und Kant: Wien, S. 57-95.

Was hat die postödipale Struktur, also die spezifische patriarchale Subjektivierung in der Familie mit dem Wunsch zu tun, das *Andere* zu vernichten? Mit dem *Anderen* sind symbolische Subjektpositionen gemeint, die „dem Männlichen" zur Konstruktion dienen. Und zwar durch die sprachbasierte Vermittlung von Identität in der neopatriarchalen Familie. Diese *Anderen* sind symbolische Unterscheidungskategorien mittels derer die Kategorien „Frau", „Ausländer" und „Jude/Jüdin" mit abgewerteten Eigenschaften geframed werden.

Die psychoaffektiven Vorgänge Misogynie,[29] Xenophobie, Rassismus, Transfeindlichkeit, Antisemitismus, Ableismus etc. können zumindest auf der Ebene von Projektion und Aggression verglichen werden. Die zugrundeliegende Stereotypisierung unterscheidet sich jedoch, je nach Differenzkategorie. Diese Analyse fokussiert sich auf die Misogynie und frauenfeindliche Stereotype. Wobei es insgesamt die These ist, dass die männliche Subjektivierung *en gros* Hierarchiedenken und Stereotypenbildung fördert und so alle genannten Stereotype und Diskriminierungsformen begünstigt.

Ausgangspunkt meiner Analyse ist die Ansicht, dass einzelne Subjekte Teil einer übergeordneten Struktur sind. Die Struktur ist jedoch nicht verfügbar, weil sie unbewusst ist. Insofern Sprache Kultur bedeutet, so ist das Unbewusste wie eine Sprache strukturiert.[30] Deshalb kann von den Aussagen

29 Unter Misogynie wird hier die generelle Ablehnung der Gleichwertigkeit von Frauen und Männern verstanden. Diese geht mit der Verdinglichung des Geschlechterverhältnisses einher und nicht selten auch mit der in dem gleichnamigen Kapitel beschriebenen Imagination einer Frauenverschwörung (Teil 3, Kapitel 2.3). Frauen seien von Natur aus anders und sollten daher unterschiedliche Funktionen in der Gesellschaft erfüllen. Diese Konstruktion von Weiblichkeit ist als minderwertig und untergeordnet angelegt. Bezüglich der unbewussten Ebene geht die Misogynie u. a. mit Affekten des Hasses, der Ablehnung, der Verachtung sowie des Ekels einher. Misogynie ist in der *rechtsautoritären Bewegung* weit verbreitet. Ihre Politik richtet sich insbesondere gegen die Frauenbewegung und den Feminismus, aber auch gegen staatliche Maßnahmen der Eingliederung in den Arbeitsmarkt und Kinderbetreuung, das Vorgehen gegen die strukturelle Frauendiskriminierung oder Gewaltschutzgesetze- und Maßnahmen. Darüber hinaus wird ebenfalls gegen die Erforschung geschlechtsspezifischer Ungleichheit und der damit einhergehenden Theorieproduktion zur Konstruktion von Geschlecht und Geschlechterverhältnissen vorgegangen.

30 Lévi-Strauss, Claude (1949): Die elementaren Strukturen der Verwandtschaft, Frankfurt/Main: Suhrkamp. 204. Was der Ethnologe Claude Lévi-Strauss damit

und den darin enthaltenen Bedeutungen auf eine größere Struktur geschlossen werden. Insofern geben die Narrative der Täter über geteilte Vorstellungen Auskunft. Wie auch bei Manne wird im vorliegenden Buch angenommen, dass Misogynie in der Struktur der Gesellschaft vorhanden ist. Hier wird radikal danach gefragt, wie sie mit der patriarchalen Menschwerdung einhergeht.[31] Irigaray zufolge ist die *symbolische Ordnung* in Patriarchaten darauf ausgerichtet, einseitig nur das männliche Subjekt anzuerkennen[32]. Die *symbolische Ordnung* ist ein zentraler Begriff in Lacans Theorie und bezeichnet die Ordnung der Sprache und des Diskurses. Sie stellt somit die ungeschriebene Verfassung der Gesellschaft dar und gibt den Rahmen des Sagbaren, Denkbaren sowie insgesamt der Wahrnehmung vor.[33] Im Unbewussten platziert lässt sie die Subjekte Realität konstruieren. Die *symbolische Ordnung* sorgt so dafür, dass Subjekte Sinnvolles sagen können. Wenn Irigaray nun also konstatiert, dass diese *symbolische Ordnung* in Patriarchaten „phallogozentrisch" sei, dann meint sie damit, dass das Weibliche keine eigenständige Subjektposition ist, sondern nur das *Andere-Minderwertige* des einzigen, männlichen Geschlechts, das durch die *symbolische Ordnung* reproduziert wird.[34] Diese ist durch die *symbolische Kastration* ödipal. Was bedeutet das? Individuen werden im Patriarchat durch die Aufgabe der Mutterbindung und die Identifikation mit dem Männlichen zu kulturellen Subjekten. Der reale Vater tritt in die Mutter-Kind-Dyade ein und spricht das Inzesttabu aus.[35] Beziehungsweise muss der Vater in der aktuel-

meinte wird in Teil 3, Kapitel „1. Tätliche Wahrnehmung: Psychose und Hysterie" erläutert.

31 Antiessentialistisch wird dabei Lacan widersprochen, dass es sich bei der ödipalen *symbolischen Ordnung* um eine notwendige Voraussetzung von Kultur handelt. Eine emanzipatorische Subjektivierung ist zumindest denkbar. Irigaray zufolge sei die präödipale Phase zu betrachten: Hier könnte eine libidinöse Mutterbindung entstehen, das Weibliche zum Sprechen kommen und von hier aus könnte auch ein emanzipatorisches Weiblichkeitskonzept konstruiert werden. Vgl. Sigmund-Wild, Irene (2000): Anerkennung des Ver-rückten. Zu Luce Irigarays Entwurf einer "Ethik der sexuellen Differenz". Marburg: Tectum-Verl., S. 72.

32 Irigaray, Luce (1980): Speculum, Spiegel des anderen Geschlechts. [1. Aufl., 6. Nachdr.]. Frankfurt am Main: Suhrkamp, S. 165.

33 Žižek, Slavoj (2016): Lacan. Eine Einführung. 5. Auflage, Deutsche Erstausgabe. Frankfurt am Main: Fischer Taschenbuch, S. 18.

34 Vgl. Irigaray: das Geschlecht das nicht eins ist, S. 59.

35 Vgl. Irigaray, Luce (1991): Ethik der sexuellen Differenz. Dt. Erstausg., 1. Aufl., [Nachdr.]. Frankfurt am Main: Suhrkamp, S. 130.

len postödipalen Subjektivierung nicht unbedingt verkörpert sein, sondern tritt als sprachliche Struktur symbolisch als der *große Andere* auf, was bedeutet, dass die enthaltene Kastrationsandrohung *im-Namen-des-Vaters* auch beispielsweise durch die Mutter geschehen kann. Der *große Andere* steht bei Lacan für die im Unbewussten eingeschriebene vermännlichte, omnipräsente Autorität, die sich je nach den spezifisch-historischen Bedingungen unterschiedlich manifestiert. In tief religiösen monotheistischen Gesellschaften ist der *große Andere* durch Gott symbolisiert, in faschistischen Regimen durch den Führer etc.

Das bedingt, dass die ödipale Konstellation auch bei der Abwesenheit des realen Vaters reproduziert wird.[36] Wissensbasierte Diskurse geben vor, diese *symbolische Kastration* sei aufgehoben, was die tatsächliche Herrschaft so schwer benennbar macht. Es wird ferner suggeriert, Genuss – ein weiterer Zentraler Begriff bei Lacan – sei demokratisch verteilt.[37] Scheitert das Subjekt, so liegt dies scheinbar an individuellem Versagen. Eine zentrale These dieser Arbeit ist, dass das Scheitern am Genussideal geschlechtsspezifisch ist und in dieser Form auch verarbeitet wird. Das werde ich anhand der Analyse der Manifeste der vier Attentäter aufzeigen, um so sowohl Rückschlüsse zu ihren Motiven zu ziehen, als auch die unbewusste Motivation der *autoritären Bewegung* offen zu legen. Die Manifeste werde ich im Folgenden als *Mannifeste* bezeichnen, da es sich um hier eindeutig um durch Männlichkeit geprägte und um Männlichkeit reproduzierende phantasmatische Zeichenzusammenhänge handelt.

2. Die historische rechtsautoritäre Ideologie

Wie können nun also die Ideologien der aktuellen *rechtsautoritären* Bewegung in der westlichen Welt bestimmt werden? Wie bereits erwähnt, sind die von mir untersuchten Attentäter keine zufällige Erscheinung. Ihre Ge-

---

36 Dieses Konzept der neopatriarchalen Menschwerdung wird in Teil 3, Kapitel „4. Neopatriarchale männliche Subjektivierung“ ausführlich dargestellt. Es geht dabei um die Frage, wie Spracherwerb, geschlechtsspezifische Identität und gesellschaftliche Abwertung von Frauen zusammenhängen.

37 Vgl. Soiland, Tove (2018): Der Umsturz des Ödipalen. Ein feministisches Dilemma, In: Regina Becker-Schmidt, Charlotte Busch und Mira Kaszta: Der Riss durchs Geschlecht. Feministische Beiträge zur Psychoanalyse. Originalausgabe. Hg. v. Charlotte Busch, Britta Dobben, Max Rudel und Tom David Uhlig. Gießen: Psychosozial-Verlag (Forum Psychosozial), S. 106.

danken, Bedürfnisse und Taten sind gesellschaftlich produziert. Die Kräfte, die solche Attentäter hervorbringen, haben ihren historischen Ursprung im Patriarchat, Kapitalismus, Faschismus und der damit einhergehenden Misogynie und dem Antifeminismus. „Rechtsautoritär“ anstelle von „faschistisch“ habe ich die Bewegung und die Attentäter deshalb genannt, weil sich nicht alle rechtstendierenden Strömungen und Attentäter positiv auf den Faschismus beziehen. Ein Teilnehmer einer Verschwörungsdemo z. B. würde sich selbst nicht als „faschistisch“ und oft nicht einmal als „rechts“ bezeichnen. Die Kerngedanken der gesellschaftlichen Hierarchie, des Antiegalitarismus und der Legitimation von männlicher Herrschaft teilen die Verschwörungsgläubigen jedoch mit AFD-Funktionären und Wählern der Partei *Der III. Weg*. Es geht also um ein Verhältnis zur gesellschaftlichen Autorität, dessen Logik die Affirmation von sozialer Ungleichheit zur Grundlage hat und hervorbringt. Entsprechend handelt es sich um eine Macht und Herrschaft befürwortende Imagination von Kultur. Wichtig ist die hier angestellte historische und ideologische Einordnung vor allem deshalb, weil wir in Strukturen leben, die nicht vom Faschismus zu trennen sind. Denn die These ist, dass in postfaschistischen beziehungsweise postnazistischen Staaten ideologische und verwertungslogische Elemente reproduziert werden, die ein Comeback des Faschismus möglich machen. Autoritär können auch Menschen denken und empfinden, die sich selbst als „links“ oder „linksradikal“ verstehen.[38] Es geht, wie beschrieben, um das Verhältnis zur gesellschaftlichen Autorität, die eine Geschlechtsspezifik aufweist und männlich konnotiert ist.

Oft ist der gesellschaftliche Umgang mit der *rechtsautoritären Bewegung* auch deshalb problematisch, weil der Begriff des Faschismus uneindeutig und ideologisch verwendet wird. Sowohl während der sogenannten „Flüchtlingskrise“ 2015, als auch als Reaktion auf die staatlichen Restriktionen in Bezug auf die Coronapandemie, entstand bei vielen Menschen ein antiegalitärer, menschenfeindlicher Reflex. Viele dieser Personen, die sich in Gruppen organisierten, bzw. organisieren und auch über digitale Kommunikationsplattformen vernetzten, sahen sich jedoch zu Unrecht „in die rechte Ecke gestellt“, denn sie seien ja nur „besorgte Bürger“. In den in dieser Zeit entstandenen Querfrontbündnissen, in denen menschenfeindliche Einstellungen geteilt wurden und werden, waren auch viele vertreten, die

38 Es existieren im Übrigen auch in der linken Historie Beispiele von großer Hierarchie und dementsprechend großer gruppenbezogener Menschenfeindlichkeit.

sich als links verstehen. Diese Situation stellt viele Traditionslinke vor die Schwierigkeit, jene Querfrontbündnisse und die dort geteilten Ideologien und Forderungen einzuordnen und zu klassifizieren. Worum geht es also im Faschismus, beziehungsweise Nationalsozialismus und wie stehen die aktuellen Bündnisse und ihre Machtkämpfe im Verhältnis zu ihm?

Diskursiv existiert oftmals eine große begriffliche Verwirrung und unterschiedlichste Ideologien werden als faschistisch etikettiert. Nicht alle Menschenfeindlichkeit ist gleich faschistisch, umgekehrt ist sie jedoch ein wichtiges Element des Faschismus.

Der bürgerlichen Wahrnehmung liegt dabei nicht selten der Denkfehler zugrunde, es handele sich bei „unserer liberalen Demokratie“ um einen Gegenentwurf zum faschistischen Staat. Dies stellt jedoch eine romantisierende Teilung in Gut und Böse dar. Das Narrativ ist hier die gute, erhaltenswerte Freiheit, die gegen das faschistische Böse verteidigt werden müsse. Das ist schon deshalb falsch, weil liberale Demokratien in Nationalstaaten Über- und Unterordnungsverhältnisse hervorbringen, die die Interessen von Wenigen gegen die Interessen von Vielen sichern und durchsetzen, und so Ungleichheit, Hunger, Abwertung und Armut produzieren. Weil sie also Herrschaft hervorbringen, die sich durch zwischenmenschliche Differenz äußert. Sie sind insofern also mitnichten frei von Unfreiheit und Leid, also nicht mit dem Wort „gut“ oder „frei“ zu bewerten. Zu nennen ist in diesem Kontext beispielsweise die Anomietheorie: Aufgrund von aktueller Orientierungslosigkeit verlören die Menschen das Vertrauen in die als demokratisch fehlinterpretierten parlamentarischen Verhältnisse. Deshalb wendeten sie sich von ihr ab und entwickelten faschistoide Tendenzen.[39] Zwar ist Orientierung sicherlich ein Aspekt in der Motivation sich politisch zu organisieren, jedoch in anderer Weise als durch die bürgerlichen Denker:innen vertreten. Für sie ist es ein Problem, wenn Menschen dem Konsens nicht zustimmen, es könnte keine demokratischere Organisation von Gesellschaft geben als die parlamentarische, denn dieser Konsens

39 Vgl. Rathkolb, Oliver (2011): Neuer politischer Autoritarismus. Online verfügbar unter www.bpb.de/shop/zeitschriften/apuz/59723/neuer-politischer-autoritarismus/, zuletzt geprüft am 22.5.2022. Anomie ist in diesem Kontext als Absenz verbindlicher Prinzipien und Werte zu verstehen. Nach dieser Theorie ist Integration mit dem Streben nach Zielen verbunden, die als lohnenswert gelabelt sind.

ist ein wichtiger Baustein des Machterhalts.[40] Wenn eine kritische Masse an Menschen nicht mehr zustimmt, so gelingt ein „Weiter so“ nicht mehr. Dieser Konsens der Undenkbarkeit einer Emanzipation ist schlicht selbst ideologisch und sichert den Status quo. Insofern ist es eben nicht die Orientierungslosigkeit, die zur Kritik an der patriarchalen Klassengesellschaft treibt, sondern die Unzufriedenheit und ihre (kritische) Infragestellung. Diese Unzufriedenheit kann allerdings aus unterschiedlicher Perspektive, mit unterschiedlicher Motivation geäußert werden. Es ist also unerlässlich, sich die geteilten Inhalte der Kritisierenden anzuschauen. Mit der Behauptung, Kritik entstehe aus Orientierungslosigkeit, wird unterstellt, dass keine legitime Kritik am bestehenden System existieren kann und dass die Kritik an sich – ungeachtet ihres Inhalts – als den notwendigen Konsens gefährdend abgewehrt wird. Hier führt die Gleichmacherei in Bezug auf linke und rechte Kritik zu einer gefährlichen Akzeptanz des Status quo. Fundamentale Kritik an der Reproduktionsweise steht nämlich insgesamt unter Verdacht und wird sanktioniert. Innerhalb der sogenannten Hufeisentheorie[41] wird linke und rechte Kritik mit der konstruierten Mitte gleichgesetzt. Dieses Modell von Gesellschaft hat mit ihrer tatsächlichen Form nichts zu tun. Denn diese ist wie erwähnt hierarchisch, die Schichten sind klassenmäßig übereinander gelagert. Die Hufeisentheorie wird regelmäßig bemüht, um rechtsautoritäre Umtriebe zu verharmlosen. Gleichzeitig werden tatsächliche Vorkommnisse in diese Richtung argumentativ damit weggewischt, dass die linke Bewegung ja „mindestens genauso schlimm“ sei – was angesichts der sich häufenden Meldungen über rechte Chatgruppen, die Todeslisten führen oder Waffendepots organisieren, absurd erscheint.[42]

40 „Regierung mit dem Konsens der Regierten aus, aber mit dem organisierten Konsens, nicht mit einem allgemeinen und vagen, wie er sich zum Zeitpunkt der Wahlen äußert: der Staat hat und verlangt den Konsens, aber er ‘erzieht’ auch zu diesem Konsens mittels der politischen und gewerkschaftlichen Vereinigungen, die jedoch private, der Privatinitiative der führenden Klasse überlassene Organismen sind”. Gramsci, Antonio; Borchmann, Klaus (Hg.), (1999): Gefängnishefte Bd. 1. Hamburg: Argument, S. 119.

41 Pfahl-Traughber, Armin (2020): Linksextremismus in Deutschland. Eine kritische Bestandsaufnahme, 2. Aufl., Wiesbaden: Springer VS.

42 Antifa-AG der Interventionistischen Linken Berlin (2023): Fünfundfünfzigtausend Schuss.* Nazis und rechte Netzwerke in den deutschen Sicherheitsbehörden. https://entnazifizierungjetzt.de/broschuere/

Jedoch ist es in Bezug auf autoritär Denkende eine gute Strategie, von sich selbst oder einem allgemeinen politischen Handlungsdruck abzulenken.[43]

Heinz Steinert bewertete die identitäre Bezugnahme auf „die Mitte" und „das Volk" als strukturell populistisch.[44] Die durch die aktuelle Politik adressierte „Mitte", oder wahlweise das „Volk", existiere nur als identitäres Narrativ. Denn diese Konstruktion ist darauf angewiesen, dass reale Differenzen und Interessengegensätze ignoriert werden. Die Klassengesellschaft, mit einer solch widersprüchlichen Wertschöpfung, produziert notwendigerweise Interessengegensätze, die staatlich organisiert werden müssen[45]. Dies durch bürgerliches Denken verkennend, beziehen sich besonders die „Volksparteien" auf „die Mitte", der ein gemeinsames nationales Interesse unterstellt wird. Weil es sich bei Interessengegensätzen immer auch um gesellschaftliche Triebkräfte handelt und sie so eine tatsächliche Gefahr für das konstruierte Volksganze darstellen, muss von inneren Widersprüchen abgelenkt werden. Das Narrativ der „liberalen Mitte" braucht zur Konsensherstellung einen Feind, der eine Bedrohung darstellt und in dessen Bekämpfung der totale Konsens hergestellt wird.[46] Insofern ist die identitäre Anrufung der Mitte mit ihren Feind:innen immer auch eine Gefühlsherrschaft. Das äußere oder innere *Andere* muss bekämpft werden – zur Erhaltung „unserer freiheitlichen Demokratie". Das „Uns" ist nationalidentitär bestimmt. Die Feindbilder sind weiterhin in Krisennarrative

---

43 Beispielsweise bezogen sich Maaßen und Wendt im Wahlkampf auf die „Extremismustheorie" mit ihrer verharmlosenden Gleichsetzung von Links und Rechts. Vgl. Budler, Kai: Im Zeichen des Hufeisens – In Südthüringen machen die Rechtsaußen-CDUler Hans Georg Maaßen und Rainer Wendt Wahlkampf, www.nd-aktuell.de/artikel/1155142.hans-georg-maassen-im-zeichen-des-hufeisens.html

44 Steinert, Heinz (1999): Kulturindustrielle Politik mit dem Großen & Ganzen: Populismus, Politik-Darsteller, ihr Publikum und seine Mobilisierung, In: IPG, H. 4, S. 402-413.

45 Vgl. Agnioli, Johannes (1995): Der Staat des Kapitals und weitere Schriften zur Kritik der Politik, Freiburg: ça ira.

46 Es handelt sich nicht um einen bewussten Prozess im Sinne einer Herrscherclique, die in geheimen Gremien die Geschicke der patriarchalen Kapitalverwertung lenkt. Vielmehr ist Kernpunkt dieser Untersuchung, dass es sich beim Patriarchat um ein unbewusstes Herrschaftsgefüge handelt. Die Gedanken, Urteile und Bedürfnisse von Menschen sind in komplexe Strukturen eingebunden und die Menschen sind insofern nicht „frei" im Denken. Was der Poststrukturalismus jedoch mit Recht feststellte ist, dass durch die sprachliche Verfasstheit von Kultur gesellschaftliche Verschiebung denkbar ist.

eingebunden, die eine Opferbereitschaft der sogenannten „Mitte“ zum Ziel haben.

Verschiedene geanderte Gruppen – „der Flüchtling“, „der Linksextreme“ und „der Rechtsextreme“ – stellen dabei verschiedene Gefahren, verschiedene Krisenszenarien dar. „Der Flüchtling“ etwa den Verlust der nationalen Identität nebst Privilegien. Im Anagramm „Linksfaschist“ verschmelzen beide „Extreme“, die die „Mitte“ konstruieren zu einer krisenhaften Bedrohung „unserer liberalen Demokratie“ der „Volksdeutschen“ oder der „Europäer“.

Die affirmative Berufung auf „die Mitte“ und die daraus abgeleitete Hufeisentheorie stellen also eine problematische Verkennung der tatsächlichen gesellschaftlichen Kräfte dar. Das in sie eingelassene Identitätsdenken kennt keinen Begriff des Faschismus. Er ist in dieser Logik das undefinierbare Böse, das durch einen Führer und dessen Schergen hinterlistig von oben verordnet wurde.[47] Die Deutschen seien in den 1920er Jahren manipuliert worden. Der aktuelle „gute Deutsche“ ist selbstverständlich gegen den Faschismus. Auch hier wird die Gefahr des bürgerlichen Denkens wiederum sichtbar: Es fehlt die Einsicht, dass die derzeitige Gesellschaftsformation eine Geschichte hat. Dass dieselben Menschen, die die *Nationalsozialistische Deutsche Arbeiterpartei* (NSDAP) wählten und als Soldaten oder Funktionäre die Vernichtung ausführten „unsere liberale Demokratie“ maßgeblich mitgestaltet haben.[48] Dass faschistoide Tendenzen fortbestehen, „so lange die Bedingungen, die jenen Rückfall zeitigten, wesentlich fortdauern“.[49] Wir werden im Fortgang dieses Buches sehen, dass der derzeitige Status quo tatsächlich starke faschistische Tendenzen beinhaltet, die in Krisen, wie sie patriarchal-kapitalistischer Normalzustand sind, hervorbrechen. Das wird in den Beispielen der „Absatzkrise“, der

47 Auf diesem Narrativ sind auch viele Dokumentationen, Spielfilme und Zeitschriftenartikel aufgebaut, die unter den Deutschen sehr beliebt sind.

48 Vgl. Taschke, Anika; Scharenberg, Albert (2023): Rosalux History, Folge 23: Die extreme Rechte nach 1945. Von den Wahlparteien bis zum Rechtsterrorismus, online verfügbar unter www.rosalux.de/mediathek/media/element/2303, zuletzt geprüft am 10.7.2023.

49 Adorno, Theodor W. (1966): Erziehung nach Ausschwitz, Kadelbach, Gerd (Hrsg.), In: Erziehung zur Mündigkeit, Vorträge und Gespräche mit Hellmuth Becker 1959–1969, S. 1.

„Flüchtlingskrise“,[50] des „demographischen Wandels“ und der „Coronakrise“ überdeutlich.

Diese faschistischen Tendenzen beruhen auf der Produktion einer mythologisierenden Kapitalismuskritik, die den Willen zur Unterordnung bis hin zur Vernichtung von Menschengruppen hervorbringt. Eingebettet sind die Unterordnung und die Vernichtung in Kapitalprozesse, die sich aufgrund einer sich zuspitzenden Absatzkrise immer weiter verschärfen. Es geht um einen Unterdrückungs- und Vernichtungswillen, der in den untersuchten Attentätern das Bedürfnis weckte, andere in Shootings zu töten. Meiner These nach ist das ein Vernichtungswunsch, der dem der Faschisten und Nationalsozialisten ähnelt. Diejenigen, die dabei vernichtet werden sollen, sind nicht austauschbar. Sie spielen eine ganz bestimmte Rolle in den jeweiligen Vernichtungsfantasien. Denn sie sind Verkörperungen von Differenzkategorien, die unter anderem eine Schuldfunktion in der Erklärung gesellschaftlichen Übels einnehmen und Angst erzeugen. Wie Theodor W. Adorno betonte, ist der Grund für die faschistische Gewalt nicht bei den Opfern zu suchen, sondern im Unbewussten der Täter und der gesellschaftlichen Struktur, die jene hervorbringen.[51] Insofern gilt es die Verknüpfung von Gefühlen, Ideologien und Narrativen und der warenproduzierenden Struktur aufzuzeigen. Dann erst sind die Attentate als individuelle Handlungen *innerhalb* und *durch* Strukturen erklärbar. Dafür nun zunächst eine historische Einordnung des westlichen Faschismus. Im Anschluss geht es insbesondere um die Klärung, inwiefern diejenigen Mechanismen fortdauern, die zu faschistischen Regimen führten und so eine Analyse und Bewertung der Attentate zulässt.

Häufig wird Faschismus mit dem deutschen Nationalsozialismus gleichgesetzt. Dies ist allerdings eine Verallgemeinerung, die den Unterschieden, die es in faschistischen Regimen gab, nicht gerecht wird. Denn in den 20er Jahren des letzten Jahrhunderts entstanden unterschiedliche faschistische Bewegungen, die sich in mehreren Nationen durchzusetzen vermochten. Zu nennen sind dabei unter anderem Italien, Spanien, Rumänien, Ungarn und Kroatien. Sie bezogen sich mehr oder minder positiv

50 Diese drei exemplarischen Begriffe stehen für konstruierte Szenarien, denen ideologische Deutungen der Realität innewohnt. Mit ihnen wird ebenfalls politische Praxis legitimiert. Das Szenario „Flüchtlingskrise“ beispielsweise transportiert im Unterschied zu der „Ukrainekrise“ eine andere Deutung des Phänomens und impliziert so einen anderen gesellschaftspolitischen Umgang.

51 Adorno (1966): Erziehung nach Ausschwitz, S. 2.

auf den deutschen Nationalsozialismus, der besonders mörderische Affekte verursachte. Des Weiteren entstanden in vielen anderen Ländern Europas und in Japan faschistische Parteien, die sich allerdings im politischen Kräfteverhältnis nicht durchsetzen konnten. Italien war die erste europäische Nation, in der 1922 eine faschistische Partei die Macht ergriff. Hier hat auch der Begriff *Faschismus* (it. *fascismo*, von *fascio*: Bündel), der übersetzt ungefähr „Bundismus“[52] bedeutet, seinen Ursprung. Ein solcher Bund waren die *Squadre*, ein paramilitärischer Schlägertrupp, der maßgeblich am Aufbau des italienischen Faschismus beteiligt und vor der Machtübergabe 1922 eng mit der von Benito Mussolini gegründeten Partei *Particio Nationale Francista* (PNF) verbunden war. Gemeinsam waren ihnen der Ultranationalismus, Antiegalitarismus, die Misogynie, Rassismus, das Ideal der soldatischen Männlichkeit und der Antikommunismus. Trotz der großen Unterschiede zwischen den einzelnen faschistischen Parteien, Strömungen und Regimen breitete sich spätestens ab der italienischen Machtwechsel 1922 das Wort *Faschismus* als Sammelbegriff für diese verschiedenen Formationen aus. In Italien erzielten die Sozialist:innen in der Vorphase recht hohe Wahlergebnisse, was bei den Großgrundbesitzern zu einer enormen Beunruhigung führte, da damit die patriarchalen Klassenverhältnisse infrage gestellt schienen. 1919 streikten die italienischen Arbeiter:innen und forderten höhere Löhne, betriebliche Selbstverwaltung und eine Bodenreform, also eine Aufweichung des Klassengegensatzes. Der Faschismus kann insofern auch als Gegenbewegung, als antiegalitärer Reflex auf diese sozialistischen Bestrebungen gewertet werden.[53] Ein weiterer wichtiger Grund waren die damaligen krisenhaften Verwerfungen des Kapitals. Die Vergemeinschaftung der squadristischen „Schwarzhemden“ war durch Paramilitarismus, Gewalt und Hierarchie geprägt. Über- und Unterordnung und ein antiweibliches Ideal der Härte waren an soldatischer, kriegerischer Organisation, wie sie im Ersten Weltkrieg gelebt wurde, angelehnt.[54] Diese Ideale widersprechen Prinzipen der sozialistischen Gleichheit der Menschen[55] und so der Idee der Frauenbewegung, der Arbeiter:innenbewegung

52 Wörle, Mathias (2020): Faschismustheorien. Überblick und Einführung, Stuttgart: Schmetterling Verlag, S. 18.

53 Vgl. Häusler, Alexander / Fehrenschild, Michael (2020): Faschismus in Geschichte und Gegenwart. Ein vergleichender Überblick zur Tauglichkeit eines umstrittenen Begriffs, „Manuskripte“ der Rosa-Luxemburg-Stiftung, S. 21.

54 Wörle (2020): Faschismustheorien, S. 18 f.

55 Auch in der kommunistischen Bewegung spielen Autoritarismus und Antiegalitarismus teilweise eine große Rolle, wenngleich dies durch Propaganda

und insgesamt der Überwindung des Widerspruchs zwischen Kapital und Arbeit.

Der Faschismus in Italien wurde nur deshalb hegemonial, weil er durch klassenübergreifende Bündnisse getragen wurde. Hier waren sich Faschisten, Militärführung, Königshaus, Kirchen, Hochbürokratie, Großgrundbesitzer und Großkapitalisten in der menschenfeindlichen Wahrung ihrer Interessen einig: Durch ihre Zusammenarbeit verhinderten sie das sozialistische Revolutionsbestreben hinsichtlich der Klassenverhältnisse und den Abbau produktionsbedingter und geschlechtsspezifischer Hierarchien.[56] Sowohl in Italien als auch in Deutschland stellten Offiziere und Elitesoldaten, die im Ersten Weltkrieg gekämpft hatten, einen maßgeblichen Teil der faschistischen Bewegung dar.[57] In beiden Ländern ging das Ende des Ersten Weltkrieges mit einer Kränkung des Nationalstolzes einher. Während England und Frankreich als erfolgreiche Kolonialherren aus ihm hervorgingen, entwickelte sich in Italien und Deutschland das Gefühl eines „zu kurz gekommen seins". Denn der italienische Staat war nicht in der Lage, Kolonien kriegerisch zu erobern und unter seine nationale Kontrolle zu bringen.

Gemäß einer imperialistischen Logik erwies sich die italienische nationale Stärke in der internationalen kriegerischen Konkurrenz als nicht durchsetzungsfähig. Es herrschte eine weit verbreitete Unzufriedenheit mit den im Versailler Vertrag ausgehandelten Gebietszuteilungen.[58] Bezüglich der gefühlsmäßigen Unterlegenheit und einer empfundenen „Entmannung" war in Deutschland der Grad der Kränkung noch um einiges gesteigert: Deutsche Vertreter waren von den Verhandlungen selbst ausgeschlossen. Dem deutschen Regime wurde die alleinige Kriegsschuld zugesprochen, was auch zu einem Verlust von nationalem Territorium führte.

Diese internationale Unterlegenheit und die daraus resultierende Kränkung waren auch für das Anwachsen der deutschen Freikorpsbewegung

---

bestritten wurde. Die Idee der autoritären Vaterfigur, die Recht spricht und befielt, war in den autoritären Regimen der UDSSR, DDR und China, die sich als kommunistisch bezeichneten, weit verbreitet. Hier ist eine emanzipierte, an egalitärer Differenz orientierte Gleichwertigkeit ebenfalls nicht gelebt worden. Der Idee nach sollen jedoch Klassenverhältnisse abgeschafft werden, was zu einer Gleichheit führen soll.

56 Wörle, Mathias (2020): Faschismustheorien, S. 21.

57 Wörle, Mathias (2020): Faschismustheorien, S. 20.

58 Wörle, Mathias (2020): Faschismustheorien, S. 18 f.

maßgebend. Sie bildeten sich nach italienischem Vorbild: Auch sie waren vorwiegend aus Männern zusammengesetzt, in deren Wahrnehmung der Krieg zu Unrecht verloren wurde. Diese „Braunhemden" identifizierten sich als Beschützer der Nation und Kämpfer um die dazugehörige Nationalehre. Falls man verfeindeten Männerbünden unterliegt, ist so die Männlichkeit infrage gestellt. Entmannte Männer sind Frauen, und nach misogyner Ideologie sind Frauen minderwertig. Wenn über die Gründe des damaligen Anwachsens der *rechtsautoritären Bewegung* geschrieben wird, so werden als Motive oftmals „Antikommunismus" und „Kriegsversagen" angeführten. Wenige gehen auf ein weiteres maßgebliches Motiv ein: Die Bekämpfung der nach Emanzipation strebenden Frauen.

Nun waren die Frauen in dieser Zeit, besonders vor dem Ersten Weltkrieg, in ihren Kämpfen sehr erfolgreich. Die Frauenrevolution des späten 19. Jahrhunderts brachte geschlechtsspezifische Selbstverständlichkeiten ins Wanken. Revolutionäre und intellektuelle Frauen zeigten, dass Frauen ganz allgemein weder geistig minderbemittelt sind, noch „von Natur aus" andere Wünsche und Fähigkeiten besitzen. Die Stützen des Patriarchats schlechthin, die Kirchen, büßten mit der zunehmenden Säkularisierung an Legitimationsmacht ein. Der Mann konnte seinen Status als Frau und Kind befehligender Patriarch nur gerade so und nur mithilfe eines verwissenschaftlichten Wissens[59] halten. Männlichkeit und der in diesem Konzept inhärente Herrschaftsanspruch war nicht mehr selbstverständlich.

Auch die im Ersten Weltkrieg notwendig gewordene Selbstständigkeit der Frauen war ein Beleg dafür, dass ihre Abhängigkeit vom Mann kulturell gewollt, bzw. veränderbar und keine biologische Tatsache war. Es bildeten sich zunächst sog. „Frauenberufe" heraus und die urbane, bürgerliche Frau erwirtschaftete sich zunehmend ein eigenes Einkommen.[60] In subkulturellen Szenen konnte sogar lesbisches und schwules Leben statt-

59 Damit sind die männlich konnotierte Philosophie und die Naturwissenschaften gemeint, die durch die Aufklärung an Macht gewannen. Von den Universitäten ausgehend wurden Geschlechterunterschiede wissenschaftlich begründet und so manifestiert. Vgl. Gerhard, Ute (2018): Frauenbewegung und Feminismus. Eine Geschichte nach 1789. München, S. 13.

60 Während es der bürgerlichen Frau im 19. Jahrhundert in den meisten Bereichen verboten war, zu arbeiten, sie damit auf die Privatsphäre beschränkt wurde, mussten proletarische Frauen zu einem Hungerlohn unter schlechteren Bedingungen als Männer lohnarbeiten; zusätzlich mussten sie im Haus unbezahlt arbeiten. Vgl. Nave-Herz, Rosemarie (1997): Die Geschichte der Frauenbewegung. Niedersächsischen Landeszentrale für politische Bildung, S. 9 & 17.

finden. Im Berlin der 1920er Jahre etwa entstand eine Feier- und Musikkultur, die teilweise traditionelle Geschlechterstereotype infrage stellte. Dies in Kombination mit der kommunistischen Idee der Gleichheit von Menschen stellte eine besondere Bedrohung der patriarchalen Bedürfnisse dar. Sylvia Horvath schreibt diesbezüglich, dass die faschistische Bewegung in Deutschland einen Abwehrreflex in Bezug auf diese Emanzipationsbestrebungen darstellte.[61]

Die faschistische Familienpolitik fußt auf einer biologistischen Ideologie der Differenz zwischen Frau und Mann.[62] Diese Differenz ist, neben der Höherwertigkeit des Männlichen, auf einer symbolischen Aneignung und Nutzbarmachung des Weiblichen im Dienste der patriarchalen Reproduktion aufgebaut. Insofern stellten die Entwicklung diverser Subkulturen, die weibliche Lohnarbeit und die aufkommenden weiblichen Lebensentwürfe der Unabhängigkeit vom Mann eine sehr konkrete Gefahr in Bezug auf die gelebte männliche Dominanz dar. Frauen, die feiern, rauchen und lohnarbeiten, stellten die verwissenschaftlichte oder religiös begründete Ideologie der intergeschlechtlichen Differenz und Höher, bzw. Minderwertigkeit infrage. Zugleich wurden durch die Arbeiter:innen, die organisatorisch und ideologisch eine mächtige Kraft darstellten, produktionsbezogene Hierarchien als ungerecht bekämpft. Diese erfolgreiche Politik repräsentierte sich beispielsweise in Italien in den sogenannten *Biennio rosso*, den zwei roten Jahren 1919 und 1920. Für kurze Zeit war nicht abzusehen, ob die Arbeiter:innen grundlegende Reformen oder sogar revolutionäre Umbrüche verursachen könnten. Frauen stellten einen maßgeblichen Teil der Arbeiter:innenbewegung dar. In der Frauenbewegung trafen sich bürgerliche und proletarische Frauen. Auf der affektiven Ebene reagierten Konservative darauf mit einer immensen Angst vor Weiblichkeit und Kommunismus. Gekoppelt war diese Angst mit einem gekränkten männlichen Selbstwert und der damit einhergehenden immensen Aggression. Kein Wunder also, dass sowohl von den italienischen *Squadre* als auch von den deutschen *Freikorps* intensive Gewalt und Erniedrigung

61 Horvath, Sylvia (1987): Reorganisation der Geschlechterverhältnisse, In: Neue Gesellschaft für bildende Kunst (nGbK) (Hrsg.): Inszenierung der Macht. Berlin, S. 129-142.

62 Vgl. Virchow, Fabian (2010): Tapfer, stolz, opferbereit – Überlegungen zum extrem rechten Verständnis „idealer Männlichkeit“, In: Claus, Robert; Lehnert, Esther; Müller, Ives (Hrsg.): „Was ein rechter Mann ist ...“ Männlichkeiten im Rechtsextremismus, S. 42.

gegenüber den als feindlich oder unterlegen markierten Gruppen ausging. Nach der Gründung der *Squadre* gingen diese direkt lustvoll-gewalttätig gegen proletarische Kleinbäuer:innen, Gewerkschafter:innen, Frauen und ethnische Minderheiten vor.[63] Es war Teil der politischen Strategie, als Feind:innen markierte Sozialist:innen zu entführen, zu foltern und zu töten. Die Freikorps gingen nicht minder gewaltvoll vor. Klaus Theweleit, der in den 80er Jahren von Freikorpssoldaten publizierte Autobiografien, Briefe und sonstige Schriftstücke analysierte, arbeitete das in diesem Material gezeichnete Bild der Kommunistin heraus. Dieses wurde als Teil einer imaginierten verschlingenden, roten Flut angstvoll durch die soldatischen Männer abgewehrt, da die politische Frau für eine sexuell und institutionell nicht durch Männer kontrollierbare, weibliche Subjektivität stand.[64] In den brutalen Gewaltfantasien, die diese Männer genussvoll in ihren Erzählungen entwarfen, steckt eine enorme Kraft. Weibliche Sexualität und weibliche Unabhängigkeit wird durch soldatische Männlichkeit gefürchtet. Frauen sind für sie nur dann von Wert, wenn sie verheiratet in der Institution Ehe einen vom Mann abhängigen Lebensentwurf leben. Die damaligen Emanzipationsbestrebungen der Frauen mussten eingeschränkt werden, denn sie entsprachen nicht der teils bewussten, teils unbewussten Fantasie von männlicher Höherwertigkeit. Ein Gegenentwurf zur die patriarchale Abhängigkeiten infrage stellenden Frauenbewegung konnte damals in der Vergemeinschaftung innerhalb der soldatischen Männerbünde gefunden werden. Diese funktionierte durch eine strikte innere Hierarchie mit klaren Über- und Unterordnungsverhältnissen, mit – natürlich – einem Mann an der Spitze. Das entspricht von der Struktur her der *autoritären* patriarchalen Kleinfamilie, dem imaginären Verhältnis zwischen den Menschen und ihrem Schöpfer und dem faschistischen Staat, als „Bund der Bünde".[65] Es sind Gebilde, in denen der, sich zunehmend als arisch verstehende Mann eine übergeordnete, herrschende Position einnimmt. Die Frau ist seine ihn stützende Naturumgebung. Das Fremde wird unterteilt in Rassen, beziehungsweise im deutschen Faschismus auch in die jüdische „Gegenrasse". Alle Körper haben ihren festen Platz in der Hierarchie. Dies erscheint auch in der Regierungsweise.

---

63 Vgl. Wörle, Mathias (2020): Faschismustheorien, S. 19.

64 Vgl. Theweleit, Klaus (2019): Männerphantasien, S. 66. Diesen Punkt beschreibe ich in Teil 3, Kapitel „7. Frauenmarkt: Fetischobjekt Frau" ausführlicher.

65 Wörle, Mathias (2020): Faschismustheorien, S. 20.

Zusammengefasst lässt sich also feststellen, dass die damalige faschistische Bewegung eine männerdominierte ist. Der Zusammenhang von gesellschaftlicher Form und Identität bringt kollektive Affekte hervor, die die autoritäre Organisation der Gesellschaft vorantreiben kann. Die faschistisch-autoritären Narrative stützen sich auf identitäre Annahmen der Über- und Unterordnung. Hierarchie und männliche, *arische/weiße* Dominanz werden dabei als notwendige Voraussetzung von Gesellschaft und Familie bewertet. Die aktuelle *rechtsautoritäre Bewegung* stützt sich ebenfalls auf die männliche Überlegenheit. Dies kann beispielsweise durch eine positive Bezugnahme auf einzelne machtvolle Männer, der Idealisierung des autoritären Vaters sowie des Narrativs der Wehrhaftigkeit nachvollzogen werden. Das Narrativ der männlich-identitären Überlegenheit und die Affirmation von Hierarchie nebst der Abwertung und Bestrafung der als minderwertig Markierten ist auch stark im Material der von mir untersuchten Täter enthalten, was eingehend in Teil 3 dieses Buches analysiert wird.

2.1 Negative Aufhebung des Kapitals und die Angst vor der Abstraktion

In autoritätssehnsüchtigen Zusammenhängen geht es also um bewusste und unbewusste Machtbedürfnisse und Identität. Es handelt sich dabei nicht etwa um „natürliche", „angeborene" Bedürfnisse, vielmehr werden sie kulturell hervorgebracht. Das bedeutet, dass die gesellschaftlichen Formen analysiert werden müssen, die eine solche antiegalitäre, hierarchische Kultur hervorbringen. Es muss danach gefragt werden, *warum* zwischenmenschliche Differenz so angstbesetzt ist und warum mit ihr die Vernichtung, Abwertung und Ausgrenzung von Menschengruppen legitimiert wird. Um hier einen Erklärungsrahmen anzubieten, werden in diesem Unterkapitel die Regierungsweise und die Kapitalverwertung dargestellt, die in den 1920er Jahren in Italien und Deutschland einen Teil des Faschismus und Nationalsozialismus ausgemacht haben. Die Einordnung des Nationalsozialismus als Spezialform des Faschismus ist wichtig, um einerseits den Klassenkompromiss zu thematisieren, der mit jedem Faschismus einhergeht und um andererseits die wahnhafte Selbstzerstörung des Nationalsozialismus als Sonderfall verstehen zu können.

Der Faschismus benötigt wahnhaft Imaginationen, um existieren zu können, insbesondere die Stereotype „des Juden" und „der Frau", bei denen es sich um Verkörperungen der Angst vor dem abstrakten Kapital- und Geschlechterverhältnis handelt.

Zunächst also zur Frage, wie in Italien, dem ersten faschistischen Staat, in den 1920er Jahren regiert wurde. Nach dem Machterhalt orientierten sich die italienischen Faschisten an den Prinzipien des *Dritten Weges*.[66] So wie um die Jahrtausendwende in Deutschland bezog sich dieser auf die durch den Kapitalismus induzierte Ungleichheit. Mittels staatlichen Eingreifens sollte die kapitalistische Wirtschaftsweise sozial gerechter organisiert werden. Nachdem Oppositionsführer:innen, Liberale und Sozialist:innen ermordet waren, wurde der Korporativismus aufgebaut, welcher bis zum sogenannten Abessinienkrieg gegen Äthiopien im Jahr 1935 anhielt. Der Korporativismus stellte eine Verrechtlichung der Widersprüche zwischen Kapital und Arbeit dar, die in Italien autoritär und gewaltsam durchgesetzt wurde. Gelebt wurde der Korporativismus durch die Einführung von wirtschaftlichen Entscheidungsgremien, die durch Arbeiter:innen, Gewerkschaften, Unternehmen und Regierung paritätisch besetzt waren.[67] Der vormalige Arbeitskampf durch die Gewerkschaften, die Frauen und Sozialist:innen bedeutete eine Austragung und Sichtbarmachung der realen Interessengegensätze von Lohnabhängigen und Kapitalisten. Die nun eingeführte Verrechtlichung dieses Konflikts bedeutete eine Systemintegration der widerständigen Ausgebeuteten. Durch die genannten Gremien wurde jede revolutionäre Kraft unterminiert – Arbeiter:innen konnten so zum Schweigen gebracht, beziehungsweise durch die Beteiligung an der Kapitalakkumulation integriert werden. Lohnarbeit war in diesem Zuge effizient steuerbar und radikale Forderungen einer Umgestaltung der Wirtschaftsweise wurden abgewehrt. Das Volksnarrativ verdeckt interne Hierarchie und damit die Kulturgeschaffenheit von sozialer Ungleichheit. Die bürgerliche Gesellschaft, mit ihrer sozialen Ungleichheit, wurde durch eine Unsichtbarmachung der staatlichen Lenkung, ähnlich wie im Volksbegriff, naturalisiert. Nun konnte der Korporativismus nicht auf gesamtstaatlicher Ebene durchgesetzt werden. Unternehmen waren durch das direkte Einwirken auf die Regierung in der Lage, ihre Interessen eher durchzusetzen als diejenigen, die den umständlichen Weg über die Arbeitsgerichte gehen mussten. Auf regionaler und kommunaler Ebene jedoch, war das korporatistische Prinzip erfolgreich. Hier wurde es durch Abge-

66 Vgl. Sabrow, Martin (2010): Der vergessene „Dritte Weg“, online verfügbar unter www.bpb.de/shop/zeitschriften/apuz/32883/der-vergessene-dritte-weg/, zuletzt geprüft am 20.6.2022.

67 Vgl. Enderwitz, Ulrich (2019): Der postfaschistische Sozialpakt, In: Grigat, Stephan (Hrsg.): Postnazismus revisited, Freiburg: ça ira.

sandte umgesetzt, die auch die Interessen der landwirtschaftlich geprägten Arbeiter:innnenschaften vertraten. Spätestens mit Beginn des imperialistischen Angriffskrieges in Äthiopien 1935 wurde der Korporativismus nicht mehr praktiziert. Ideologisch wurde er dabei zwar aufrechterhalten, die tatsächliche Produktion allerdings richtete sich nun auf Kriegsnotwendigkeiten. Die Interessen der Arbeiter:innen waren dafür nicht relevant. Das Wirtschaftssystem wurde auf Kriegswirtschaft und Zwangsabgaben umgestellt.

In Italien bedeutete die Volksgemeinschaft, zumindest in einer kurzen Zwischenphase, wirtschaftlich eine tatsächliche rechtliche Integration der Arbeiter:innen und den zumindest ideologischen Einbezug ihrer Interessen. In Deutschland hatte sich diese Verrechtlichung nicht durchgesetzt. Hier war der beschriebene Zwischenschritt zur Integration der Arbeiter:innen durch Verrechtlichung des Interessenkonflikts nicht notwendig. Denn in Deutschland gab es bei der Machtübergabe an die NSDAP keine flächendeckend widerständige Arbeiter:innenbewegung, deren revolutionäre Interessen hätten eingehegt werden müssen. Während die Gewerkschaften in Italien vor 1922 zerschlagen werden mussten, gliederten sich viele der Arbeiter in Deutschland nahezu ohne Widerstand in die Volksgemeinschaft ein.[68] Vielfach wird behauptet, dass die Deutschen durch „den Führer und seine Schergen" durch die damaligen *Neuen Medien* (Rundfunk und Film) manipuliert worden seien. Ein auch aktuell in den bürgerlichen Medien bemühtes Narrativ: Die Leute hätten auch heute schlichtweg keine Medienkompetenz und seien so anfällig für algorithmische Manipulationen innerhalb der neuen *Sozialen Medien.* Es handelt sich bei beiden Narrativen um Schuldabwehrerzählungen. Es mag zwar stimmen, dass das fehlende Verstehen darüber, wie Diskurse funktionieren eine kritische Haltung in Bezug auf geteilte Erzählungen beeinflusst. Aber die Art der Ideologien, die so unkritisch geteilt werden, ist nicht austauschbar, sondern haben ihren Ursprung in den Strukturen dieser Gesellschaften.

Was also veranlasste die deutschen Arbeiter:innen dazu, sich in ein menschenfeindliches, hierarchisches Gesellschaftsmodell einzugliedern? Und zwar ohne, dass der Widerspruch zwischen Kapital und Arbeit, der soziale Ungleichheit zur Folge hat, bearbeitet wurde und ohne, dass die Mechanismen bearbeitet wurden, die für ihre Armut und ihre geringe Lebenserwar-

68 Vgl. Grigat, Stephan (2019): Transformation der postnazistischen Demokratie und Postfaschismus als Begriff der Kritik, In: Grigat, Stephan (Hrsg.): Postnazismus revisited, Freiburg: ça ira.

tung sorgten? In Italien sorgte der Korporativismus auf der staatlichen Ebene zumindest scheinbar für eine Repräsentanz der Arbeiter:innenrechte.

Stephan Grigat bezeichnet den nationalsozialistischen Umgang mit dem Kapital als „negative Aufhebung des Kapitals“.[69] Gemeint ist dabei ein ressentimentgeladener[70] Antikapitalismus, dessen Wahnhaftigkeit sich insbesondere in Deutschland durchsetzen konnte. In anderen faschistischen Regimen, wie im damaligen Ungarn, wurden die besonders radikal-wahnhaften Strömungen eingehegt. In Deutschland setzten sie sich innerhalb der NSDAP durch und bestimmten die Politik. Dies war der Grund, warum die deutschen, imperialistischen Wünsche so dermaßen selbstmörderisch waren. Nach rationalen Maßstäben hatten die deutschen Streitkräfte keinerlei Chance, gegen US-amerikanische und russische Heere mit deren Ressourcen zu bestehen

Theodor W. Adorno und Max Horkheimer zeigten in ihrer *Dialektik der Aufklärung* auf, wie es während der Aufklärung und den aktuellen scheinbar aufgeklärten, warenproduzierenden Gesellschaften zu einer zum Irrationalen tendierenden Verschiebung der Zweck-Mittel-Relation kam.[71] Wo eigentlich die Entwicklung der Produktivkräfte ein gutes Leben für alle ermöglichen könnte, unterwirft sich das bürgerliche Subjekt den selbstgeschaffenen Zwängen. Der Zweck des emanzipierten Lebens wird unter die Mittel subsumiert, die ihn herstellen sollen. Die Produktion wird so zum sich selbst erhaltenden Zweck, der auf der Ausbeutung und Abwertung von Menschen basiert. Dieser in der *Kritischen Theorie* auch „Technikfetisch“ genannte, unbewusste Vorgang ist Grundlage der gesellschaftlichen Strukturen im Kapitalismus. Es wird um des Produzierens willen produziert. Das Mittel – Produktion, Ausbeutung und die damit einhergehenden, menschenfeindlichen Momente -werden über den Zweck – ein gutes Leben – erhoben. Die Aufklärung verhält sich wie ein Diktator und hat Hierarchie und Ungleichheit zum Ergebnis. Umwelt und Gesundheit der Menschen werden durch die Art der Reproduktion im Neopatriarchat zerstört. Der

69 Grigat, Stephan (o.J.): Nationalsozialismus: Zur Aktualität der negativen Aufhebung des Kapitals, online verfügbar unter www.youtube.com/watch?v=_IY-cREG-_0, zuletzt geprüft am 22.6.2022.

70 Ressentiment bedeutet im sozialpsychologischen Sinne eine affektgeleitete, unbewusste und kollektive Produktion von Vorurteilen und deren Projektion auf Menschengruppen.

71 Adorno, Theodor W.; Horkheimer, Max (2020): Dialektik der Aufklärung. Philosophische Fragmente, 25. Aufl., 1. Aufl. 1944, Frankfurt/Main: Fischer.

propagierte Zweck jedoch ist nicht die Zerstörung. Sie wird billigend in Kauf genommen, und als Sachzwang, als unausweichlich diskutiert.

Diese zweckrationale Vernunft ist im italienischen Faschismus noch in der Verrechtlichung des Klassenwiderspruchs zu erkennen: Die inneren Widersprüche dieser selbstzweckorientierten Reproduktion wurden unter dem Primat des Kapitals versucht zu lösen. Dies konnte jedoch nicht gelingen, weil gerade diejenigen Strukturen aufrechterhalten wurden, die die Widersprüche ständig hervorbringen. Insofern ist hier auch die Feststellung richtig, dass sich der Faschismus auf Grundlage der Kapitalakkumulation bildete – und im Zweifel bilden wird. Es gibt jedoch Unterschiede in den jeweiligen Ausprägungen und Formen des Faschismus. Der Nationalsozialismus agierte mitnichten zweckorientiert. Er vollzog den Schritt vom Zweckrationalen hin zum Selbstzweck der massenhaften Vernichtung des Menschen selbst. Und zwar als Resultat einer wahnhaften Kritik des Kapitals.

Wie oben erwähnt, gliederten sich die Arbeiter:innen in Deutschland vielfach selbstständig in die Volksgemeinschaft ein. Warum? Weil in Deutschland die wahnhafte Kritik an der den Menschen zerstörenden Kapitalakkumulation massenwirksam wurde. In Italien spielte der Antisemitismus eine untergeordnete Rolle. Er war zwar weit verbreitet, jedoch stellte er keinen solch zentralen Bezugspunkt in der Feindbildkonstruktion des Staates und der Volksgemeinschaft dar. Die Deutschen bezogen sich in ihrer Rhetorik auf die Gegenrasse des Judentums. In diesem Narrativ verkörperte „der Jude/die Jüdin“ die destruktive Seite des Kapitalverhältnisses. Dieses wurde von den Nazis auf den eigenen Grundlagen wahnhaft bekämpft.

Nach Grigat sei das Kapitalverhältnis in den 1920er Jahren in die Krise geraten. Anstelle einer radikalen Kritik am stetig krisenschaffenden Kapitalverwertungsprozess entwickelte sich damals eine kapitalimmanente Krisenbewältigung. Grigat schrieb in diesem Kontext von der fetischistischen Revolte gegen das Kapital auf der Grundlage des Kapitals. Während in Italien der Klassenkonflikt autoritär von oben bestimmt und bewältigt wurde, gingen die Nazis sehr viel irrational-projektiver vor. Sie teilten das Kapital ideologisch in eine gute, schaffende Seite und eine böse, raffende Seite.

Moishe Postone[72] beschrieb dies als den typisch nazistischen Hass auf das Abstrakte mit der gleichzeitigen positiven Aufwertung der konkreten

72 Postone, Moishe (1995): Nationalsozialismus und Antisemitismus. Ein theoretischer Versuch“, in: Werz, Michael (Hrsg.): Antisemitismus und Gesellschaft.

Arbeit. Die sich aus der Kritik am Wert ergebende Irrationalität ist sein Ansatzpunkt, um das Verhalten der Nationalsozialisten zu erklären. Wie auch innerhalb der *Kritischen Theorie* überlegt Postone, was das Fortdauern von Mythologisierung im scheinaufgeklärten Denken in Bezug auf den Holocaust zu bedeuten hat. Dieses mythen-, bzw. religionsbasierte Denken mit seiner manichäischen Einteilung in Gut und Böse, sei die Grundlage der nazistischen Kritik am Kapitalverhältnis. Hier wurde die gute, konkrete Arbeit dem bösen, abstrakten Kapitalverhältnis gegenübergestellt. Die gute, konkrete Arbeit erscheint in diesem Narrativ als ahistorischer Biologismus. Es wird dabei negiert, dass Arbeit im Kapitalismus immer Teil abstrakter Arbeit ist, also immer schon Teil der Kapitalakkumulation und deshalb mit Interessenwidersprüchen durchwirkt war.[73] Kurz – es kann im Kapitalismus keine gute Arbeit ohne den ausbeuterischen Widerspruch und soziale Ungleichheit geben.[74] Dafür müsste Arbeit außerhalb des Wertverhältnisses organisiert werden. Der moderne Antisemitismus, wie ihn die Nazis auf die Spitze trieben, beansprucht für sich, das Kapital zu erklären und zu bekämpfen, indem nur seine abstrakte Seite verurteilt wird. Die abstrakten, universalen Strukturen werden dabei jedoch nicht rational erklärt und bekämpft. Vielmehr werden sie irrational gedeutet und projektiv an der „Gegenrasse" der Juden exerziert. „Der Jude" steht in dieser projektiven Logik für das Ungreifbare, im Hintergrund verschwörerisch agierende Finanzkapital. Es wird in jedem einzelnen Juden verkörpert, und auch dort bekämpft.[75] Der Hass gegen das Kapitalverhältnis verengt sich auf „die Juden", die nun für die unfassbaren, abstrakten Strukturen stehen. Auf „den Juden" werden die kollektiven Aggressionen verübt, sie sind daher Teil einer affektiven und kollektiven Strategie, die mit für das Weiterbestehen der kapitalistischen Verhältnisse sorgt. Insofern erhält die Volksgemeinschaft in dieser wahnhaften Form der Kapitalkritik einen psychischen Mehrwert:

Zur Diskussion um Auschwitz, Kulturindustrie und Gewalt, Frankfurt 1995: Verlag Neue Kritik, S. 29-43.

73 Siehe auch Kritik des Arbeitsbegriff durch u. a. die Wertkritikerin Roswitha Scholz. Vgl. Krisis (2019): Manifest gegen die Arbeit, online verfügbar unter www.krisis.org/1999/manifest-gegen-die-arbeit/, zuletzt geprüft am 10.7.2022.

74 Vgl. Scholz, Roswitha (2011): Das Geschlecht des Kapitalismus. Feministische Theorien und die postmoderne Metamorphose des Patriarchats, Bad Honnef: Horlemann.

75 Vgl. Grigat, Stephan (o.J.): Nationalsozialismus: Zur Aktualität der negativen Aufhebung des Kapitals, online verfügbar unter www.youtube.com/watch?v=_IY-cREG-_0, zuletzt geprüft am 22.6.2022.

Der durch die Kultur produzierte Hass auf die alltäglichen Zumutungen wird im Narrativ der Gegenrasse und des Finanzkapitals eingefangen und auf eine kleine Menschengruppe gerichtet. Hier kann er straffrei ausagiert werden. Sozialpsychologisch handelt es sich um eine fehlgeleitete Bearbeitung von kollektiven Aggressionen.

Diese *negative Aufhebung des Kapitals* bezieht sich also nur auf die abstrakte Seite und ist deshalb keine wirkliche Aufhebung oder Kritik des Kapitalverhältnisses. Sie bezog sich in den 1920ern beispielsweise auf Franklin D. Roosevelt, der als ein Agent des so bezeichneten „Weltjudentums" etikettiert wurde[76]. So konnte es kommen, dass ein kleiner Staat wie Deutschland, mit durch den Ersten Weltkrieg geschwächter Verteidigung, gegen das deutlich überlegene US-Imperium vorgehen konnte. Die wahnhafte Wahrnehmung der Realität führte zur Massenvernichtung von sechs Millionen Juden und Jüdinnen und einem Weltkrieg, in dem Deutschland nach rationaler Einschätzung nie hätte siegen können. Nicht zuletzt nahmen die wahnhaften Deutschen die eigene Vernichtung als Konsequenz des Feldzuges in Kauf, denn durch den Krieg wurden auch deutsche Städte zerstört und Millionen Deutsche getötet.

Adorno untersuchte Aufzeichnungen des bekannten Fackelmarsches der Nationalsozialisten, der 1933 infolge der Machtübergabe veranstaltet wurde. Er stellte dabei fest, dass dieser nichts Triumphales an sich hatte. Vielmehr sah Adorno in dieser düsteren Schau die Ahnung, in den eigenen Untergang zu marschieren. Zumindest in Ansätzen scheint den Nazis bewusst gewesen zu sein, dass ihr Unterfangen zum Scheitern verurteilt war.[77] Hier bildete der kollektiv geteilte Wahn eine selbstzerstörerische Dynamik aus, sodass es nicht zu einer Stabilisation der ökonomischen Verhältnisse kam. Denn wie aufgezeigt handelt es sich gerade nicht um einen rationalen Modus der Krisenbewältigung, sondern eher um ein durch die menschliche Psyche agierendes Wertverhältnis. In diesem Sinne ist das patriarchal-kapitalistische Wertverhältnis immer auch ein zwischenmenschliches Verhältnis, das in Institutionen verdichtet ist, und das auf Feindbildkonstruktionen aufgebaut ist. „Der Jude" stellt eine solche dar. In Imaginationen können hier Aggressionen geleitet werden, durch Agitation kann an innere Ressentiments angeknüpft werden.

76 Benz, Wolfgang: „Judenvernichtung aus Notwehr?" Vierteljahreshefte für Zeitgeschichte 29.4 (1981), S. 615-630.

77 Vgl. Grigat (o.J.): Nationalsozialismus: Zur Aktualität der negativen Aufhebung des Kapitals.

Er stellt aber nur eine der Konstruktionen dar, auf deren Abwertung, beziehungsweise Sündenbockfunktion das Wertverhältnis basiert. „Der Ausländer“ ist je nach Nationalität minderwertig und so zum Beherrschen geboren.

Die Frau wird ebenfalls als minderwertig konstruiert. Ihre Gebärfähigkeit stellt dabei eine ausbeutbare Ressource und zugleich auch eine Gefahr dar, falls diese Fähigkeit nicht institutionalisiert kontrolliert wird. Hier arbeitete die Psychoanalytikerin Julia Kristeva heraus, dass aufgrund der patriarchalen Subjektivierung eine gesellschaftliche Angst vor dem *Fremden*/dem *Anderen* reproduziert würde. Ihre Ursache habe dies in der männlichen Angst vor der Übermacht der Mutter. Sie sei unbewusst und bestimme als Abwehr des nicht Vertrauen den Umgang mit dem gesellschaftlichen *Anderen.*[78]

Auch Judith Butler analysierte Machtdynamiken, die die Heterosexualität kulturell zwanghaft hervorbringen. Institutionen haben ihr zufolge hierbei eine Kontrollfunktion.[79] Insofern herrscht also eine durch die institutionalisierte Subjektivierung hervorgerufene Angst vor der Unabhängigkeit der Frau.

Die Imaginationen „des Juden“ und „der Frau“ haben historische Ähnlichkeiten. Beide repräsentieren eine unbewusste Angst vor objektiven, abstrakten Prozessen.[80] Jedoch sind die Ängste auf verschiedene Abstraktionen gerichtet: Wie oben herausgearbeitet, leitet sich die Angst vor dem Juden im modernen Antisemitismus aus dem abstrakten Kapitalverwertungsprozess ab. Die Angst vor der Frau fokussiert sich auf den körperlichen und wertbezogenen Reproduktionsprozess. Dieser wird ebenso als natürlich und ahistorisch dargestellt. Allerdings liegt ihm eine männerbündische, androzentrische und koloniale Geschichte der Herrschaft zugrunde – er wurde also kulturell hervorgebracht. Diese Kulturgeschaffenheit kann genauso wie im antisemitischen Wahn nicht erkannt werden. Doch

78 Vgl. Kristeva, Julia (1990): Fremde sind wir uns selbst, Suhrkamp: Berlin.

79 Butler, Judith (2009): Die Macht der Geschlechternormen und die Grenzen des Menschlichen, Frankfurt am Main: Suhrkamp Verlag.

80 Vgl. Stögner, Karin (2020): Von „Geldjuden“ und „Huren“ – Kritik der antisemitisch-sexistischen Ideologie, In: Institut für Demokratie und Zivilgesellschaf [Hrsg.]: Wissen schafft Demokratie. Schwerpunkt Antisemitismus, Bd. 8. Jena, S. 86-93.

wie genau zeigt sich die unbewusste Angst vor der abstrakten Seite des Geschlechterverhältnisses?

Das Stereotyp des Juden war und ist im modernen Antisemitismus unterschiedlich geschlechtlich konnotiert. Im Gegensatz zum Ausländer erscheint der Jude zwar als lüstern, allerdings ebenfalls als impotent und so als unmännlich. Die jüdische Frau wird mit unweiblicher Kälte und Rationalität in Verbindung gebracht. Ihr Ziel sei die verführende Bindung eines arglosen Mannes.[81]

Beim Stereotyp Ausländer ist die Angst vor der unkontrollierbaren Potenz die leitende Emotion, in Kombination mit dem narzisstischen Wunsch nach der Inbesitznahme von Frauenkörpern und des damit einhergehenden konkurrenzhaften Neids. Der Ausländer nehme die Frauen weg, die eigentlich dem kulturell oder „rassengemäß" überlegenen Mann zustehe. Die Frau ist in all diesen Szenarien subjektlos und auf „ihre Natur" reduziert. Denn bei ihr stellt sich die Angst vor der Abstraktion als Angst vor ihrem Körper dar. [82] Es handelt sich um eine sehr widersprüchliche Angst, denn einerseits ist der Körper der Frau ein Begehren auslösender und deshalb begehrens- und besitzenswerter.[83] Zusätzlich ist er durch die Gebärfähigkeit Voraussetzung von Kultur und Kapitalverwertungsweg. Daher wird der konkrete Frauenkörper mit seinem Geburtspotential und dem Gebären in der heterosexuellen Kleinfamilie, besonders in rechten, rechtsradikalen, konservativen und religiösen Diskursen aufgewertet. Andererseits ist jedoch das abstrakte Geschlechterverhältnis in der „ausländischen/fremden Frau" und „der Emanze" angstvoll aufgeladen. Hier ist der Körper oder ihr Geist eine Gefahr für die national gedachte Männlichkeit und den patriarchal-kapitalistischen Verwertungsprozess.[84] Die Weiblichkeit muss deshalb stets in der Institution Familie, Partner:innenschaft oder Lohnverhältnis kontrolliert werden.

81 Vgl. Stögner (2020): Von „Geldjuden" und „Huren" – Kritik der antisemitisch-sexistischen Ideologie.

82 Pornografie stellt inzwischen eine bedeutende sexuelle Sozialisationsinstanz dar. Aus der darin zum Ausdruck gebrachten Gewalttätigkeit gegenüber und der Erniedrigung von Frauen kann die Kontrolle des weiblichen Körpers abgelesen werden, die aus der Angst vor ihrem Körper resultiert.

83 Vgl. Pohl (2019): Feindbild Frau. Männliche Sexualität, Gewalt und die Abwehr des Weiblichen. 2. Auflage. Hannover: Offizin.

84 Dieses Narrativ finden wir besonders bei Anders Behring Breivik wieder. Vgl. auch das Kapitel „2.3 Frauenverschwörung" in Teil 3.

Ursächlich ist dieses Kontrollbedürfnis in der geschlechtlich konnotierten Produktion von Wert in patriarchalen Gesellschaften. Denn die soziale Struktur Geschlecht wird durch das patriarchale Wertverhältnis erst als das „Zivilisationsmodell"[85] gesetzt. „Die Emanze" oder „die radikale Feministin" stellt mit ihrer Theorieproduktion die Legitimität und Legalität dieses Zivilisationsmodells infrage, weil sie konstatiert, dass es kulturell, also veränderbar ist. Außerdem verhält sie sich durch ihre geistige Tätigkeit entgegen ihrer Stereotypisierung der körperlichen Immanenz. Wo Reaktionäre sie auf ihren Körper und dessen Gebärfähigkeit, beziehungsweise männliche Begehrenswünsche reduzieren, überwindet sie durch kollektives Denken diese Reduktion. Das erzeugt bei vielen Männern Unsicherheit und Angst vor Kontrollverlust. Daher auch der immense Hass auf Feministinnen, den wir besonders ausgeprägt bei Anders Behring Breivik finden, aber auch dominant in den Narrativen der *rechtsautoritären Bewegung* insgesamt.

Aber inwiefern ist ein metaphysisches Wertverhältnis ein soziales Verhältnis und wie schafft es Geschlecht? Dass das Wertverhältnis aktuell eine solch globalisierte Dimension angenommen hat und Konzerne transnational marodieren, ist das Ergebnis eines Wertprozesses, der sich seit der Zeit der ursprünglichen Akkumulation im 17. Jahrhundert formiert.[86] Aus nicht kapitalistischen, patriarchalen Tributgesellschaften entwickelte sich der sich selbst verwertende Wert[87], der als blindes Verhältnis fetischistisch auf sich selbst zurückgekoppelt ist. Nationalstaaten versuchen, diese Wertschöpfung für sich zu nutzen. Die Angehörigen dieser Nationalstaaten agieren dieses auf sich selbst zurückgekoppelte Wertverhältnis aus. Sie sind durch den Widerspruch zwischen Kapital und Arbeit gezwungen, ihre

85 Scholz (2011): Das Geschlecht des Kapitalismus.

86 Federici, Silvia Beatriz (2018): Caliban und die Hexe. Frauen, der Körper und die ursprüngliche Akkumulation. 3. erweiterte Auflage. Hg. v. Martin Birkner. Wien: Mandelbaum (Kritik & Utopie).

87 Der Begriff „sich selbst verwertender Wert" beschreibt in der marxistischen Kapitalanalyse den Zirkel, den Waren und Dienstleistungen innerhalb der kapitalistischen Produktionsweise durchlaufen. Sie werden nicht mehr primär zur Befriedigung menschlicher Bedürfnisse erzeugt, sondern um Profit zu generieren, der dann wieder reinvestiert werden muss um nicht der Konkurrenz zu unterliegen. Dabei ist es unerheblich ob es sich um Brot oder Panzer handelt, wichtig ist nur, dass am Ende des Zirkels „Geld – Ware – Geld" ein Mehrwert entstand. In dieser Logik ist der Mensch und seine sozialen Bedürfnisse dem Verhältnis untergeordnet.

Arbeitskraft zu verkaufen. Ihre Lohnarbeitstätigkeit stellt sich in vielen Interaktionen und Kommunikationen zwischen Körpern dar. Im Zentrum der Wertakkumulation- und Attribution steht das Subjekt. In die Dinge und Dienstleistungen, die es produziert, fließt menschlich verausgabte Energie. Während in warenproduzierenden Gesellschaften einerseits Dinge produziert werden müssen, ist es ebenso notwendig, die Körper zu reproduzieren, die diese Lohnarbeit tun sollen. Und das können nur Menschen anstellen, die einen entsprechenden Körper aufweisen. Insofern sind Gesellschaften historisch und aktuell Zusammenhänge der Organisation dieser menschlichen Reproduktion.

Das Gebären von Kindern fällt zusammen mit einer Reihe von Sorgearbeiten, die ebenfalls in den reproduktiven Tätigkeitsbereich gehören. Stillen, Haushaltsführung, das mutmachende Klopfen auf den Rücken und Vieles mehr. Was genau zu dieser Aufzählung gehört, unterscheidet sich kulturell. Das verbindende Element ist allerdings das Geschlecht: In allen Kulturen werden diese Tätigkeiten an Frauen delegiert, jedoch nicht zu ihrer Selbstbestimmung, sondern zur Organisation einer historisch männlich konnotierten Reproduktionsweise.

Nach Roswitha Scholz hat sich in den westlichen Gesellschaften seit dem 18. Jahrhundert das kapitalistische Patriarchat als alleinige Reproduktionsweise durchgesetzt.[88] Und das, so Luce Irigaray, weil ausgehend von der bürgerlichen Revolutionen die Reproduktion des Lebens abgewertet und unter die Produktion von Dingen und eines abstrakten Selbstzwecks, den Wert, subsumiert wurde.

Mit der Generalisierung der kapitalistischen Reproduktionsweise hat sich auch eine staatliche Trennung zweier gesellschaftlicher Sphären etabliert, in denen unterschiedliche Arbeit getan wird. Einerseits wurde dabei die öffentliche Sphäre geschaffen, in der neben Politik auch die Lohnarbeit organisiert ist. Sie ist traditionell vermännlicht, obwohl proletarische Frauen immer schon durch Lohnarbeit das Familieneinkommen mitbestreiten mussten. Die hier gefragten Fähigkeiten, Eigenschaften und Haltungen gelten als männlich und werden auf Männerkörper projiziert.

Umgekehrtes lässt sich über die historische Konstruktion der Privatsphäre sagen. Die hier benötigten Tätigkeiten wurden und werden Scholz zufolge auf die Frau projiziert. Es wird noch einmal deutlich, dass der Wert ein intersubjektives Verhältnis ist und Geschlecht schafft: Er produziert durch die für ihn notwendigen (Lohn)Arbeiten Vorstellungen und Annah-

88 Scholz (2011): Das Geschlecht des Kapitalismus.

men, die wiederum auf die einzelnen Körper projiziert werden und so tatsächlich Subjektivität herstellen. Auch wenn der Trend hin zur teilweise marktförmigen Organisation von Sorgearbeit geht, ist dieser Konstruktions- und Projektionszusammenhang weiterhin gültig.[89] Im Neoliberalismus wird Sorgearbeit wieder vermehrt in die sog. Privatsphäre verschoben, also Frauen oktroyiert. Dort wird diese Arbeit dann teilweise nicht entlohnt oder schlecht bezahlt und oft auch an Frauen delegiert, die durch ihre Migrationsgeschichte und/oder Klasse gezwungen sind, prekäre Beschäftigungen aufzunehmen.

Aktuelle Männlichkeitsvorstellungen haben sich also anhand der Lohnarbeit und der damit zusammenhängenden Erfordernisse der imperialen Wertschöpfung herausgebildet. Das männliche Aufklärungssubjekt steht für Durchsetzungskraft (in der Konkurrenz), Intellekt (hinsichtlich kapitalistischer Reflexionsformen) und Charakterstärke (in der Anpassung an kapitalistische Zumutungen).[90] Auch überwindet es als kulturelles Wesen transzendental den Körper.[91] Der Mann repräsentiert einerseits den kulturellen Geist; andererseits den wehrhaften Soldaten, der Nationalstaat und Familie verteidigt. Der Krieg ist männlich konnotiert.

Die andere Seite des Wertes – die Tätigkeiten, die notwendig sind, ihn zu reproduzieren –, sind der Frau zugeordnet. Traditionell wurden sie in der nicht marktförmig strukturierten Privatsphäre organisiert. Aktuell wird diese Sorgearbeit in der Privatsphäre einerseits nicht entlohnt, andererseits, lohnförmig zurechtgeschneidert, als „Care-Dienstleistungen" am Markt verrichtet. Die nicht lohnförmig organisierte Sorgearbeit ist ideologisch vom Wert abgespalten. Obwohl sie die Wertschöpfung erst möglich macht, ist sie im gängigen Narrativ isoliert und erscheinen nicht als Arbeit. Die Fähigkeiten, Haltungen und Emotionen, die mit Sorgearbeit einhergehen, sind verweiblicht und werden auf Frauen projiziert. Gegenteilig zum Mann sind diese, gemäß der Sphäre und der Abspaltung vom Wert, nicht mit Öf-

89 Zur Schaffung eines marktförmigen Care-Sektors und der Folgen vgl. Soiland, Tove (2013): Das Theorem der Neuen Landnahme: Eine feministische Rückeroberung, In: Jahrbuch Denknetz. Online verfügbar unter www.denknetz.ch/wp- 30. content/uploads/2017/07/Das_Theorem_der_neuen_Landnahme._Beitrag_in_Jahrbuch_2013.pdf, zuletzt geprüft am 13.4.2022.

90 Vgl. Scholz (2011): Das Geschlecht des Kapitalismus, S. 18.

91 Vgl. De Beauvoir, Simone (2000): Das andere Geschlecht. Sitte und Sexus der Frau. Hamburg: Rowohlt.

fentlichkeit, Kultur, Rationalität und Intellekt codiert, sondern im Gegenteil ist Weiblichkeit immanent mit dem Körper verbunden. Anstatt geistig den Körper überwindend zu wirken, reduzieren Weiblichkeitsvorstellungen Frauen auf ihren Körper. Frauen gelten als naturverbunden, ihre Tätigkeiten als die umgebende Hülle. Sie gelten, wie Frauen selbst, eher als Naturrohstoffe, die im Sinne der patriarchalen Wertschöpfung ausgebeutet werden. Die Reproduktion der Menschheit durch weibliche Körper ist im Patriarchat abgewertet und muss, um diesen Zustand aufrecht zu erhalten, kontrolliert und reguliert werden. Diese Regulation macht erst den abstrakten Wertschöpfungszusammenhang möglich. Was heißt das in Bezug auf Ressentiments gegenüber der Frau?

Im Antisemitismus geht es, wie oben herausgearbeitet, um die Angst vor der abstrakten Seite von Arbeit, beziehungsweise der Wertschöpfung. Bei den Frauen herrscht die teils bewusste, teils unbewusste Angst vor, dass ihre Körper nicht mehr im Dienst der Wertschöpfung eingespannt werden können. Antifeministisch wird die Frau, ebenso wie die Natur, beherrscht. In Institutionen wie der Ehe, der Partnerschaft und dem Recht[92] wird ihre Reproduktionsfähigkeit für die Wertschöpfung instrumentalisiert. Misogynisten und Antifeministen haben unbewusst oder bewusst Angst davor, dass Frauen sich vom patriarchalen Lebensentwurf emanzipieren – davor, dass Frauen ihre Reproduktionsfähigkeit womöglich selbstbestimmt, außerhalb heteronormativer Lebenszusammenhänge organisieren. Das ist auch der Grund der immensen Furcht und Abwehr der Täter gegenüber „den radikalen Feministinnen".

Während also das Stereotyp „der Jude" die abstrakte, globalisierte Wertschöpfung symbolisiert, ist die emanzipierte Frau diejenige, die das Wertverhältnis infrage stellt. Denn ohne ihren Beitrag der Sorgearbeit kann das Wertverhältnis nicht bestehen. Ohne ihr Gebären, kann Gesellschaft nicht fortdauern. Ohne ihren Glauben an sich ergänzende Geschlechter, an

92 Hierzu eine materialistische Analyse bezüglich des das Geschlecht reproduzierenden Rechts. Auch wenn das Geschlecht oft nicht genannt wird, so wird trotzdem implizite Binarität unterstellt, und durch geschlechtsspezifisch konnotierte Anrufungen reproduziert. Vgl. Haller, Lisa Yashodhara (2018): Kapital – Staat – Geschlecht. Eine theoretische Analyse der Vermittlungszusammenhänge, In: Friederike Beier, Lisa Yashodhara Haller und Lisa Haneberg (Hg.): materializing Feminism. Positionierungen zu Ökonomie, Staat und Identität. Münster: Unrast, S. 69-99.

die „Natürlichkeit" von Familie, bürgerlicher Liebe, Sexualität, Unterordnung und Geschlecht steht die patriarchale Organisation der Reproduktion infrage. Verhalten sie sich zu selbstbestimmt, werden Frauen als „Emanzen" oder „Mannweiber" entwertet.

Selbstbestimmtheit und Selbstständigkeit von Frauen wirkt deshalb gefährlich, weil ihr Körper tatsächlich zur Kapitalwertschöpfung gebraucht wird und immer auch die Gefahr vorhanden ist, dass Frauen erkennen, wie sehr sie zwar eingespannt, wie abgewertet und bedroht sie jedoch gleichzeitig sind. Deshalb muss ein Natürlichkeitsmythos, demnach Frauen und Männer unterschiedlich seien[93] und sich ergänzten, reproduziert werden, genauso auch die Ideologie, dass die aktuelle Reproduktionsweise alternativlos sei. Vor allem Letzteres ist kraftvoll: Die aktuellen Umstände scheinen fortschrittlich zu sein, die Menschheitsgeschichte scheint zu Ende erzählt.[94] Dass das abstrakte Wertverhältnis ein geschlechtsspezifisches ist, wird als „natürlich" mythologisiert. Es gibt dabei unterschiedliche Narrative: Abrahamitische religiöse Mythen imaginieren einen Vater, der die Kultur schuf und die Natur, die er beherrscht. In esoterischen Mythologien werden Frauen ganz direkt mit „der Natur" gleichgesetzt. Der säkularisierte Mythos in Bezug auf Frauen ist ebenfalls eine Betonung ihrer Biologie, die sie zu Sorgearbeit und heterosexuellem Begehren prädestiniere. So wird auch der Zweck von Frauen erklärt: Sie sind die Gebärerinnen der Nation. Sind sie es nicht, so widersprechen sie ihrer eigenen Natur. Misogynie und Antifeminismus sind also Ausdruck einer Angst vor der Ablösung der Frau vom sie entwertenden, in Institutionen kontrollierenden Wertverhältnis.

Gleichzeitig gibt es eine sexualisierende Fokussierung auf ihren Körper, die sich als Widerspruch zwischen Begehren und Nützlichkeit und dem machtvollen Bedürfnis nach Kontrolle und Unterwerfung darstellt. Rassistisch werden hier Frauen verschiedener Herkunft unterschiedlich ins Narrativ eingewoben.[95] Die „ausländische/fremde" Frau löst gleichzeitig

93 In Industrienationen wird den Frauen höherer Klassen inzwischen nahegelegt, sich an den männlich konnotierten Entwurf des Arbeitskraftunternehmers anzugleichen. Dafür müssen diese Frauen einen männlichen Habitus einüben und sich von Weiblichkeit distanzieren. Alice Weidel und Angela Merkel stellen meines Erachtens Verkörperungen dieses Stereotyps der zweckrational denkenden „Business-Woman" dar.

94 Fukuyama, Francis (1992): Das Ende der Geschichte. Wo stehen wir? München: Kindler.

95 Die Zahl weiblicher Opfer in Bezug auf häusliche und sexualisierte Gewalt ist ungeheuer groß. Übergriffe auf besonders vulnerable Frauen, z. B. in der Pro-

sowohl Angst und Abwehr, als auch ein Begehren aufgrund einer ihr zugeschriebenen Exotik aus. Angst, weil sie durch ihre Gebärfähigkeit scheinbar die Volksgemeinschaft durch Überfremdung gefährdet und Abwehr im Sinne der Abwehr einer Lust, das Fremde zu erobern und kolonialisierend zu unterwerfen. Der fremde Mann hingegen darf nicht das Objekt Frau, als konkreten Körper, enteignen. Deshalb gilt seine fantasierte Potenz als übersteigert und bedrohlich.[96]

Zusammenfassend können wir an dieser Stelle festhalten, dass postfaschistische, beziehungsweise postnazistische Strukturen sowohl zweckrationale als auch irrationale Aspekte aufweisen. Zweckrationale in der Idee der Sozialpartnerschaft, irrationale in den mythologischen Ressentiments und den sich dadurch reproduzierenden, angstvollen und aggressiven Affekten gegenüber *den Anderen.* Es handelt sich beim (post-)faschistischen Antisemitismus und Misogynie um ressentimentgeladene Abwehr in Bezug auf Abstraktionen, die die patriarchale Kapitalakkumulation ausmachen.

Die Juden sind für die abstrakte Seite zuständig und lenken sie; die Ressentiments gegen sie stellen eine irrationale Kritik am Kapitalverhältnis dar. Die Frauen dürfen die Reproduktionsweise nicht durch Selbstständigkeit, Subjekthaftigkeit und lesbisches Leben infrage stellen. Ihre Macht ist verdrängt und deshalb Angst auslösend. Die Mutter stellt die direkte Verkörperung der Macht der Frau dar und die neopatriarchale Subjektivierung löst insofern männlich konnotierte Abwehr und Autonomiekonflikte aus. Frauen müssen nutzbar sein, sonst sind sie *Huren*, *Mannweiber*, *Emanzen* oder als *Andere Frau* durch Nationalgrenzen abzuwehren. Auch hier wird die abstrakte Seite nicht begriffen. Die Ehe oder Partnerschaft scheint „natürlich" und ahistorisch. Frauen sind die Ermöglicherinnen von

---

stitution, finden erschreckend häufig statt. Vgl. Farley, Melissa; Cotton, Ann; Lynne, Jacqueline; Zumbeck, Sybille; Spiwak, Frida; Reyes, Maria E.; Alvarez, Dino-rah; Sezgin, Ufuk: Prostitution and Trafficking in Nine Countries: An Update on Violence and Posttraumatic Stress Disorder. 2003, in: Journal of Trauma Practice. 2(3/4): 33-74.

Auch die populäre Pornografie ist ein gutes Beispiel für die Objektifizierung und Erniedrigung der Frau, die oftmals Voraussetzung für ein Lustempfinden vieler Männer ist.

96 Hierzu eine Analyse von Gabriele Dietze, die die Abwehr von Migration mit diesem Stereotyp zusammenbringt. Vgl. Dietze, Gabriele: Sexueller Exzeptionalismus Überlegenheitsnarrative in Migrationsabwehr und Rechtspopulismus. Bielefeld: 2019.

Wertschöpfung und genau deshalb ist die Angst vor ihnen so groß.[97] Denn Reproduktionsfähigkeit bringt Macht mit sich, die institutionell reguliert werden muss, wenn sie weiter entwertet und genutzt werden will. Hier wird das abstrakte Geschlechterverhältnis geleugnet und sowohl Familie, als auch Heterosexualität werden (säkular) mythologisiert und damit als alternativlos gefestigt. Diese beiden irrationalen Vorstellungen werden insbesondere in der *rechtsautoritären Bewegung* gepflegt. Die Nationalsozialisten trieben das Judenressentiment auf die Spitze und vernichteten im Wahn Millionen von jüdischen Menschen. Frauen, die sich nicht in das patriarchale Reproduktionsmodell einfügten, wurden ebenfalls getötet. Die immense Angst vor Weiblichkeit, der Überfremdung und dem Finanzjudentum findet sich in seiner ressentimentbeladenen Form auch im Material der in diesem Buch untersuchten Attentäter.

2.2 Die bürgerliche Demokratie ist strukturell faschistisch

Die aktuelle *autoritäre Bewegung* weist die beschriebenen irrationalen Momente in stark erhöhtem Maße auf. Die anfangs beschriebene Hufeisentheorie legt nahe, dass es sich in Bezug auf diese Wahnideen um Spinnereien von „Extremisten" handele, doch es ist eine Abwehr und Banalisierung, die Gefahr an den konstruierten Rändern der Gesellschaft auszumachen. Denn „daß der Faschismus nachlebt; daß die vielzitierte Aufarbeitung der Vergangenheit bis heute nicht gelang und zu ihrem Zerrbild, dem leeren und kalten Vergessen, ausartete, rührt daher, daß die objektiven gesellschaftlichen Voraussetzungen fortbestehen, die den Faschismus zeitigten".[98] Beim Faschismus handelt es sich um ein bürgerliches Problem. Die „objektiven gesellschaftlichen Voraussetzungen" binden das postfaschistische Subjekt an die faschistische Struktur. Als Konsument:in, beispielsweise, wird das Subjekt durch seine Bedürfnisse in den Kapitalverwertungszusammenhang involviert.[99] Diese Bedürfnisse müssen jedoch erst generiert

97 Die Angst besteht auch vor dem Begehren auslösenden Körper der Frau. Vgl. Pohl (2019): Feindbild Frau.

98 Adorno, Theodor W. (2019): Aspekte des neuen Rechtsradikalismus. Ein Vortrag. Berlin: Suhrkamp.

99 Inzwischen werden Konsument:innen in Industrienationen absurderweise als Klimaretter:innen adressiert. Durch „ethisches" Kaufen und die Vermeidung und Trennung von Müll sollen sie den Klimawandel aufhalten. Ein böser Zirkelwitz auf Kosten von Menschen im globalen Süden, weil die Wertschöpfung den Klimawandel verursacht und der Absatz zur Wertrealisierung benötigt wird.

werden, weshalb die Werbung inzwischen der größte Posten in der Bilanz von vielen transnationalen Unternehmen ist.[100]

Die Abwehr der Beschäftigung mit der *rechtsautoritären Bewegung* und ihrer Geschichte wird unter anderem in der deutschen Gedenkkultur sichtbar. Diese suggeriert, es handele sich bei der faschistischen Gefahr um einen Konflikt der Vergangenheit. Nach dem Motto „Vergangenheitsbewältigung ist ein Meister aus Deutschland“ bescheinigt sich das deutsche Volk regelmäßig einen erfolgreichen Umgang mit der nationalen Geschichte. Gerhard Schröder wünschte sich hierzu einst vor der Errichtung eines Holocaust-Mahnmals 1998, dass es ein Ort würde, „wo die Deutschen gerne hingehen“.[101] Es ist ein Umgang mit der Geschichte aus der Perspektive von Tätern. Anstelle einer Reflexion der Bedingungen der Möglichkeit des Faschismus wird die Beschäftigung mit der eigenen Geschichte aus einem Schuldabwehrkomplex heraus angestellt. Unsere Subjektivität ist geschichtlich geprägt. Das bedeutet, dass die kulturellen Erfahrungen unserer Vorfahren unsere Vorstellungen und unser Handeln prägen. Wenn nun Bedürfnisse nach Absolution und Verantwortungsabgabe die Gedenkkultur prägen, herrscht eine große Gefahr, die faschistische Struktur zu verkennen, die in wertschöpfenden Gesellschaften latent vorhanden ist. Und zwar nur einerseits in der personellen Kontinuität, die es nach dem Krieg gab. Die Verfassung beispielsweise wurde von Faschisten mitgeschrieben.[102] Allerdings ist andererseits der Faschismus kapitalgeschaffen, und zwar als autoritäre Bewältigung seiner eigenen Krisen. Wie schon erwähnt, war der deutsche Faschismus eine Variante, der eine gewaltige Selbstzerstörung innewohnte. Sein italienisches Vorbild mit seinem Korporativismus eignet

---

Dass beispielsweise Recycling die negativen Auswirkungen des Klimawandels abschwächt, ist reine Propaganda, die die Konsument:innen zum Kauf ermutigen soll. Vgl. Gleisberg, Jens (2022): Die Recyclinglüge, online verfügbar unter www.ndr.de/kultur/film/Die-Recyclingluege-Doku-ueber-Plastikmuell-in-ARD-Mediathek, recyclingluegedoku100.html, zuletzt geprüft am 24.6.2022.

100 Pfeiffer, Sabine (2021): Digitalisierung als Distributivkraft. Über das Neue am digitalen Kapitalismus, Bielefeld: transcript.

101 Schulz, Bernhard (2005): Ein weites Feld, online verfügbar unter www.tagesspiegel.de/kultur/ein-weites-feld/607298.html, zuletzt geprüft am 20.6.2022.

102 Hierzu eine Studie, die nachweist, dass die Bundesanwaltschaft bis 1970 von nationalsozialistischen Funktionären dominiert wurde. vgl. Hempel, Klaus (2021): Bundesanwaltschaft nach dem Krieg. Von Alt-Nazis geprägt, online verfügbar unter www.tagesschau.de/inland/gesellschaft/bundesanwaltschaft-ns-vergangenheit-101.html, zuletzt geprüft am 20.6.2022.

sich besser, um die aktuellen, latent vorhandenen faschistischen Strukturen zu analysieren.

In den 1920ern und aktuell befindet sich das Kapital, als sich selbst verwertender Wert in der Krise.[103] Aufgrund der immensen Produktivkraft werden Warenmengen produziert, deren Wert sich aufgrund einer Absatzkrise nicht auf dem Markt realisieren lässt.[104] Das heißt, es werden Waren produziert, die nicht verkauft werden können und dementsprechend vernichtet werden müssen. Die Abwrackprämie ist ein Beispiel für dieses absurde Produktionsverhältnis. Hier wird Menschen von staatlicher Seite Geld gezahlt, damit sie konsumieren. Insgesamt ist es Karl Marx zufolge staatliche Aufgabe, den Selbstzerstörungstendenzen des Kapitals entgegenzuwirken, welches auf der Ausbeutung menschlicher Arbeitskraft fußt.

Das Interesse von Unternehmen ist eine wettbewerbsausgelöste Gewinnmaximierung. Dies geht zulasten derer, die sie hervorbringen. Daher ist der Reproduktionsprozess auf Staat und Recht angewiesen, die Regeln aufstellen und durchsetzen, die die Arbeiter:innen vor ihren Ausbeutern schützt.[105] In Zeiten der Krise muss der Staat autoritärer werden, um die Reproduktion der menschlichen Arbeitskraft und die Wertrealisierung zu ermöglichen. Dies brachte in den 1920ern den faschistischen Staat hervor und sorgt aktuell wieder für autoritäre Tendenzen in verschiedenen europäischen Ländern. Damals sorgte die massenhafte Vernichtung menschlichen Lebens und Kapitals für die temporäre Lösung der Krise. Nach Beendigung der wahnhaften Massenvernichtung in Deutschland prosperierte die Wirtschaft. Die Konsequenz der staatlichen Massenvernichtung waren das Wirtschaftswunder, die Belohnung der Kriegsverbrecher im Rahmen des Marshall-Plans und die Kontinuität faschistischer Strukturen.[106]

Vor dem Hintergrund der aktuellen Absatzkrise treibt der Verwertungsprozess Unternehmen in eine sich zuspitzende Konkurrenz. Um in dieser durch Absatz zu bestehen, müssen sie die Lohn-Stück-Kosten senken. Kon-

103 Vgl. Enderwitz (2019): Der postfaschistische Sozialpakt, S. 146.

104 Vgl. Enderwitz (2019): Der postfaschistische Sozialpakt, S. 140.

105 Gramsci zufolge ist es ebenfalls staatliche Aufgabe, zivilgesellschaftlichen Konsens zu generieren. Es handelt sich dabei um eine (unbewusste) Zustimmung zur eigenen Beherrschung. Der Staat im engeren Sinne muss gerade so viele Zugeständnisse machen, wie es nötig ist, dass die (politische) Zivilgesellschaft den Reproduktionsbedingungen und der kulturellen Lebensweise zustimmt und sie reproduziert. Vgl. Langemeyer, Ines (2009): Antonio Gramsci: Hegemonie, Politik des Kulturellen, geschichtlicher Block.

106 Vgl. Enderwitz (2019): Der postfaschistische Sozialpakt, S. 147 f.

kret heißt das, dass staatlicherseits ein Niedriglohnsektor geschaffen werden muss, der den Unternehmen billige Arbeitskraft durch Arbeitszwang garantiert. Hier tritt der postfaschistische Staat als Garant von billiger Arbeitskraft auf.[107] Er organisiert Kapital und Arbeit, sich eigentlich konträr gegenüberstehende Interessen, unter einem Dach. Im Korporativismus der 1920er geschah dieser Prozess durch die Gremien und Arbeitsgerichte. Aktuell werden diese Widersprüche unter dem Stichwort „Neoliberalismus" und „Akkumulationsregime" bearbeitet.

In Deutschland beging die rot-grüne Regierung unter Schröder den sogenannten dritten Weg.[108] Es ist der selbe Schröder, der findet, dass der Holocaust eine Wohlfühlerinnerung sein solle, der also die monströse Dimension der Kapitalkräfte nicht im Mindesten begreifen konnte. Bezeichnenderweise verschaffte ihm die unternehmerfreundliche Tätigkeit im Parlament seine aktuelle Beschäftigung als Großkapitalist. Daran, dass gerade ein sozialdemokratischer Kanzler derart offensichtlich im Interesse von Besitzenden agiert, wird die absolute Schwächung der Gewerkschaften und ihre Einbindung in die Kapitalinteressen sichtbar. Denn die Agenda 2010 konnte nur einen Niedriglohnsektor dieser Größe schaffen, indem vorher die Macht der Gewerkschaften bekämpft wurde. Die Kaufkraft der staatsbürgerlichen Konsument:innen muss geschwächt werden, um den Absatz der Unternehmen innerhalb der internationalen Konkurrenz zu sichern.[109]

Die Durchsetzung der Unternehmerinteressen wird auch durch die Einbindung der Arbeiter:innen als Konsument:innen geschaffen. Denn eine weitere postfaschistische Struktur ist die staatsintendierte Organisation von Konsens. Und dieser ist absolut erreicht, wenn sogar die Arbeiter:innen selbst für ihre eigene Ausbeutung durch Hartz IV nebst Arbeitszwang sorgen. Im Namen der permanenten Krisenprävention werden die Konsument:innen angerufen, im Dienste der Kapitalreproduktion den Gürtel enger zu schnallen. Die Berichterstattung in Bezug auf Streiks zeigt die Zustimmung der Konsument:innen zu ihrer Ausbeutung: Hier wird sich beispielsweise bei Bahnstreiks darüber beschwert, durch diesen zu spät zur

107 Vgl. Enderwitz (2019): Der postfaschistische Sozialpakt, S. 145.

108 Hierzu das sogenannte „Schröder-Blair Papier", in dem die Strategie des „dritten Weges" nachgelesen werden kann. Vgl. Schröder, Gerhard; Blair, Toni (1999): Der Weg nach vorne für Europas Sozialdemokraten, online verfügbar unter www.albanknecht.de/materialien/Schroeder-Blair-Paper.pdf, zuletzt geprüft am 22.6.2022.

109 Vgl. Enderwitz (2019): Der postfaschistische Sozialpakt, S. 146.

Lohnarbeit zu kommen. Oder es wird sich bei Streiks im Care-Sektor darüber beschwert, durch die fehlende Kinderbetreuung nicht lohnarbeiten zu können.

Die Konsumentin ist auf den Verwertungssachzwang eingeschworen. Der Staat wiederum muss diese Zustimmung dauerhaft garantieren, und zwar dadurch, dass er den Konsument:innen den Konsum durch sozialstaatliche Umverteilung ermöglicht. Gleichzeitig garantiert er den Unternehmen Absatz und Wertrealisierung, indem er diese Konsummöglichkeiten schafft. Nicht von ungefähr sind Medien voll von Werbung. Influencer-Waren-Subjekte bringen Konsumbedürfnisse hervor, die wiederum durch Unternehmen für ihren Absatz genutzt werden können. Wo sich früher radikale Arbeiter:innen gegen ihre Ausbeutung auflehnten, sind die Konsument:innen durch ihre kulturell hervorgebrachten Konsumwünsche und ihre Selbst-Objektifizierung affirmativ auf das Kapital bezogen.

Jegliche fundamentale Systemkritik gilt als feindlich. Die linksradikale Bewegung an sich wird als demokratiefeindlich bekämpft. Durch die absurde Gleichsetzung von rechtsradikal und der politischen Linken werden emanzipatorische Bestrebungen zum Verstummen gebracht. Die große Gefahr besteht im Rahmen der Bewertung von jeglichem „Extremismus" als von der Politik zu bekämpfende Bedrohung, die tatsächlichen autoritären und faschistoiden Tendenzen zu verkennen. Europaweit und darüber hinaus vernetzt und organisiert sich eine größer werdende *autoritäre Bewegung* – und die bürgerliche Ideologie warnt vor der Gefahr von links. Medial und kulturindustriell wird ein linkes, innerstaatliches Feindbild geschaffen, dass mit staatlichen Mitteln bekämpft wird.

Die Ereignisse um den G20-Gipfel 2017 in Hamburg stellen ein Schlüsselbeispiel dieser politischen und medialen Feindbildkonstruktion dar: Hier kamen die mächtigsten Industrienationen als nationalstaatliche Großunternehmer zusammen. Fundamentalkritische Demonstrant:innen wurden als Verbrecher:innen gegen die Demokratie diffamiert. Die Medien waren voller angsterzeugender Bilder, die mit „Anarchie" betitelt waren. Menschen, die gegen diesen menschenverachtenden Verwertungszusammenhang eintraten, wurden staatlicherseits als Verbrecher:innen gelabelt und zu hohen Strafen verurteilt. In diesem Beispiel wird deutlich, wie der Zwang zum totalen Konsens durch Feindbilder durchgesetzt wird.

In der Coronakrise wurden Großdemonstrationen von wahnhaften „Querdenkern" ohne Mund-Nase-Bedeckung geduldet. Im Osten Deutschlands wurden in diesem Zuge migrantisch gelesene Menschen gejagt. Gleichzeitig wird die Klimabewegung kriminalisiert, die darauf hinweist, dass die kapitalistische Produktionsweise ihre eigenen Grundlagen zerstört. Die mythologisch-wahnhafte Wahrnehmung von Kultur ermöglicht einen gesellschaftlichen Konsens, der wiederum den Wahn vorantreibt.

Durch die neuen technischen Möglichkeiten ist die Kontrolle dieser Zustimmung in stark erhöhtem Maße möglich. Auch hier trägt der Sozialpakt zwischen Kapital und Arbeit Früchte: Großunternehmer entwickeln Spionageprogramme, die die Bürger:innen hinsichtlich ihrer staatsaffirmativen Einstellung überwachen. *Palantir* ist hier ein Beispiel: Das transnationale Unternehmen ermöglicht mit seiner Software mehr als 100 europäischen und US-amerikanischen Unternehmen die Überwachung und Auswertung personenbezogener Daten.[110] Die hessische Polizei ist eine dieser KundInnen. Es ist dasselbe staatliche Organ, in dessen Reihen 67 rechtsradikale Chatgruppen aufgedeckt wurden, in denen u.a. kinderpornografische Inhalte geteilt wurden. Es ist auch dasselbe Organ, aus dessen Reihen im Kontext *NSU 2.0* Todesdrohungen an Politikerinnen versandt wurden.[111]

Der Politikwissenschaftler Johannes Agnoli analysierte, dass Machtkämpfe zwischen Staat und Unternehmen sich inzwischen meist zugunsten Letzterer entscheiden.[112] Er spricht in diesem Kontext von der Weltmarktgesellschaft. Tatsächlich scheint es eine Machtverschiebung vom Staat,

---

110 Der in *Herr der Ringe* (J.R.R. Tolkien) geschilderte Palantir ist eine Kristallkugel, mit der ein machtbesessener Zauberer in die Zukunft schaut und so Kontrolle ausübt. Einer der Gründer der Firma *Palantir*, Peter Thiel, schlug vor, auf Inselplattformen im Südpazifik Gesellschaften zu schaffen, in denen Unternehmen die Strukturen vorgeben und kontrollieren. Hier sollen die Marktgesetze ohne staatliche Kontrollen und Umverteilungsmechanismen durchgesetzt werden. Dies gibt Ausblick auf eine dystopische Vision unreifer Männer, die sich selbst zu Göttern einer sozialdarwinistischen Idee erkoren haben. Es handelt sich um übersteigerte Machtbedürfnisse von Männern, für die staatliche Strukturen wegen ihrer Umverteilungsfunktion Hürden auf dem triumphalen Weg zur sich verschärfenden Klassenhierarchie darstellen.
Überblick zur umstrittenen Palantir-Software (29.6.2022): www.datenschutzticker.de/2022/06/ueberblick-zur-umstrittenen-palantir-software/ zuletzt geprüft: 7.5.2023.

111 Sprick, Max: 67 rechte Chatgruppen bei hessischer Polizei – zum Teil mit Kinderpornografie; Artikel von Max Sprick, 19.5.2022, www.hessenschau.de/politik/67-rechte-chatgruppen-bei-hessischer-polizei---zum-teil-mit-kinderpornografie,polizei-rechte-chatgruppen-kinderpornografie-innenausschuss-100.html, zuletzt geprüft: 7.5.2023.

112 Vgl. Agnoli, Johannes (1998). Der Markt, der Staat und das Ende der Geschichte, In: Saage, R., Berg, G. (eds) Zwischen Triumph und Krise. Wies-

hin zu transnationalen Unternehmen und Wirtschaftsunionen zu geben. So manches Unternehmen entzieht sich der Kontrolle der nationalen Staaten. Zugleich konkurriert nationales und Wirtschaftsunionsrecht miteinander um Möglichkeiten der Durchsetzung. Der aktuelle, autoritäre Trend der Industrienationen ist ein Abwehrreflex gegen diese Tendenzen. Die Macht der europäischen Wirtschaftsunion und der beteiligten Nationalstaaten beruht maßgeblich auf einer Dominanzstellung innerhalb des Internationalen Währungsfonds (IWF). Er sorgt mittels sogenannter „Strukturanpassungsprogramme" für die weltweite Verunmöglichung von Subsistenzwirtschaft, der Schaffung von menschenverachtenden Reproduktionsbedingungen und Absatzmärkten.[113] Alles zum Zweck des Ausbaus des postkolonialen Wirtschaftsungleichgewichts, in dem sogenannte „Entwicklungsstaaten" als ausbeutbare Ressourcen benutzt werden. Diese Weltmarktgesellschaft wiederum produziert Identitäten, die sich aus den Wirtschaftsunionen ergeben. Dominante Kräfte in Europa und den USA produzieren eine faschistoide Identität, der „weißen", christlichen, männlichen Überlegenheit. Ideologisch wird sich dabei auf die westliche Kultur bezogen. Die *rechtsautoritäre Bewegung* z. B. lädt den europäischen Kulturraum mit einer gemeinsamen, auch christlichen Identität auf, die vor einer muslimischen Invasion, vor „Überfremdung" generell zu schützen sei.

Trotz dieser Tendenz zur Auflösung der Nationalstaaten spielt momentan der Staat sowohl regulatorisch als auch ideologisch eine große Rolle. Zusammengefasst lassen sich aus der obigen Analyse vier Strukturen extrahieren, die Faschismus möglich machen *könnten*. Es ist erstens das Auftreten des Staates als Organisator eines Sozialpaktes, der den Widerspruch zwischen Kapital und Arbeit negiert und ihn zugunsten des Kapitals reguliert. Zweitens tritt der Staat als Organisator eines Konsenses auf, der das Subjekt als Konsumentin das Kapital begehren lässt. Drittens werden innere und äußere Feinde „unserer liberalen Demokratie" konstruiert, die wahnhaft[114] bekämpft werden. Fundamentale Kritik wird unter Generalver-

baden: Verlag für Sozialwissenschaften, online verfügbar unter https://doi.org/10.1007/978-3-322-97375-7_4, zuletzt geprüft am 20.6.2022.

113 Vgl. Soiland, Tove (2013): Das Theorem der Neuen Landnahme: Eine feministische Rückeroberung.

114 Grigat konstatiert hier 2019, dass der antisemitische Wahn besonders intensiv in fundamental muslimischen Gesellschaften stattfindet. Westliche Staaten seien durch die Unterstützung dieser Ideologie und durch die Affirmation dieses Vernichtungsantisemitismus beteiligt. Ich möchte dem hinzufügen, dass sich seit der Coronapandemie auch in europäischen Gesellschaften der Anti-

dacht gestellt und präventiv abgewehrt. Dies viertens anhand einer totalen Überwachung.

Insofern braucht es nicht unbedingt eine faschistische Revolution. Der krisenhafte Ausnahmezustand ist in den postfaschistischen/postnazistischen Gesellschaften schon integriert. Die Bürger:innen sind in den totalen Konsens als Konsument:innen eingebunden und der Faschismus als pseudo-antikapitalistische Kritik kann so unbewusst und unbemerkt Fuß fassen. In der anfangs erwähnten Gegenüberstellung von „unserer liberalen Demokratie" und dem „bösen Faschismus" mit dem manipulativen Führer wird die kapitalimmanente Gefahr des bürgerlichen Faschismus verkannt.

Es herrscht ein unbewusstes, autoritätssehnsüchtiges Begehren des patriarchalen, bürgerlichen Subjekts.

3. Gruppen und Bündnisse der rechtsautoritären Bewegung in postfaschistischen Staaten

Europa ist also durchsetzt von Staaten, deren Strukturen postfaschistisch, beziehungsweise postnazistisch sind. Und in Zeiten wie diesen, in denen Absatz und Wertrealisierung immer problematischer werden, gewinnen autoritär-nationalistische Gruppen, Parteien und Bündnisse wieder an Einfluss. Die Coronapandemie tat ihr Übriges, um dem Wahn Vorschub zu leisten. Denn Autoritäre sind geleitet von der Emotion Angst. Insofern stellt diese einen guten Anknüpfungspunkt für Agitation und Bindung bürgerlicher Milieus an die *autoritäre Bewegung* dar. Denn Ängste sind hier genug vorhanden, an die angeknüpft werden kann. In diesem Kapitel wird das Ausmaß der westlichen Bewegung skizziert.

Die Analyse im vorliegenden Buch begrenzt sich auf Attentäter, Ideologien und Gruppierungen, die nicht islamistisch sind. Stephan Grigat weist allerdings zu Recht darauf hin, dass es große Ähnlichkeiten und rege Austauschbeziehungen zwischen neonazistischen und dschihadistischen Gruppierungen gibt. Den politischen Islam und den neonazistischen Ter-

semitismus und andere Verschwörungsnarrative wieder enorm ausbreiten. Vgl. Grigat, Stephan (2019): Postnazismus in Zeiten des Djihad. Modernisierte Vergangenheitspolitik, die Konkurrenz der Antisemiten und die FPÖ nach Jörg Haider, In: Grigat, Stephan (Hrsg.): Postnazismus revisited. Das Nachleben des Nationalsozialismus im 21. Jahrhundert, Freiburg: ça ira.

ror bezeichnet er als faschistische Zwillinge im Geiste.[115] Aktuell handele es sich um ein Zeitalter der Konkurrenz zwischen westlichem Terror und islamischem Jihadismus. Im Rahmen dieses Buches habe ich mich auf das Phänomen männlicher Attentäter mit westlicher, weißer Konnotation beschränkt. Es ist aber zu vermuten, dass die Analyseergebnisse dieses Buches ebenso auf islamistische Täter und islamistischen Terror angewandt werden können und es ergäbe durchaus Sinn, hier eventuelle Gemeinsamkeiten und Unterschiede zu untersuchen.

Antonio Gramscis[116] erweitertem Staatsverständnis zufolge sind nicht nur die inneren Organe des Parlaments und der Behörden staatsbildend. Der Zivilgesellschaft kommt eine tragende Rolle zu. Hier finden nämlich die Kämpfe um gesellschaftliche Ideologien und den praktischen Alltagsverstand statt, denn politische Führung ist auf Zustimmung aufgebaut. Gramsci verwendete wie andere männliche Theoretiker eine Kriegsmetapher, um Bewegungen im Politikfeld zu beschreiben. Für ihn handelt es sich bei politischen Auseinandersetzungen um einen „Kampf um die Köpfe“, den eine Klasse gewinnen muss. Um einen hegemonialen Status zu erreichen, müssen Bündnisse eingegangen werden. Erst wenn die Zustimmung innerhalb der Zivilgesellschaft organisiert werden konnte, fällt die politische Führung in die Hände einer Klasse.[117] Das Politikfeld wird so zum Schlachtfeld, auf dem um *Wahrheiten* gekämpft wird. Vielleicht wegen der Kriegsmetapher ist diese Theorie auch bei den *Rechtsautoritären* so populär.[118] Von der *Identitären Bewegung*, über die organischen autoritären Intellektuellen bis hin zur AfD zieht sich in Deutschland die Rede über den Kampf um kulturelle Hegemonie. Dieser Kampf richtet sich gegen die soziale Gleichheit, bei Alain de Benoist wie folgt formuliert: „Ich nenne hier – aus reiner Konvention – die Haltung rechts, die darin

115 Ca ira (2012): Postfaschismus revisited. Das Nachleben des Faschismus im 21. Jahrhundert, online verfügbar unter www.youtube.com/watch?v=TS3O9sBLkdQ, zuletzt abgerufen am 22.6.2023.

116 Antonio Gramsci war ein italienischer Neomarxist. Er begründete in den *Gefängnisheften* die sogenannte Hegemonietheorie. Aktuell ist diese sowohl in der politischen Linken als auch bei den Autoritären eine populäre Bezugstheorie, weil sie Implikationen für eine politische Strategie beinhaltet.

117 Langemeyer, Ines (2009): Antonio Gramsci: Hegemonie, Politik des Kulturellen, geschichtlicher Block, S. 76 f.

118 Der autoritäre Alain de Benoist schrieb beispielsweise 1985 die Monografie *Kulturrevolution von rechts: Gramsci und die Nouvelle Droite* [Neue Rechte], auf die sich Teile der Neufundamentalisten beziehen.

besteht, die Vielgestaltigkeit der Welt und folglich die relativen Ungleichheiten, die ihr notwendiges Ergebnis sind, als ein Gut und die fortschreitende Vereinheitlichung der Welt, die durch den Diskurs der egalitären Ideologie der seit zweitausend Jahren gepredigt und verwirklicht wird, als ein Übel anzusehen".[119] Benoist gilt für die aktuelle autoritäre Strategie als prägend. Er schrieb die Monografie *Die neue Rechte*, auf die sich viele der rechtsautoritären Gruppen beziehen. In seinem Konzept der *Metapolitik* begründete er den an Gramsci angelehnten kulturellen Kampf. Und die Strategie scheint aufzugehen: In der westlichen Welt gibt es inzwischen tragfähige Bündnisse sowie personellen und finanziellen Austausch.[120] Ich zähle traditionelle faschistische Gruppierungen wie beispielsweise *Blood and Honour* und Terroristen, wie die von mir untersuchten Attentäter, zur Gruppe der *Rechtsautoritären*. Ebenso rechte Parteien wie beispielsweise in Deutschland die Parteien AfD, *III. Weg*, *Die Heimat*, in Österreich die *Freiheitliche Partei Österreichs* (FPÖ) und die *Österreichische Volkspartei* (ÖVP)[121], in Frankreich die *Rassemblement National* (RN), in Polen die *Prawo i Sprawiedliwość* (PIS) (dt. Recht und Gerechtigkeit), in Ungarn die *Fidesz-MPSZ* (dt. Ungarischer Bürgerbund), in Spanien die *Vox*, in Brasilien die *Aliança pelo Brasil* (APB) (dt. Allianz für Brasilien), in Griechenland die *Chrysi Avgi* (dt. Goldene Morgenröte) oder in Italien die *Lega* (dt. Liga). Hier gibt es Abstufungen in der bürgerlichen Außendarstellung: Die AfD beispielsweise zählt sich selbst in Teilen zur sogenannten „Mitte" und betont dies immer wieder. Es handelt sich hier um die Strategie der „Selbstverharmlosung".[122] Verbindungen und Burschenschaften sind

119 Benoist, Alain de; Böhm, Michael; Mohler, Armin (2017): Kulturrevolution von rechts. La nouvelle Droite. 1. Auflage. Dresden: Jungeuropa Verlag (Theorie I), S. 14.

120 Kaiser, Susanne (2020): Politische Männlichkeit. Wie Incels, Fundamentalisten und Autoritäre für das Patriarchat mobilmachen. Berlin: Suhrkamp (edition suhrkamp), S. 180.

121 Seit einiger Zeit fährt die ÖVP einen autoritären Kurs. Die vergleichbare CDU zeigt seit einiger Zeit einen deutlichen Kurswechsel hin zur Akzentuierung fundamentalistischer Tendenzen. Dies wurde beispielsweise in der Kampagne „The Republic" sichtbar, die rechtspopulistische Inhalte vertritt. Vgl. The Republic (2021). Online verfügbar unter www.therepublic.de/, zuletzt aktualisiert am 26.11.2021, zuletzt geprüft am 26.11.2021.

122 Götz Kubitschek entwarf als „organischer Intellektueller" die Strategie der Selbstverharmlosung. Damit soll gramscianisch der „vorpolitische Raum" „erobert" werden, und zwar durch gezielte Beeinflussung von Diskursen. Sich

weitere Organe, die an der Ausbreitung antiegalitären und autoritätssehnsüchtigen Gedankengutes beteiligt sind. In sich als bürgerlich verstehenden Gebilden wie der CDU/CSU wird ebenfalls autoritäre und menschenfeindliche Ideologie propagiert und in der sogenannten zivilgesellschaftlichen „Mitte“ der Gesellschaft wird sie Studien zufolge reproduziert.[123] Zudem agieren autoritäre Thinktanks, die durch Netzwerkarbeit, Finanzierung und intellektuellen Output gesellschaftliche Diskurse beeinflussen. Beispiele sind in der BRD das *Institut für Staatspolitik* mit Götz Kubitschek als Autorität oder die AfD-nahe *Desiderius Erasmus Stiftung*. In Polen agiert beispielsweise das *Ordo Iuris Institut*, in den USA das *Middle East Forum* und in Spanien das Netzwerk *CitizenGo*. Hier handelt es sich um miteinander vernetzte Akteure, die autoritäre Projekte auch durch Finanzierung unterstützen. Der Vernetzungsgrad dieser und anderer Akteure ist groß: JournalistInnen decken immer wieder immense Geldströme zwischen christlichen und autoritären Kräften auf. Nach Recherchen von NDR, *New York Times* und *Review of Books* sind Schwarzgeldkanäle maßgeblich für den Aufstieg der rechten Parteien in Europa verantwortlich.[124] Es wurden dabei 12 Organisationen untersucht und aufgedeckt, dass Geld an „Armeen“ von autoritären Anwälten und Lobbyisten nach Brüssel floss. Die größte Spenderin ist die *Billy Graham Evangelistic Association*, die zwischen 2008 und 2014 eine Summe von 20 Millionen Dollar investierte.[125]

---

explizit von der alten Rechten abgrenzend wird hier traditioneller Inhalt in neuer Verpackung transportiert, um diese zu verbreiten. Denn: „Die emotionale Barriere verhindert die vorurteilsfreie Beschäftigung mit den Themen, dem Personal, den Auftritten der Alternativen für Deutschland“. „Die Selbstverharmlosung sei „der Versuch, die Vorwürfe des Gegners durch die Zurschaustellung der eigenen Harmlosigkeit abzuwehren und zu betonen, daß nichts von dem, was man fordere, hinter die zivilgesellschaftlichen Standards zurückfalle“ Kubitschek, Götz (2017): Selbstverharmlosung. Verlag Antaios. Online verfügbar unter https://sezession.de/wp-content/uploads/2018/10/Sez76-Selbstverharmlosung.pdf, zuletzt geprüft am 24.11.2021.

123 Decker, Oliver; Kiess, Johannes; Heller, Ayline; Brähler, Elmar (2022): Autoritäre Dynamiken in unsicheren Zeiten: Neue Herausforderungen – alte Reaktionen? Leipziger Autoritarismus Studie 2022. Siehe auch Zick, Andreas; Kipper, Beate; Mokros, Nico (Hg.): Die distanzierte Mitte. Rechtsextreme und demokratiegefährdende Einstellungen in Deutschland 2022/23, Berlin: Dietz.

124 Das wird wieder nur einen geringen Anteil zeigen und die sogenannte Spitze des Eisbergs abbilden.

125 Vgl. Kaiser (2020): Politische Männlichkeit, S. 180.

Gemäß der hegemonietheoretischen Metapher eines „Stellungskriegs" setzt die Bewegung ebenfalls auf die Produktion und Verbreitung von Erklärungswissen, das von Szenezeitschriften wie *Compact* und *Junge Freiheit* und über immer populärer werdende, zahlreiche Onlinemedien und Blogs verbreitet wird. Als Beispiel ist hier *Breitbart* zu nennen, ein sehr erfolgreicher transnationaler, *rechtsautoritärer* Blog. Auch die Bücher *rechtsautoritärer* Verlage, wie dem Verlag *Antaios* von Götz Kubitschek, werden immer wieder zu Bestsellern.[126]

Dass die aktuelle Vernetzung dermaßen erfolgreich verläuft, liegt auch an der gezielten Kommunikation organisierter Akteure in der digitalen Öffentlichkeit.[127] Diese digitale Art der Organisation ermöglicht eine Überlappung von privaten und politischen Kontakten – aktivistische und institutionelle Spektren mischen sich hier.[128] Dabei verhandeln die unterschiedlichsten Akteur:innen eine männliche Opfer-Identität. Das antagonistische *Andere* ist auch in der digitalen Öffentlichkeit eine Bedrohung der Männlichkeit, hier sammeln sich Stimmen, die eine Resouveränisierung einfordern.[129] Es gibt eine Vielzahl von Blogs, Social Media Aktivist:innen und Influencer:innen, die inzwischen eine enorme Reichweite haben und ihre Überzeugungsarbeit in den Sozialen Medien leisten.[130] Auf der Website *hatr.org* werden Beiträge gesammelt, die den Adressat:innen direkt schaden wollen. Hier kann nachvollzogen werden, dass verbale Angriffe, vor allem auf Feministinnen, sich oft über Tage, Wochen und Monate hinweg ziehen.[131] Autoritäre Agitation findet einerseits auf für diese Zwecke angelegten Blogs statt. Hier inszeniert man sich als „Gegenöffentlichkeit" gegen die vom Feminismus und „Kulturmarxismus" beeinflussten Mainstream-Medien. Andererseits finden groß angelegte Agitationskampagnen

126 Vgl. Süddeutsche Zeitung (2021): Als „Verdachtsfall" eingestuft. Online verfügbar unter www.sueddeutsche.de/kultur/antaios-verlag-als-verdachtsfall-eingestuft-1.5323171, zuletzt geprüft am 24.11.2021.

127 Ganz, Kathrin; Meßmer, Anna-Katharina (2017): Anti-Genderismus im Internet. Digitale Öffentlichkeit als Labor eines neuen Kulturkampfes, In: Sabine Hark und Paula-Irene Villa (Hg.): Anti-Genderismus. Sexualität und Geschlecht als Schauplätze aktueller politischer Auseinandersetzungen. 2. unveränderte Auflage. Bielefeld: Transcript (Gender Studies), S. 60.

128 Ganz, Meßmer (2017): Anti-Genderismus im Internet, S. 71.

129 Ganz, Meßmer (2017): Anti-Genderismus im Internet, S. 70.

130 Vgl. Ganz, Meßmer (2017): Anti-Genderismus im Internet, S. 67.

131 Vgl. hatr.org (2021). Online verfügbar unter http://hatr.org/, zuletzt geprüft am 24.11.2021.

in sozialen Netzwerken und Kommentarspalten großer Onlinemedien und Blogs statt.[132] Quer durch die Print- und Online-Leitmedien gibt es großflächig angelegte Kampagnen, die die Skandalisierung geschlechterpolitischer Programme zum Ziel haben. Im digitalen kulturellen Kampf werden Sozial- und Familienpolitik, pädagogische Themen und Inhalte, die traditionelle Geschlechterrollen und Asyl- und Migrationspolitik infrage stellen, diffamiert. Eine Strategie dabei ist beispielsweise, Sexualwissenschaften gezielt falsch zu verstehen – Fragen zu ihr werden als Meinungsthemen und nicht als wissenschaftliche Topoi wahrgenommen. Einer der prominentesten Vertreter ist z. B. der Journalist Jan Fleischhauer.[133]

Weil gewisse Begriffe aktuell nicht mehr diskursfähig sind, bedienen sich die Rechtsautoritären politischer Chiffren. Sie bezeichnen damit alte Konzepte neu, mit dem Ziel, sie zu verharmlosen. Dabei spielt die Thematisierung von Kindern als Chiffre eine große Rolle. Bis zu den 1990er Jahren beispielsweise war offene Homophobie diskursfähig: Der französische Psychoanalytiker Tony Antaralla z. B. war mit seiner Argumentation, Homosexualität sei eine Krankheit, populär. Auch aufgrund gesellschaftlicher Bewegung stieß diese ab Ende der 1990er Jahre schließlich nicht mehr auf breite Zustimmung und es brauchte eine alternative Diskursstrategie: Die Warnung vor der Homo-Lobby und dem Schutz der Kinder vor dieser Lobby.[134] Auch weil Geschlecht und Kinder thematisch an Alltagserfahrungen von vielen Menschen anknüpfen, sind diese beiden Diskursstrategien so erfolgreich. Die Referenz auf „die Kinder" hat einen instrumentellen Charakter.[135] Auch das Image vieler aktueller Autoritärer ist demonstrativ bürgerlich – was immer wieder durch die Wahl der Bündnisse ad absurdum geführt wird, da diese konservativ-christlich, christlich-fundamentalistisch, jedoch

132 Vgl. Ganz, Meßmer (2017): Anti-Genderismus im Internet, S. 66.

133 Vgl. Kaiser (2020): Politische Männlichkeit, S. 180.

134 Vgl. Chołuj, Bożena (2017): „Gender-Ideologie" – ein Schlüsselbegriff des polnischen Anti-Genderismus, In: Sabine Hark und Paula-Irene Villa (Hg.): Anti-Genderismus. Sexualität und Geschlecht als Schauplätze aktueller politischer Auseinandersetzungen. 2., unveränderte Auflage. Bielefeld: transcript (Gender studies), S. 120.

135 Vgl. Schmincke, Imke (2017): Das Kind als Chiffre politischer Auseinandersetzung am Beispiel neuer konservativer Protestbewegungen in Frankreich und Deutschland, In: Sabine Hark und Paula-Irene Villa (Hg.): Anti-Genderismus. Sexualität und Geschlecht als Schauplätze aktueller politischer Auseinandersetzungen. 2. unveränderte Auflage. Bielefeld: transcript (Gender studies), S. 94.

auch sehr häufig autoritär sind. Während in Frankreich und Italien diese Proteste aufgrund der Historie gegen u. a. „Frühsexualisierung der Kinder" durch die katholische Kirche dominiert werden, so sind in Deutschland bei *Besorgte Eltern* und *Demo für Alle* evangelikale Gruppierungen sehr stark.[136] Es sind dieselben Kräfte, die gegen den Schwangerschaftsabbruch demonstrieren und Väterrechte ausbauen wollen. Das Ziel ist die Stärkung der männlichen Autorität in der Familie. Auf der Homepage der AfD heißt es: „Kinder sind die Hauptleidtragenden, wenn sich die Eltern trennen. Die daraus resultierenden Schäden müssen reduziert werden, indem die Problematik aus der Sicht der Kinder betrachtet wird". Deshalb wird unter anderem das Schuldprinzip bei Scheidung und ein väterliches Sorgerecht ab Geburt, auch bei nicht ehelichen Kindern gefordert: „Denn Kinder werden von Müttern oft als Racheinstrument eingesetzt – Lösungsansatz ist die Stärkung der Väterrechte".[137]

Die genannte Agitation gegen Feministinnen, Egalitarismus, das Asylrecht, Antirassismus und die „Gender-Ideologie" findet nicht nur innerhalb mehr oder minder bürgerlicher Printmedien statt. Der Cyberspace stellt einen Ort immenser Größe dar, an dem sich die misogyne, antifeministische, rechte Bewegung formiert. Die untersuchten Täter waren dort wahrscheinlich stark vernetzt. Stephan Balliet z. B. kicherte sarkastisch im Livestream seiner Tat „niemand erwartet die Internet-SS".[138] Damit bezieht er sich auf eine tatsächlich sehr große Vernetzung, rechtsautoritärer Personen und Organisationen im *World Wide Web*.[139]

Eine immer relevanter werdende Größe sind die Blogs und Diskussionsforen von sogenannten „Maskulinisten". Eine der größten deutschen Websites ist „Wikimannia".[140] In der maskulinistischen Bewegung ist das Opfer-Narrativ sehr stark zugespitzt.[141] Maskulinisten propagieren ein biologistisches Frauen- und Männerbild. Demzufolge seien Frauen Männern

136 Vgl. Schmincke (2017): Das Kind als Chiffre politischer Auseinandersetzung am Beispiel neuer konservativer Protestbewegungen in Frankreich und Deutschland, S. 97.

137 AFD: Wahlprogramm 2021. Online verfügbar unter https://cdn.AfD.tools/wp-content/uploads/sites/111/2021/05/2021-05-20-_-AfD-Bundestagswahlprogramm-2021.pdf, zuletzt geprüft am 24.11.2021.

138 Balliet (2019a): Stream seines Attentats.

139 Vgl. Guhl, Jakob; Ebner, Julia; Rau, Jan (2020): The Online Ecosystem of the German Far-Right, Institut for Strategic Dialogue: London.

140 Vgl. Kaiser (2020): Politische Männlichkeit, S. 50.

141 Vgl. Ganz, Meßmer (2017): Anti-Genderismus im Internet, S. 63.

aufgrund ihrer Sexualität unterlegen, was sich inzwischen nicht mehr in der westlichen Kultur ausdrücke. Auch seien Frauen inzwischen übervorteilt und unterdrückten Männer.[142]

Einer der bekanntesten us-amerikanischen Männerrechtler, Paul Elam, betreibt den erfolgreichen Blog *A voice for men*. In der öffentlichen Debatte zur systematisch angewandten sexualisierten Gewalt gegen Frauen durch Harvey Weinstein beispielsweise sieht er den Beweis seiner These, dass Frauen im Rahmen eines „gender war" durch Vergewaltigungsvorwürfe ihre Karriere vorantreiben würden: „Wenn es irgendwann Sexroboter gibt, müssen Frauen plötzlich beweisen, dass sie über Wert als menschliches Wesen verfügen, der über das einfache besitzen besagter Pussy [weibliche Macht; H.V.] hinausgeht."[143] Die bekannte maskulinistische Gruppe *Men going their own way* interpretiert die Männerschaft als ebenfalls durch „die Frauen" und besonders „die Feministinnen" beherrscht. Sie beschreiben sich als „Weigerung, sich zu verbeugen, zu dienen und zu knien, um wie ein wegwerfbarer Gegenstand behandelt zu werden."[144] Sie empfehlen allen Männern, sich von dieser Schmach zu befreien, und endlich ein nicht von Frauen bestimmtes Leben zu beginnen. Diese online agierenden Männergruppen behaupten, dass Frauen Männer durch ihnen angehängte Schwangerschaften und Vergewaltigungsvorwürfe gefügig machen wollen.

Ein Teil der Neomaskulinisten ist die Szene der *Pick-Up Artists* (PUAs). Diese Gruppe von Männern bedient sich manipulativer, erniedrigender und übergriffiger Methoden, um sexuellen Kontakt zu Frauen aufzubauen. Im so bezeichneten „Game" und innerhalb kostenpflichtiger Seminare hoffen sie vom „Beta-Mann" zum „Alpha-Mann" aufzusteigen.[145] Der Status ist dabei an das Verfügen über die zur Ressource erklärten Frauen geknüpft. Für die PUAs ist die sexuelle Selbstbestimmung von Frauen etwas zu Überwindendes. Maximilian Pütz ist einer der bekanntesten PUA in Deutschland. Er bezeichnet sich außerdem auch als Maskulinist und geht von einer biologischen Minderwertigkeit von Frauen aus. Mit vulgär-evolutionsbiologischen Erklärungsansätzen deutet er Geschlecht: Das biologische Programm, wonach attraktive Frauen attraktive Männer wählten, kön-

142 Vgl. Kaiser (2020): Politische Männlichkeit, S. 40.
143 Kaiser (2020): Politische Männlichkeit, S. 41.
144 Kaiser (2020): Politische Männlichkeit, S. 42.
145 Vgl. Kaiser (2020): Politische Männlichkeit, S. 43.

ne durch gezielte Manipulation beeinflusst werden.[146] Roosh V (Daryush Valizadeh) ist einer der bekanntesten *Pick-up Artists* in den USA. Auf seinem Blog schrieb er über die intellektuelle Minderwertigkeit von Frauen, warum er für die Legalisierung von Vergewaltigung ist und warum Frauen am Untergang der westlichen Zivilisation schuld seien. Inzwischen ist er Teil der *Alt Right*-Bewegung.[147] Bei den *Pick-Up Artists* mischt sich Männlichkeitskonstruktion mit Konsum und Arbeit. In einem Video auf seiner Homepage preist Pütz seine Seminare und Workshops an, die Männer zu Erfolg helfen sollen. „Erfolgreich" bedeutet Frauen übergriffig zu Dating und sexuellem Kontakt zu nötigen. Anhand von Pseudotheorien begründet er dabei seine Arbeit: Frauen bewerteten demzufolge 80 Prozent der Männer als unattraktiv.[148] Nimmt Mann die „Red Pill", so sieht man dieses Geschlechterverhältnis.

Angelehnt ist das Narrativ an die populäre Science-Fiction-Trilogie „Matrix". Schluckt Mann die „Rote Pille", so nimmt Mann die Wahrheit über die Welt wahr und durchschaut die Lügenmatrix, ist also den „Blue Pillern" intellektuell überlegen. Er fordert Konsumenten seiner Männerseminare auf, bei ihm manipulative Strategien zu erlernen, wie diese vermeintlich biologische Grundkonstante hintergangen werden kann.[149]

PUAs stellen sich gerne als harmlose Gentlemen dar, die nur ein bisschen flirten wollten. Ihre Grenzüberschreitungen und Manipulationen kleiden sie in Charmanz. Aus dem Selbstverständnis heraus, ein Anrecht auf Frauenkörper zu besitzen, nennen sie sich verharmlosend „Verführungskünstler". Tatsächlich ist ihre Red Pill-Ideologie extrem misogyn: „Es kommt auf die Ausstrahlung, auf mein selbstbewusstes Alpha-Verhalten an. Darauf, was ich der Frau vermittle. Wir sind eben immer noch zu einem großen Teil Tiere und an die Evolution angebunden. Ich wollte das jahrelang nicht wahrhaben. Aber mit der These, dass 'alles gesellschaftlich konstruiert ist', bin ich wieder und wieder auf die Nase gefallen".

146 Vgl. Pütz, Maximilian (2020): Casanova Coaching, In: Casanova Coaching, 17.1.2020. Online verfügbar unter www.casanovacoaching.de/, zuletzt geprüft am 24.11.2021.863Z.

147 Vgl. Kaiser (2020): Politische Männlichkeit, S. 43.

148 Pütz, Maximilian (o. J.): Braucht man Muskeln um Frauen klar zu machen? Online verfügbar unter www.casanovacoaching.de/medien/videos/, zuletzt geprüft am 6.7.2023.

149 Vgl. Pütz, Maximilian (2020): Casanova Coaching.

Sie halten Weiblichkeit für absolut unterlegen und bewerten eine Frau, wie man eine Ware bewerten würde. Eine erfolgreiche Jagd bedeutet, eine Frau, die mit möglichst hoher Ziffer auf einer Skala zwischen eins bis zehn bewertet ist, zu erbeuten.[150] Diese Männer inszenieren sich teils als Business-Saubermänner, was Seriosität und Erfolg suggerieren soll. Die Maske fällt allerdings schon beim zweiten Blick auf die Homepages. Nach vergewaltigungsmythischer Manier wird hier Verhalten mit „hab dich mal nicht so und sei mal locker" heruntergespielt. Der „nur mal bisschen flirtende" Daryush Valizadeh empfiehlt seinen Jüngern: „Die Fantasie die du haben solltest, um deine Traumfrau zu kriegen, sollte sein, sie zu würgen und in den Arsch zu ficken und nicht mit ihr einen romantischen Spaziergang an einem wunderschönen Strand bei Vollmond zu machen."[151]

Die PUAs gingen in den *Involuntary Celibates* (dt. Unfreiwillig Zölibatäre), abgekürzt Incels, auf und formten diese zu der misogynen Gruppe, die sie bis heute ist. Zwei der untersuchten Attentäter waren Anhänger der Incel-Szene. Rodger war auf einem Incel-Blog aktiv und Balliet nutzte die typischen Szenecodes und bezieht sich auf das Imageboard *8chan*,[152] das von Incels genutzt wird. In seinem Mannifest dankt er „Anon",[153] „für all die gute Zeit".[154] Auch schreibt er dort, dass er 0,1 Bitcoin gespendet bekommen habe, um sich Waffen für das Attentat kaufen zu können: „Seine großzügige Spende half mir sehr. Sicher, er wird jetzt richtig angepisst sein. Ich wollte eigentlich nur mudslimes töten, und ich habe versprochen, Ihn nicht zu nennen. Weißt du was? Fick dich, du dreckiger Jude".[155] Zudem nutzte Balliet eine Anime-Darstellung, um Weiblichkeit zu repräsentieren,

150 Vgl. Beziehungsweise: Inside PUA: Ein Pick up Artist pacht aus, online unter www.beziehungsweise-magazin.de/singles/suchen-finden/inside-pua-ein-pick-up-artist-packt-aus/2/, zuletzt geprüft am 7.7.2023.

151 International Business Times (2016): Daryush Valizadeh: Top 10 most insane quotes from Return of Kings leader Roosh V, online unter www.ibtimes.co.uk/daryush-valizadeh-top-10-most-insane-quotes-return-kings-leader-roosh-v-1541792, zuletzt geprüft am 7.7.2023.

152 *8chan* ist aktuell unter dem Namen *8kun* online.

153 Alle User nennen sich kollektiv „Anon". Es existiert dort keine individuellen Bezeichnungen für Personen.

154 Balliet, Stephan (2019): Mannifest, online verfügbar unter https://dailystormer.su/ultimo-weebnat-failstreamer-apparently-wrote-weird-Mannifesto-saying-he-didnt-have-a-plan/, S. 1.

155 Balliet, Stephan (2019): Mannifest, S. 1.

was der objektifizierenden Kultur auf den Chanboards entspricht, die vorwiegend von Incels genutzt werden.[156]

Eine Studie von 2020 weist die Verbindungen zwischen den einzelnen Bereichen der sogenannten *Manosphere* auf und stellt heraus, dass Maskulinisten, Incels und PUAs gut vernetzt sind, und dass es große personelle Überschneidungen gibt. In der Studie wird die *Manosphere* als „Konglomerat von überwiegend webbasierten frauenfeindlichen Bewegungen, die sich auf Männerthemen konzentrieren"[157] definiert. Die Autor:innen der Studie untersuchten 38 Millionen Beiträgen aus sieben Foren und 57 Subreddits der letzten 14 Jahre. Es ging dabei um unterschiedliche Foren von Männerrechtsgruppen, PUAs und Incels.[158] Ihrem Ergebnis zufolge sei dabei in den letzten Jahren ein Trend zu verzeichnen: sowohl die gewaltvollen Inhalte als auch der immense und rasche Zulauf seien besorgniserregend. Zudem gibt es starke Abwanderungen von der gemäßigteren misogynen Männerrechts- und *Pick-up Artist*-Szene zu radikaler kommunizierenden Incel- und *Men going their own way*-Plattformen.[159]

Die Kommunikation der Incels findet vor allem auf sogenannten „Imageboards" wie *4chan, 8kun* oder *krautchan,* auf Webseiten wie *incel.is* oder in Foren wie *Kiwifarms* statt. Sie beziehen sich dort negativ auf die Manipulationstaktiken der PUAs. Denn aufgrund biologischer Determinanten sei die gezielte Manipulation nicht mittels Seminaren und Büchern erlernbar. Welchen Mann Frauen zum Sex, zur Partner:innenschaft und zur Ehe auswählten, sei von biologischen Faktoren abhängig, die nicht beeinflusst werden könnten. Sie gehen davon aus, dass Frauen sich den Mann aussuchen, der ihnen am meisten „zu bieten" hat. Die Natur halte sich zudem an das *Pareto Prinzip*. Die Incels wenden dieses Prinzip einer „80:20"-Verteilung auf das Sexualverhalten von Menschen an: 20 Prozent

---

156 Siehe den von Stephan Balliet produzierten Stream des von ihm 2019 verübten Attentats.

157 Ribeiro, Manoel Horta; Blackburn, Jeremy; Bradlyn, Barry; Cristofaro, Emiliano de (2020): From Pick-Up Artists to Incels: A Data-Driven Sketch of the Manosphere. Binghamton University, University of Illinois at Urbana-Champaign, University College London, Max Planck Institute for Informatics. Online verfügbar unter https://arxiv.org/pdf/2001.07600v1.pdf, zuletzt geprüft am 24.11.2021, S. 1.

158 Vgl. Ribeiro, Blackburn, Bradlyn, Cristofaro (2020): From Pick-Up Artists to Incels: A Data-Driven Sketch of the Manosphere, S. 1.

159 Vgl. Ribeiro, Blackburn, Bradlyn, Cristofaro (2020): From Pick-Up Artists to Incels: A Data-Driven Sketch of the Manosphere, S. 10.

der Männer würden so über 80 Prozent der Frauen verfügen. Dementsprechend müssten 80 Prozent der Männer um 20 Prozent der Frauen konkurrieren, während diese den größten Teil der Männer wegen fehlenden gesellschaftlichen Ansehens (ökonomisches uns soziales Kapital) und wegen ihre Aussehens ablehnen würden.[160]

Dies ergibt sich, dem in Imageboards und Foren vertretenen „Black Pill"-Verschwörungsnarrativ gemäß, aus Folgendem: Die aktuelle „Femokratie", die Herrschaft von Frauen über Männer, funktioniere über den Zugang zum weiblichen Körper. Frauen würden Männer durch ihre Sexualität beherrschen, und zwar durch die Verweigerung von Sex und Liebe. Frauen setzten nämlich das männliche Begehren, das ihr Körper bei Männern auslöse, als Druckmittel gegen sie ein und kontrollierten sie so. Kontrolliert würden Männer auch durch Vergewaltigungslügen und angehängte Schwangerschaften. Frauen werden außerdem als Agentinnen eines „jüdischen Kulturmarxismus" identifiziert. Da Frauen von Natur aus boshaft und intrigant seien, brauche es männliche Herrschaft, um sie zu kontrollieren.

Frauen wird eine enorme Triebhaftigkeit, ein unstillbares sexuelles Verlangen unterstellt, während gleichzeitig ihre sexuelle Selbstbestimmung in Abrede gestellt wird. Sexuelle Aktivität wird nur bei Frauen negativ bewertet: Männliches sexuelles Begehren wird als natürlich und damit als nicht zu hinterfragen angesehen.[161] Frauen würden immerzu das „Schwanzkarussell" reiten. Diesem Narrativ entspricht das Stereotyp der Stacey, das durch zahlreiche, von Incels erdachte Memes verbreitet wird. Die *Stacey* stellt die begehrenswerte Frau dar, ihr Lebensziel ist die Eroberung des *Chad.* Hat sie dies erreicht, bindet sie *Chad*, um von ihm finanziert zu werden und mit ihm Kinder zu bekommen.[162]

Die Incels sehen sich, gemäß ihrer Interpretation des Paretoprinzips, den 80 Prozent Männern zugehörig, die aufgrund ihres „schlechten" genetischen Materials als nicht attraktiv genug für das „game" um die attraktiven Frauenkörper gelten. Weil Frauen nur am Status und am guten Aussehen von Männern interessiert seien, wählten diese die erwähnten 20 Prozent aus, die sogenannten „20Prozentler", die in den *Manospheres* auch „Chads" genannt werden. Der *Chad* stellt den idealisierten Mann dar, dem

160 Vgl. Kaiser (2020): Politische Männlichkeit, S. 28.

161 Vgl. Kaiser (2020): Politische Männlichkeit, S. 28.

162 Vgl. Kracher, Veronika (2020): Incels. Geschichte, Sprache und Ideologie eines Online-Kults. Mainz: Ventil Verlag, S. 44.

Incels gerne entsprechen möchten. *Chads* sind körperlich stark und weisen die stereotypen Zeichen von hegemonialer Männlichkeit auf,[163] haben also beispielsweise einen markanten Kiefer, sind groß, haben einen auffällig großen Penis etc.[164] (Abb. 1, Anhang) Der Antagonist ist das Stereotyp Incel, der im Gegenteil körperliche Merkmale von Schwäche und sexueller Impotenz aufweist. Hier ist dem Narrativ nach auch die Ursache für den Misserfolg der Incel bezüglich sexualisierter Kontakte zu finden: Frauen seien ganz allgemein nicht am Typ „Incel“ interessiert,[165] die sich aufgrund ihrer Natur allein mit *Chads* paaren wollen würden. Frauen werden auch als „Femoids“, Löcher oder Toiletten bezeichnet. Sich als Incel bezeichnende Männer sehen sich also als Opfer einer weiblichen Verschwörung.[166] Gleichzeitig sind Incels nicht fähig, Frauen als von Männern und ihren Interessen unabhängig zu denken. Dies zeigen ihre verdinglichenden Erklärungen von Gesellschaft und Geschlechterverhältnis.

Incels setzen also Doppelstandards für männliches und weibliches Sexualverhalten nach dem Motto „Ein Schlüssel, der in jedes Schloss passt, ist ein Generalschlüssel. Ein Schloss, das durch viele Schlüssel geöffnet werden kann, ist ein schlechtes Schloss“ [167]

Festzuhalten ist, dass die *autoritäre Bewegung* aus verschiedenen Gruppierungen und aus vermeintlich bürgerlichen Kräften besteht. Dazu gehören Kirchen und z.B. evangelikale Gruppen, (populistische) Parteien, Abtreibungsgegner, Männerrechtler, Incels, aber auch Terrorgruppen und einzelne Attentäter. Das durch sie reproduzierte menschenverachtende Gedankengut findet sich ähnlich aber auch im Denken des größten Teils der deutschen Zivilgesellschaft wieder. Ein wichtiges Element ist der Wunsch der Incels nach größerer, gesellschaftlicher Hierarchie, in der Männlichkeit dem Weiblichen gegenüber eine übergeordnete Position einnimmt. Gerade der westliche Mann solle eine privilegierte Stellung einnehmen. Die misogynen, rechten und rechtsradikalen Kräfte sind mehr oder minder miteinan-

163 Vgl. Connell, Raewyn (2006): Der gemachte Mann. Konstruktion und Krise von Männlichkeiten, Springer: Wiesbaden.

164 Vgl. Kracher (2020): Incels, S. 45.

165 Vgl. Kracher (2020): Incels, S. 45 f.

166 Vgl. Kracher (2020): Incels, S. 39.

167 User „puaSenator“ im Subreddit „The Red Pill“. Frisse, Juliane (2015): Philosophie-Seminar für Frauenhasser. Das Reddit-Forum „The Red Pill“. Online verfügbar unter https://www.br.de/puls/themen/netz/feature-frauenhasser-reddit-forum-red-pill-100.html, zuletzt geprüft am 24.11.2021.

der vernetzt und tauschen finanzielle, soziale und intellektuelle Ressourcen miteinander aus.

4. Widersprüchliche kollektive Verdrängung

Dass diese Strukturen lange ignoriert wurden, trug und trägt mit zur Ausbreitung autoritärer Bewegung bei. Aber wie kann diese Ignoranz erklärt werden? Dafür müssen wir uns den psychoaffektiven Teil der neopatriarchalen Produktions- und Lebensweise anschauen. Ihr Funktionieren ist auf der Reproduktion gesellschaftlicher Hierarchie aufgebaut. Und damit die Subjekte die Strukturen reproduzieren, müssen sie sich in diese einfügen. Mit Lacans Theorie wird ein Ideologiebegriff zugrunde gelegt, mittels dem Ideologie als unbewusstes Verhältnis von Subjekten zu ihren Existenzbedingungen bestimmt ist.

Es handelt sich bei Ideologie nicht um ein „falsches Bewusstsein“[168] im marxschen Sinne. Die Subjekte produzieren wahrnehmend ihre kollektive, kulturelle Realität.[169] Die soziosymbolischen Strukturen müssen so angelegt sein, dass das Subjekt psychisch gesund bleibt.[170] Meiner These nach geht dies notwendigerweise mit einem kollektiven Verdrängungsprozess einher. Denn das Selbstbild des mündigen Bürgers in der „liberalen Demokratie“ ist an humanitären Moralstandards orientiert: Das bürgerliche Subjekt hat in seiner Ideologie Barbarei und Gewalt, als vorzivilisatorischen Zustand, überwunden.

Mittels einer Sachzwanglogik wird gerechtfertigt, warum Egalität und Solidarität in diesem oder jenem Spezialfall leider nicht möglich ist. Das Framing ist dabei so aufgebaut: Eigentlich ist „unsere liberale Demokratie“ die humanste und aufgeklärteste Kultur. Wenn sie in wenigen Beispielen ihrem Anspruch nicht gerecht werde, so sei dies die Ausnahme. Leider kann nicht jeder geflüchtete Mensch überleben, sagt der liberale Bürger

168 In der „Deutschen Ideologie“ definierten Karl Marx und Friedrich Engels Ideologie als aus dem Verhältnis zwischen Menschen resultierend. Dieses Verhältnis ist im Kapitalismus warenförmig und daher verdinglicht. Vgl. Amlinger, Carolin (2018): Ideologie, In: Kopp, J., Steinbach, A. (eds) Grundbegriffe der Soziologie. Springer VS, Wiesbaden. https://doi.org/10.1007/978-3-658-20978-0_37, S. 181 f.

169 Vgl. Soiland (2013): Lacan und Marx: das Subjekt und die Ideologie.

170 Vgl. Žižek (2016): Lacan. Eine Einführung, S. 19 f.

kalt, während er gleichzeitig die Menschenrechte als Ausweis seiner Humanität hervorhebt. Insgesamt wache der liberale Staat über die verbrieften Rechte der ihm Angehörenden.

Mythologisch scheint der Sachzwang das Schicksal des Zwischenmenschlichen zu bestimmen. Die gesellschaftlichen Strukturen werden nicht als durch Menschen eingerichtet wahrgenommen – dementsprechend leicht ist es, sich als Mitmensch aus der Verantwortung zu ziehen. Eine höhere Macht – die Natur selbst – hält die Menschen davon ab, im Einklang miteinander zu leben. Und weil die als göttlich, männlich und natürlich gedachte Macht so bestimmend ist, kann auch die Einzelne nicht anders, als verantwortungsvermeidend durch die Welt zu gehen.

Die schon erwähnte deutsche Erinnerungskultur ist ein gegenwärtiger Ausdruck des Prinzips „wir wussten nichts und wollen noch immer nichts wissen!" Ein „Vogelschiss" sei der Holocaust in der deutschen Geschichte gewesen, so einer der erfolgreichsten Autoritären, Alexander Gauland.[171] Aber wie kann nach der industriellen Vernichtung von Millionen von Menschen so etwas öffentlich gesagt werden? Wie kann die AfD, aus deren Reihen diese groteske Verharmlosung stammt, mit einer solchen Parole wieder immense Wahlerfolge feiern?

4.1 Verantwortlichmachung: Projektion auf Individuen

Das autonome Subjekt ist eine Erfindung der aufklärerischen Philosophie. Schon das *Ich*, als unabhängige Einheit ist nach Lacan ein Trugschluss, der mit der patriarchalen Subjektivierung einhergeht. Die aktuelle Ideologie der eigenverantwortlichen Arbeitskraft-Unternehmer*in ist insofern eine Vorstellung, die angesichts der tatsächlichen Differenz zwischen Menschengruppen konterkariert wird. Und diese Differenz wird zwischen Klassen, zwischen Geschlechtern und zwischen der Herkunft von Menschen gezogen. Sie gründet also auf Identitäten, die als kollektive Imaginationen mit Stereotypen und Vorurteilen versehen sind. Und die sich durch gesellschaftliche Praxis tatsächlich voneinander unterscheiden und so die Stereo-

171 Auf dem Bundeskongress der Jungen Alternative 2018 sagte Gauland, dass „Hitler und die Nazis (…) nur ein Vogelschiss in über 1000 Jahren erfolgreicher deutscher Geschichte [seien; H.V.]". Welt (2018): Gauland bezeichnet NS-Zeit als „Vogelschiss in der Geschichte". www.welt.de/politik/deutschland/article176912600/AfD-Chef-Gauland-bezeichnet-NS-Zeit-als-Vogelschiss-in-der-Geschichte.html.

type zu bestätigen scheinen.[172] Die zwischenmenschliche Differenz wird also kulturell anhand von Identitäten hergestellt und begründet und damit gleichzeitig die gesellschaftliche Differenz, die über Chancen auf ein gutes Leben entscheidet. Herrschaft und Identität wirken hier zusammen. Denn die Differenz wird nicht als kulturell hervorgebracht bewertet, sondern gilt vielmehr als Legitimation für soziale Ungleichheit und Elend.

Identitätsbasierte Herrschaft heißt somit auch, dass die Subjekte selbst dafür verantwortlich gemacht werden, wenn sie sich in der Hierarchie unten befinden und dementsprechend schlechtere Chancen auf ein genussvolles und anerkennungsreiches Leben haben. Diese Ideologie bedarf eines enormen gesellschaftlichen Verdrängungsprozesses, was das Leid und die Abwertung vieler Menschen dieser Welt anbelangt. Zusätzlich müssen verdinglichende Ideologien die Höher- und Minderwertigkeit von Menschen plausibel machen. Auch wenn es sich bei Ideologie um ein imaginäres Verhältnis zwischen Subjekt und Existenzbedingungen handelt, so manifestiert sich dieses in materiellen Verhältnissen. Wenn in dieser Arbeit vom verdinglichten Geschlechterverhältnis geschrieben wird, dann ist ein durch symbolische und imaginäre Prozesse materialisiertes Verhältnis zwischen Menschen gemeint. Und eben weil diese identitätsbasierte Herrschaft auf Höher- und Minderwertigkeit aufgebaut ist, gleichzeitig jedoch der gottlose Liberalismus auf seine gleichberechtigenden Mechanismen pocht, muss es legitimierende Erklärungen dafür geben, dass es manchen Menschen strukturell besser geht, und anderen schlechter. Dies entlastet die einzelnen Subjekte, sich mit der im Zweifel leidvolleren Lebensrealität anderer auseinandersetzen zu müssen – beziehungsweise sich moralisch schlecht zu fühlen, von Geburt an ein genussvolleres Leben führen zu können.

Das bedingt beispielsweise die Entstehung der Querfrontbündnisse, die im Kontext der Coronamaßnahmen stattfanden. Hier kann exemplarisch die angesprochene psycho-affektive Wahrnehmungsstruktur abgelesen werden: Obwohl es kostenlos und einfach wäre sich impfen zu lassen, wehrte und wehrt sich eine große Bewegung dagegen und sorgt in der Folge mit dafür, dass Menschen sich infizierten und an den Folgen der Infektion starben.

172 Vgl. Metzdorf (2023): Wiederkehr und das Lacan'sche Subjekt des Unbewussten, In: Zeitschrift für atopisches Denken, online verfügbar unter Y-Artikel_Wiederkehr_und_das_Lacansche_Subjekt_des_Unbewussten_Phyllis_Metzdorf.pdf (ypsilon-psychoanalyse.de), zuletzt geprüft am 19.9.2023.

Die Verschwörungsnarrative, nach denen die „Jüdische Weltverschwörung“ durch diese „Zwangsimpfungen“ ihren geheimen Plan umsetzten, begründet ihr politisches Handeln.[173] Im Beispiel der Pandemie wird die Beschäftigung mit den an Corona leidenden oder verstorbenen Menschen abgewehrt. Die Abwehr ist sogar so groß, dass das Sterben von Millionen Menschen weltweit und entsprechende Medienberichte ignoriert werden können.[174] Die vom Virus betroffenen Menschen befinden sich laut Robert-Koch-Institut (RKI) auffällig oft im „unteren“ Bereich der gesellschaftlichen Hierarchie.[175]

Dies wird die Empathielosigkeit nur verstärken. Denn die neopatriarchale Reproduktionsweise ist, wie schon gesagt, auf genau dieser Akzeptanz von sozialer Ungleichheit und Antiegalitarismus angelegt. Subjekte müssen in diese hinein erzogen werden. So kann es also sein, dass sowohl die sogenannten „Baseballschlägerjahre“[176] der 1990er als auch aktuelle Menschenrechtsverletzungen – die Aussetzung des Asylrechts, die gewaltvollen Pushbacks in Folterlager nach Libyen, die Akzeptanz von (sexualisierter) Gewalt gegen Frauen auf der Flucht, in der Prostitution und in

173 Marcus, Dorothea (2021): Phänomen QAnon – Verschwörung als großes Spiel. Deutschlandfunk. Online verfügbar unter www.deutschlandfunk.de/phaenomen-qanon-verschwoerung-als-grosses-spiel-100.html, zuletzt aktualisiert am 24.11.2021, zuletzt geprüft am 24.11.2021.
In Teil 3, Kapitel „1. Tätliche Wahrnehmung: Psychose und Hysterie“ wird die Bedeutung der Psychose im Kontext Gesellschaft mit Lacan und der *Kritischen Theorie* erläutert.

174 Statista (2021): Todesfälle in Zusammenhang mit dem Coronavirus (COVID-19) in Deutschland nach Alter und Geschlecht. Online verfügbar unter https://de.statista.com/statistik/daten/studie/1104173/umfrage/todesfaelle-aufgrund-des-coronavirus-in-deutschland-nach-geschlecht/, zuletzt geprüft am 24.11.2021.

175 „Je ärmer die Menschen sind, desto weniger Möglichkeiten haben sie, sich vor dem Virus zu schützen“, so der Geschäftsführer des Paritätischen Wohlfahrtsverbandes. Wolter, Nadine (2021): RKI-Studien: Deshalb erkranken und sterben sozial Benachteiligte häufiger an Covid-19, In: *RND RedaktionsNetzwerk Deutschland*, 17.4.2021. Online verfügbar unter www.rnd.de/politik/rki-studien-deshalb-erkranken-und-sterben-sozial-benachteiligte-haufiger-an-covid-19-G5ERYZMWRJFADDQLHRQ442F46I.html, zuletzt geprüft am 24.11.2021.

176 In den sogenannten „Baseballschlägerjahren“ ermordete der Nationalsozialistische Untergrund mittels eines Netzwerkes unbekannter Größe zehn Menschen und es gab viele Angriffe auf Asylunterkünfte.

Paarbeziehungen – und die hier untersuchten Attentate ignoriert werden. Man weigert sich schlicht, sich mit den Strukturen auseinanderzusetzen, aus denen eine steigende Zahl an Attentätern und das Anwachsen autoritärer Bewegung und Ideologie resultieren.

Der US-amerikanische Philosoph George Santayana merkte dazu an: „Wer sich der Geschichte nicht erinnert, ist dazu verdammt, sie zu wiederholen".[177] Dies gilt insbesondere für Deutschland, da die autoritären Strukturen nie vollständig zerstört wurden.[178] Allerdings kann das auf die westliche Gesellschaft insgesamt ausgeweitet werden, da sich die Netzwerke nicht auf die BRD beschränken. Und wie bereits erwähnt gelangten weltweit autoritäre Parteien in Regierungsverantwortung, wie z. B. in Polen, Ungarn, Tschechien, Italien, Österreich, den USA und Brasilien.

In *Minima Moralia – Reflexionen aus dem beschädigten Leben* schrieb Adorno, dass der Kriegsverbrecher Adolf Eichmann statt Menschen nur Zahlen gekannt habe. Er habe den Massenmord an jüdischen Menschen nur deshalb so kalt organisieren können, weil er die Menschen auf Abstrakta objektifizierte. Dies ist jedoch nur ein Teil der Wahrheit. Wir haben es in der patriarchalen, kapitalistischen Verdrängung tatsächlich mit einer Objektifizierung zu tun. Komplexe Individuen werden auf sie projizierte Differenz heruntergebrochen. Frauen z. B. werden auf ihre (angenommene) Reproduktionsfähigkeit reduziert, in dem sie oft als Sexobjekte dargestellt und behandelt werden.

Aber der andere Teil der Verdrängung ist darüber hinaus die Lust an der Unterwerfung. Eichmann mag Jüd:innen nur als Verkörperung eines finanzkapitalistischen Bösen wahrgenommen haben. Aber die Macht, die

177 Lehming, Malte (2014): SPD und Linke in Thüringen: Vorwärts und stets vergessen – Meinung – Tagesspiegel. Tagesspiegel. Online verfügbar unter www.tagesspiegel.de/meinung/spd-und-linke-in-thueringen-vorwaerts-und-stets-vergessen/10944086.html, zuletzt aktualisiert am 24.11.2021, zuletzt geprüft am 24.11.2021.

178 Jutta Ditfurth ist überzeugt, dass diese autoritären Traditionen in Deutschland zum erneuten Hervorbrechen der Barbarei führen werden: „Überall ist die Enthemmung dieser Gesellschaft gefährlich weit fortgeschritten. [...] Die deutsche Gesellschaft rutscht in einem sich selbst beschleunigenden Tempo möglicherweise in eine neue Form des Faschismus. Der würde nicht aussehen wie der, den wir als 'Nationalsozialismus' aus Büchern und Filmen zu kennen glauben." Tatsächlich wurde die Bundesrepublik von Nazifunktionären wiederaufgebaut. Vgl. Ditfurth, Jutta (2019): Haltung und Widerstand: Eine epische Schlacht um Werte und Weltbilder. Hamburg: Osburg Verlag, S. 7.

mit der Vernichtungsplanung- und Umsetzung einherging wird er ebenso genossen haben. Der Vergewaltiger will die Frau zum Ding machen, da ihre Verdinglichung ihm sexuelles Vergnügen bereitet. Hier weist besonders Rolf Pohl auf die männliche Sexualität hin. Er unterstützt die Bewertung der 68er-Frauen, dass Vergewaltigung ein Machthandeln sei. Aber zurecht zeigte er auf, dass sexualisierte Gewalt nicht auf den Machtaspekt verkürzt werden darf. Dass Gewalt durch Sexualität ausgelebt wird, ist nicht zufällig. Ebenso ist das sexualisierte Gewalthandeln nicht „natürlich". Tatsächlich mischt sich hier ein aggressives Machtbedürfnis mit sexueller Lust, das vorwiegend an Frauen ausgelebt wird, weil diese, der Ideologie nach, identitär das Gegenteil des Männlichen darstellen und so als minderwertig imaginiert werden.[179]

Das heißt, dass identitätsbasierte Herrschaft einerseits Menschen objektifiziert und so die Täter:innen psychisch entlastet. Gleichzeitig vermittelt die objektifizierungsbasierte Differenzierung zwischen Menschen ein Lustempfinden, das objektifizierendes Handeln auslöst. Verdrängt wird im ganzen Prozess, dass zwischenmenschliche Ungleichheit von Menschen hervorgebracht wird. Und dass zwischenmenschliche Hierarchie nicht rechtens ist, dass die eigene Macht nicht „verdient" ist. Die Strukturen bringen eine Lust am Unterordnen hervor, die mythologisch in einem kollektiven Verdrängungsmechanismus und ideologischen Narrativen – das muss so, weil es halt so ist – gerechtfertigt werden muss.

179 Pohl zufolge hat sexualisierte Gewalt ihre Ursache in der Abhängigkeit von der Mutter, die aber gleichzeitig als Frau gesellschaftliche abgewertet ist. Dieses innere Dilemma aus Abhängigkeit und Abwertung ruft projektive Aggressionen gegen alle Frauen hervor. Vgl. Pohl (2019): Feindbild Frau.

Teil 2
Die Täter

1. Ideale Täterschaft

Als Untersuchungssubjekte wurden von mir Anders Behring Breivik, Elliot Rodger, Stephan Balliet und Tobias Rathjen ausgewählt. Kriterien für die Auswahl der vier Männer waren 1. der Bekanntheitsgrad, 2. die Bedeutung und Reputation innerhalb der *Manosphere*, 3. die Bedeutung für die Gesamtgesellschaft und 4. die Zeitspanne, in der das Attentat verübt wurde.

Der Bekanntheitsgrad der Täter durch die gesellschaftliche Debatte und die mediale und kulturindustrielle Verarbeitung deutet auf die Prägnanz eines Themas hin. Je häufiger über einzelne Täter, ihre Taten, das Leid der Angehörigen und ein möglicher auf die Tat folgender gesellschaftlicher Umgang berichtet wurde, desto größer auch das gesellschaftliche Interesse an der Tat. Hier sind Breivik und Rodger europaweit diskutierte Phänomene. Anders Breivik wurde vor zwei Jahren wieder journalistisch thematisiert, weil er gegen seine Haftbedingungen klagte.[180] Dass dies auf großes Interesse stieß, zeigt, dass Menschen am Lebenslauf und Alltag des Täters interessiert sind und ihn für ein Exempel des Phänomens „Attentäter" halten.

Die Täter Balliet und Rathjen werden speziell in der BRD diskutiert. Hier wird seitens der Angehörigen und ihrer (politischen) Unterstützer:innen kritisiert, dass rassistische Stereotype und mangelndes Aufklärungsinter-

180 Vgl. Zeit Online (2018): Norwegen: Anders Breivik scheitert mit Klage wegen Haftbedingungen, In: Die Zeit, 21.6.2018. Online verfügbar unter www.zeit.de/gesellschaft/zeitgeschehen/2018-06/norwegen-anders-breivik-emr-klage-abweisung-haftumstaende, zuletzt geprüft am 24.11.2021.

esse den Nachgang der Tat charakterisierten.[181] Sie führen unter anderem an, dass Tobias Rathjen zu mehreren Zeitpunkten womöglich von der Tat hätte abgehalten werden können.[182] Auch im Falle von Stephan Balliet in Halle hätte die Polizei sehr viel schneller eintreffen müssen. Die Tür der Synagoge, durch die er gelangen wollte, war trotz mehrfacher Warnung der gläubigen Community nicht ausreichend geschützt.[183] Beide Attentate werden zurzeit als jüngste Beispiele für strukturellen und institutionellen Rassismus herangezogen.

Die Bedeutung und Reputation innerhalb der *Manosphere* deutet auf den Stellenwert als Role Model für andere Männer hin. Hier werden Breivik und Rodger als Heilige verehrt.[184] „Going ER“ ist eine häufig genutzte Metapher, um das Begehen eines Attentates mit anschließender Selbsttötung zu beschreiben. Die Buchstaben „ER“ stehen für die Initialen Elliott Rodgers.[185] Zahlreiche Memes, in denen er als Heiliger inklusive Heiligenschein dargestellt wird, zeugen vom Stellenwert, der ihm in der Incel-Community zugesprochen wird. Christopher Harper-Mercer tötete 2015 neun Menschen sowie sich selbst. Er kündigte seine Tat auf *4chan* an und erhielt zahlreiche Tipps für den Tatablauf von Männern der Community. Auch er bezog sich positiv auf Rodger und nannte seine Tat „Beta Uprising“, womit die Transformation eines unterlegenen Beta-Mannes zu einem überlegenen Alpha-Mann gemeint ist.[186]

Scott Paul Beierle, der 2018 in Tallahassee, Florida in einem Yogastudio zwei Frauen und sich selbst erschoss, zählte sich ebenfalls zu den Incels und bezog sich in einem seiner Videos positiv auf Rodger als seinem Vorbild und als jüngere Version seiner selbst. Die Stadt Tallahassee suchte er sich für den Mehrfachmord aus, da er Jahre zuvor vom dortigen College verwiesen wurde, in dem er mehrere Male Kommilitoninnen sexuell belästigt hatte. Beierle wurde mehrfach wegen solcher sexueller Übergriffe angeklagt, so hatte er auch, als er als Lehrer an einer Highschool in

181 Vgl. Friedrich, Sebastian (2021): Hanau – Ein Jahr nach dem rassistischen Terroranschlag – Der letzte Tag. Online verfügbar unter www.hoerspielund-feature.de/hanau-ein-jahr-nach-dem-rassistischen-terroranschlag-der-100.html, zuletzt aktualisiert am 24.11.2021, zuletzt geprüft am 24.11.2021.

182 Dazu mehr im Unterkapitel zu Tobias Rathjen.

183 Dass Balliet nicht eindringen konnte lag an der schlechten Qualität seiner Waffen. Im Unterkapitel zu ihm wird beides aufgeführt.

184 Vgl. Kaiser (2020): Politische Männlichkeit, S. 73.

185 Vgl. Kaiser (2020): Politische Männlichkeit, S. 73.

186 Vgl. Kaiser (2020): Politische Männlichkeit, S. 70.

Maryland arbeitete, eine seiner Schülerinnen belästigt. Er veröffentlichte immer wieder misogyne Musiktexte und schrieb Gedichte, in denen er zu Vergewaltigung und zum Mord an Frauen aufrief. Beierle wird in der Incel-Community immer noch als „Saint Yogacel" für seine Tat gefeiert. [187]

Der sich als Incel identifizierende Täter von Toronto 2018, Alek Minassian, bezog sich in einem polizeilichen Verhör direkt auf Rodger als „founding father" des „Incel Uprising". Im Jahr 2018 tötete er 10 Menschen und verletzte 14 schwer. Er behauptete, auf dem Imageboard persönlich mit Rodger in Kontakt gestanden zu haben. Kurz vor seiner Tat habe ihm Rodger unter dem Pseudonym „Authorian" persönlich geschrieben, dass er auf einer wichtigen Mission sei, von der er vielleicht nicht lebend zurückkommen würde.[188] „Die Incel-Rebellion hat bereits begonnen! Wir werden alle Chads und Stacys stürzen! Begrüßt den obersten Gentleman Elliot Rodger!", war Teil seiner Ankündigung des Attentats auf *4chan*.[189]

Weiterhin gibt er an, auch mit Christopher Harper-Mercer online kommuniziert zu haben. Dieser habe den Nickname „Spacerobot" getragen. Stephan Balliet, den ich in diesem Buch näher untersuche, bezog sich indirekt auf die Incel-Szene, indem er im Livestream seiner Tat ein Lied des sich als „Incel-Rapper" bezeichnenden Egg White abspielte.[190] In dem sich in kurzen Abständen wiederholenden Refrain „Ich fahre über den Bordstein, als wäre ich Alek Minassian. Huren lutschen meinen Schwanz, während ich Fußgänger überfahre" bezieht sich Egg White auf das Tatwerkzeug Minivan von Alek Minassian.[191]

Auch Anders Behring Breivik stellt eine Schlüsselfigur für die im Weiteren aufgezählten Attentäter dar, die ihm mit ihren Angriffen noch folgen

187 Vgl. Vogdor, Neil (2022): Gunman in Yoga Studio Killings Raised Red Flags That Were Missed, U.S. Says, online verfügbar unter: https://www.nytimes.com/2022/03/15/us/florida-yoga-studio-gunman-misogynist-extremism.html, zuletzt geprüft am 13.4.2023; Vgl. Hendrix, Steve (2019): He always hated women, online verfügbar unter: https://www.washingtonpost.com/graphics/2019/local/yoga-shooting-incel-attack-fueled-by-male-supremacy/, zuletzt geprüft am 13.4.2023; Vgl. Kaiser (2020): Politische Männlichkeit, S. 73.

188 The Mob Reporter: Alek Minassian – full police interrogation of incel van attack driver. Online verfügbar unter youtu.be/VyHgtSy41VM, zuletzt geprüft am 24.11.2021.

189 Vgl. Kaiser (2020): Politische Männlichkeit, S. 80.

190 Balliet (2019a): Stream seines Attentats.

191 Vgl. Egg White (2018): Alek Minassian. Online verfügbar unter www.youtube.com/watch?v=VLpJOndGztw.

sollten. Das wurde durch ihre Aussagen in den Prozessen, wie auch an der in verschiedenen Täter-Mannifesten geäußerten Bezugnahme auf Breivik sehr deutlich. Der Täter von München, David Sonboly, verübte seine Gewalttat 2016, am fünften Jahrestag des Utøya-Attentats.[192] Im Jahr 2019 erschoss Brenton Tarrant 77 Menschen in Christchurch. Er sagte später aus, dass er sich Breivik zum Vorbild seiner Tat genommen hatte. Er habe zwar nur kurz mit Breivik Kontakt gehabt, hier aber für seine Anschlagspläne „den Segen für [s]eine Mission erhalten, nachdem [er] dessen Mitritter kontaktiert"[193] habe. In seinem 74 Seiten umfassenden Mannifest *The Great Replacement. Towards a new society* erwähnte er ihn neben anderen Tätern, auf die er sich als „Brüder im gemeinsamen Kampf" bezog.[194]

Überhaupt weist die Art der schriftlichen und audiovisuellen Botschaften der analysierten Täter eine Gemeinsamkeit auf: Jeweils wurde ein Video und ein Mannifest hinterlassen. Der Schreibstil der Mannifeste ist zum Teil sehr unterschiedlich. So gibt es Vermutungen, dass sich Anders Behring Breivik in seiner Rhetorik auf das Mannifest des „Unabombers" Theodore Kaczynski, *Industrial Society and Its Future* (1995), bezieht.[195] Der von Breivik gewählte Modus, jeweils ein Mannifest und Videomaterial zu hinterlassen, beziehungsweise vor der Tat zu veröffentlichen, scheint das Vorgehen ihm folgender Täter inspiriert zu haben. Sowohl Breivik als

192 Vgl. Tagesschau (2016): Attentat in München 2016: Ermittler sehen doch rechtsradikale Tat, In: tagesschau.de, 2016. Online verfügbar unter www.tagesschau.de/inland/muenchen-attentat-oez-101.html, zuletzt geprüft am 24.11.2021.

193 Vgl. Luzerner Zeitung (2019): Terror in Christchurch – Attentäter Tarrant nahm sich den norwegischen Massenmörder Breivik zum Vorbild, 16.3.2019. Online verfügbar unter www.luzernerzeitung.ch/international/attentater-tarrant-nahm-sich-den-norwegischen-massenmorder-breivik-zum-vorbild-ld.1351303, zuletzt geprüft am 24.11.2021.

194 Vgl. Tarrant, Brenton (2019): The great replacement. Towards a new society. We march ever forwards, S. 24. (Der Große Austausch. Hin zu einer neuen Gesellschaft. Wir marschieren immer weiter vorwärts.) Der Titel des Mannifests bezieht sich auf das Werk *Le Grand Remplacement* (auf deutsch erschienen unter dem Titel *Revolte gegen den großen Austausch*) von Renaud Camus.

195 Vgl. Bannenberg, Britta (2014): Entwicklung schwerer Gewalt aus kriminologischer Sicht, In: Zeitschrift für Internationale Strafrechtsdogmatik (9). Online verfügbar unter www.zis-online.com/dat/artikel/2014_9_850.pdf, zuletzt geprüft am 24.11.2021, S. 437.

auch Rodger hinterließen nicht nur je ein Video, sondern verschickten ihre Mannifeste zusätzlich per Email an viele Menschen.[196]

Breivik und Rodger haben hier also eine besondere Bedeutung. Ihre Ideologie und ihre Bereitschaft, sich für die Ingroup zu opfern, inspirierte andere Männer, nach ihrem Vorbild zu agieren. Die Taten Balliets und Rathjens sind bis jetzt unterbeleuchtete Phänomene. Besonders Rathjen kann aufgrund der wenig formallogisch aufgebauten Struktur seines Manifests leicht als „gestört", und damit als „nicht begreifbar", abgetan werden. In beiden Fällen sehe ich allerdings eine große Chance, aktuelle Prozesse in Deutschland zu verstehen. Zusätzlich zu der inzwischen halbwegs, vor allem durch Betroffenen-Communities etablierten Gedenkkultur, der jedoch nur gelegentlich Aufmerksamkeit gezollt wird, scheinen sie Verkörperungen von Strukturen zu sein, die in der westlichen Kultur aktuell an Wichtigkeit gewinnen. Dies wird in der bundesdeutschen Berichterstattung nicht ausreichend reflektiert.

Ein weiteres Kriterium für die Auswahl der spezifischen Täter war der Zeitpunkt ihrer jeweiligen Tat. Hier stellt Anders Behring Breivik eine Schlüsselperson dar. Wo viele durch sein Attentat überrascht und geschockt waren, gab es offensichtlich auch enorme Bewunderung und Zuspruch. Die darauffolgenden Attentate sind in mehr oder minder langen Abständen verübt worden. Kein Attentat ist jedoch mehr als drei Jahre vom vorhergehenden entfernt. Es ist realistisch, dass den ihm nachfolgenden Tätern, Breiviks Attentat als Vorbild für ihre Shootings diente. Auch weil sie den Stil seiner Veröffentlichungen kopierten. Viele der Attentäter, die ihm noch folgen sollten, beziehen sich positiv auf ihn, sehen Breivik als Vorbild.

1.1 Anders Behring Breivik

Anders Behring Breivik war 2011, zum Zeitpunkt seines Attentats, 32 Jahre alt. Er wurde am 13. Februar 1979 in Oslo, Norwegen geboren. Als Breivik ein Jahr alt war, trennten sich die Eltern, er blieb bei seiner Mutter, Wenche Behring, und der Stiefschwester. Dokumente über die Kommuni-

196 Vgl. Wagner, Kathrin (2018): Massenerschießungen auf Utøya. Eine prozesssoziologische Erklärung der Gewaltausübung im Fall Breivik. Online verfügbar unter file:///C:/Users/Dell/Documents/Madamthesis/Literaur/Anders%20 Breivik/Wagner2018_ORDEX_Working-Paper_Massenerschiessungen-auf-Utoya.pdf, S. 89.

kation zwischen der Mutter und dem Jugendamt in Oslo zeugen von familiären Konflikten.[197] Wenche Behring sei, so schätzt es das Jugendamt ein, nicht in der Lage, eine positive Bindung zu ihrem Sohn aufzubauen: „Die stark pathologische Beziehung zwischen Anders und seiner Mutter erfordert frühe Maßnahmen, um einer ernsthaften Entwicklungsstörung vorzubeugen. Die Ideallösung für ihn wäre eine stabile Pflegefamilie. Die Mutter wehrt sich jedoch gegen diese Lösung, und ein Entzug des Sorgerechts könnte unvorhersehbare Folgen haben".[198]

Weil Wenche Behring zeitweise mehr oder minder schwer erkrankt war, übernahm laut Jugendamt seine Schwester in dieser Zeit viel Verantwortung für Anders. Er beschrieb das Verhältnis zu ihr als positiv, sie hätten bis vor der Tat in regelmäßigen Abständen Kontakt gehabt. Über das Sexualverhalten der Schwester fällte er allerdings ein sehr negatives Urteil – dazu mehr im Auswertungsteil.

Als Breivik vier Jahre alt war, verbrachte die Familie eine Zeit lang in einer psychiatrischen Klinik. Hier sollen die Ärzte gehört haben, dass die Mutter ihm den Tod wünschte.[199] Mit dem Vater, Jens Breivik, hatte Anders Breivik zufolge nach eigenen Angaben Kontakt, bis er 12 Jahre alt war. Mit Tove Overmo, seiner Stiefmutter, hatte er noch länger Kontakt. Den letzten Bindungsversuch, den Breivik in seinem Mannifest erwähnt, wehrte der Vater ab.[200]

Als Breivik 13 Jahre alt war, lernte seine Mutter ihren neuen Partner Tore Tollevsen kennen, einen Major beim norwegischen Militär. Nach eigenen Aussagen unterhielt Breivik ein gutes Verhältnis zu ihm: Er sei zwar ein „primitives Sexualtier", weil er seinen Ruhestand vorwiegend in Thailand mit Frauen in der Prostitution verbringe, aber an sich „ein sehr sympathischer und guter Kerl".[201]

---

197 Vgl. Wagner (2018): Massenerschießungen auf Utøya, S. 46.

198 Jugendamt Oslo zit. in Wagner (2018): Massenerschießungen auf Utøya, S. 66.

199 Vgl. Wagner (2018): Massenerschießungen auf Utøya, S. 65.

200 Vgl. Berwick, Andrew (2011): 2083. A European Declaration of Independence, S. 1387. Breivik veröffentlichte seine Erzählung unter dem Pseudonym Andrew Berwick. Dieser Name steht im Kontext seiner imaginierten Identität als Tempelritter.

201 Vgl. Berwick (Breivik) (2011): 2083, S. 1387.

Mit 15 Jahren wurde Breivik von Freunden aus den Sprayerkreisen ausgeschlossen, in denen er sich zwei Jahre lang aufhielt.[202] Laut seinem Narrativ sei er in dieser Zeit der „Chef" einer Hip-Hop Crew gewesen; eine Aussage, bei der es sich Recherchen zufolge um eine falsche Angabe handelt.[203]

Als Breivik 16 Jahre alt war wurde er Mitglied der Jugendorganisation der autoritären *Fremskrittspartiet* (FrP; dt. *Fortschrittspartei*), in der er auch später Mitglied blieb. Als 2003 die Kommunalwahlen stattfanden wurde Breivik nicht als Kandidat aufgestellt, woraufhin er die Partei verließ. In seinem Mannifest behauptete er allerdings, aufgestellt worden zu sein.[204]

Mit 18 Jahren brach Breivik die Handelsschule sechs Monate vor dem Examen ab. In diesem Jahr trat er auch in die Mutterpartei FrP ein.[205] Nach dem Schulabbruch meldete er verschiedene Gewerbe an. Mit einem davon war er eigenen Angaben zufolge sehr erfolgreich und habe zum Teil recht viel daran verdient. Mit 24 Jahren habe er beispielsweise einen Service zum Outsourcen von Programmierdienstleistungen unterhalten.[206]

Breivik berichtete in seinem Mannifest von mehreren Angriffen durch migrantisierte Männer. Wegen einem der Angriffe habe er sich die Nase operieren lassen müssen.[207] Die vor Gericht aussagenden Freunde waren von diesen Angaben verwundert und konnten die Vorfälle nicht bestätigen. Die Nase habe er sich aus ästhetischen Gründen operieren lassen. Er habe keine „Arabernase" tragen wollen, soll er zu ihnen gesagt haben.[208] Die Freunde attestierten ihm eine „regelrechte Obsession in Sachen Optik".[209] Weiterhin habe es eine Zeit gegeben, in der sich Breivik geschminkt und

202 Vgl. Wagner (2018): Massenerschießungen auf Utøya, S. 70.

203 Vgl. Bannenberg (2014): Entwicklung schwerer Gewalt aus kriminologischer Sicht, S. 439.

204 Vgl. Wagner (2018): Massenerschießungen auf Utøya, S. 16.

205 Vgl. Wagner (2018): Massenerschießungen auf Utøya, S. 32.

206 Vgl. Wagner (2018): Massenerschießungen auf Utøya, S. 75.

207 Vgl. Berwick (Breivik) (2011): 2083, S. 1394.

208 Vgl. Anwar, André (2012): Anders Breivik ließ sich eine „arische Nase" machen, In: Derwesten.de, 29.5.2012. Online verfügbar unter www.derwesten.de/panorama/anders-breivik-liess-sich-eine-arische-nase-machen-id6709900.html, zuletzt geprüft am 26.11.2021.

209 Focus Online (2013): Make-Up und Nasen-OP: Metrosexueller Breivik eiferte David Beckham nach, In: FOCUS Online, 2013. Online verfügbar unter www.focus.de/politik/ausland/terror-in-norwegen/metrosexueller-brei-

seiner Mutter ein. Diese war laut gerichtlicher Vernehmung zu diesem Zeitpunkt schwer valium- und alkoholabhängig.[217] Auch in dieser Zeit spielte Breivik sehr viel *World of Warcraft*. In der Gilde, die er damals innerhalb des Spiels anleitete, fiel er mit dominantem, autoritärem Verhalten auf, sodass einige der damaligen Mitspieler die Gilde verließen. Manche warf er auch selbst hinaus.[218]

2007 stellte ihn sein Onkel in der Freimaurerloge *Johannesloge* in Oslo vor. Später versuchte dieser Onkel ihn zu motivieren, weiteren Treffen beizuwohnen – allerdings vergeblich.[219] Die vier Freunde, die vor Gericht aussagten, berichten von einem sehr rigiden Rückzug Breiviks in dieser Zeit. Sie sagten aus, dass sie vermuteten, seine Homosexualität sei der Grund für seine Depressionen und seinen sozialen Rückzug gewesen: „Ich vermutete, dass er in eine tiefe Depression gelangt war, oder dass er homosexuell geworden ist, sich aber nicht outen wollte und dass es ihm darum schlecht ging".[220] Breivik nahm in seinem Mannifest selbst Bezug auf diese Einschätzung und schrieb, dass seine Freunde denken würden, er ziehe sich wegen einer homosexuellen Orientierung zurück: „LOL. Ziemlich urkomisch, da ich 100 % hetero bin".[221] Stattdessen sei nur seine Liebe zur Nation und zu Europa Grund für die mit Rückzug verbundene Planungsphase des Anschlags: „mich treibt meine Liebe zu Europa, der europäischen Kultur und allen Europäern an".[222] Die Polizei ließ nach dem Attentat nach „engeren Bekannten" Breiviks aus dem Umfeld des Osloer Schwulenclubs Boston fahnden.[223]

2009 zog Breivik auf das Land auf einen Kleinbauernhof und meldete ein Ein-Personen-Gewerbe namens *Breivik Geofarm* an.[224] Dort begann er nach eigenen Aussagen die Vorbereitungen seines Attentates. Mit dem Kleinbauernhof hatte er die Möglichkeit, an große Mengen Dünger zu gelangen, die er später zum Bau von Bomben nutzte. Breivik gab an, in dieser Zeit das Distanzschießen geübt zu haben.[225] In der unmittelbaren Zeit vor

217 Vgl. Anwar (2012): Anders Breivik ließ sich eine „arische Nase" machen.
218 Vgl. Wagner (2018): Massenerschießungen auf Utøya, S. 78.
219 Vgl. Wagner (2018): Massenerschießungen auf Utøya, S. 78.
220 Anwar (2012): Anders Breivik ließ sich eine „arische Nase" machen.
221 Berwick (Breivik) (2011): 2083, S. 1382.
222 Berwick (Breivik) (2011): 2083, S. 1383.
223 Anwar (2012): Anders Breivik ließ sich eine „arische Nase" machen.
224 Vgl. Wagner (2018): Massenerschießungen auf Utøya, S. 78.
225 Vgl. Wagner (2018): Massenerschießungen auf Utøya, S. 86.

dem Attentat 2011 nahm Breivik eine hohe Dosis Steroide ein und trainierte exzessiv, um sein „Kampfgewicht“ von 80 Kg zu erreichen, so die Vorsitzende Richterin bei der Urteilsverkündung.[226]

Am Morgen des Attentates am 22.7.2011 befand sich Breivik bei seiner Mutter. Bevor er von dort aufbrach, verband er die Zündschnur mit der von ihm gebauten Bombe. Das Auto parkte er dicht am Regierungsgebäude in Oslo, wo er die Explosion stattfinden ließ, bei der er acht Menschen tötete.[227] Vor Gericht sagte er aus, dass der Anschlag der sozialdemokratischen Regierung und deren Migrationspolitik gegolten habe.[228] Zwischen der Tat in Oslo und der darauffolgenden auf der Insel Utøya sandte Breivik sein Mannifest an tausende Menschen.[229]

Später am Tag verkleidete sich Breivik als Polizist und gelangte mit einem gefälschten Ausweis auf die Insel Utøya, auf der sich 564 Personen, davon 530 Kinder und Jugendliche der Jugendorganisation der AUF (*Sozialdemokratische Arbeiderpartiet*) aufhielten, weil sie ein Sommerzeltlager veranstalteten; die meisten von ihnen waren zu diesem Zeitpunkt 14 bis 20 Jahre alt.[230] Ab fünf Uhr am Abend begann er den überlebenden Zeugen nach „ruhig und entspannt“ die anwesenden Jugendlichen und Kinder zu erschießen.[231] Andere Augenzeug:innen berichteten davon, dass er bei jedem erfolgreichen Schuss jubelte.[232] Mehrere Male ging er auf verängstigte Jugendliche zu und beruhigte sie, er sei Polizist und für ihre Sicherheit da. Als die Jugendlichen ihm dies glaubten und sich zögernd näherten, erschoss er sie.[233]

226 Phönix (2012): Urteilsverkündung gegen Anders Breivik vom 24.8.2012. Online verfügbar unter www.youtube.com/watch?v=gHc-cuzLDTE, zuletzt aktualisiert am 26.11.2021.000Z, zuletzt geprüft am 26.11.2021.

227 Vgl. Wagner (2018): Massenerschießungen auf Utøya, S. 37.

228 Vgl. Bannenberg (2014): Entwicklung schwerer Gewalt aus kriminologischer Sicht, S. 437.

229 Vgl. Wagner (2018): Massenerschießungen auf Utøya, S. 125.

230 Vgl. Hell, Peter; Raasch, Annika (2021): Das Grauen von Utøya: BILD-Doku über Breiviks Todeszug 2011, In: BILD, 28.7.2021. Online verfügbar unter www.bild.de/news/ausland/news-ausland/breiviks-amoklauf-vor-zehn-jahren-exklusive-bild-doku-77111982.bild.html, zuletzt geprüft am 26.11.2021.

231 Vgl. Wagner (2018): Massenerschießungen auf Utøya, S. 125.

232 Vgl. Hell, Raasch (2021): Das Grauen von Utøya: BILD-Doku über Breiviks Todeszug 2011.

233 Vgl. Wagner (2018): Massenerschießungen auf Utøya, S. 126.

sich als metrosexuell bezeichnet habe. David Beckham sei zu dieser Zeit sein Vorbild gewesen.[210]

Mit 25 nahm Breivik sich eigenen Angaben zufolge ein Jahr Auszeit, in der er „ganztägig“ das Onlinerollenspiel *World of Warcraft* (WoW) spielte.[211] In dieser Zeit kaufte er sich mehrere Kontakte zu Frauen aus der Ukraine. Recherchen zufolge waren es vorwiegend blonde Frauen mit blauen Augen, die einen kindlichen Körperbau aufwiesen. Die meisten seien unter 18 Jahren gewesen.[212] Eine der jungen Frauen gab an, sie habe ein Treffen mit Breivik damals vorzeitig beendet, weil er ein „Chauvinist“ sei und sie nicht respektiert habe.[213]

In Breiviks Mannifest ist zu lesen, dass er 2002 bei der Gründung der *Knights Templar* in London dabei gewesen sei und dort zum „Justiciar Knights Commander“ ernannt wurde. Auch habe er zu diesem Zeitpunkt durch diese Organisation den Auftrag bekommen, ein Mannifest zu verfassen, um die Werte der *Knights Templar* zu verbreiten.[214]

Die Jahre vor der Tat habe sich Anders Behring Breivik laut Aussage seiner vier vor Gericht vernommenen Freunde sozial sehr stark zurückgezogen. Die Freunde bezeichnen sein Verhalten ab diesem Zeitpunkt als „wunderlich“ und „einzelgängerisch“. Vor dieser Zeit sei er „nett, freundlich, loyal, aber manchmal seltsam und selbstfixiert“[215] gewesen.

Einer der Aussagenden erinnerte sich daran, dass Breivik sehr wütend werden konnte, wenn ihm widersprochen worden sei.[216] 2006, in dem Jahr, als er nach eigenen Angaben begann sein über 1500 Seiten langes Mannifest zu schreiben, zog er wieder in das einstige Kinderzimmer im Haus

vik-eiferte-david-beckham-nach-make-up-und-nasen-op_id_2024748.html, zuletzt geprüft am 24.11.2021.

210 Vgl. Anwar (2012): Anders Breivik ließ sich eine „arische Nase“ machen.

211 Berwick (Breivik) (2011): 2083, S. 1408.

212 Vgl. Wagner (2018): Massenerschießungen auf Utøya, S. 77.

213 Vgl. Wagner (2018): Massenerschießungen auf Utøya, S. 77.

214 Vgl. Wagner (2018): Massenerschießungen auf Utøya, S. 32.

215 Herrmann, Gunnar (2012): Mein Freund, der Massenmörder, In: Süddeutsche Zeitung, 29.5.2012. Online verfügbar unter www.sueddeutsche.de/panorama/prozess-gegen-norwegen-attentaeter-breivik-mein-freund-der-massenmoerder-1.1369355, zuletzt geprüft am 25.11.2021.

216 Vgl. Herrmann, Gunnar (2012): Mein Freund, der Massenmörder, In: Süddeutsche Zeitung, 29.5.2012. Online verfügbar unter www.sueddeutsche.de/panorama/prozess-gegen-norwegen-attentaeter-breivik-mein-freund-der-massenmoerder-1.1369355, zuletzt geprüft am 25.11.2021.

In einer Situation trat er ganz nah an ein Mädchen heran, dem er erzählte, Polizist zu sein und ihr Sicherheit zu gewährleisten. Aus nächster Nähe schoss er ihr dann lächelnd in den Kopf.[234] Auch habe er nach Zeug:innenaussagen oft doppelt in den Kopf der Opfer geschossen. Um kurz nach sechs Uhr rief er die Osloer Polizei an und ergab sich: „Ja, guten Tag, mein Name ist Anders Behring Breivik, Kommandant der antikommunistischen Widerstandsbewegung. [...] Ich bin im Moment auf Utøya. Ich möchte mich ergeben".[235] Auf die Rückfrage des Polizisten, wer er sei, gab er folgende Auskunft: „Knights Templar Europe heißt die Organisation, aber wir sind Teil der antikommunistischen Widerstandsbewegung gegen die Islamisierung Europas und Norwegens".[236]

Um 18:42 Uhr trafen die Sicherheitskräfte ein und Breivik ließ sich widerstandslos festnehmen. Insgesamt hatte Breivik 297 Schüsse abgegeben, von denen die meisten die Körper der jungen Menschen auch getroffen hatten.[237] Eigentlich habe er auch vorgehabt, die ehemalige Ministerpräsidentin Gro Harlem Brundtland zu enthaupten, gab er später vor Gericht an. Diese verließ allerdings die Insel Utøya bevor Breivik dort die Massenhinrichtung begann. [238] 2012 wurde Anders Behring Breivik zu 12 Jahren Haft mit anschließender Sicherheitsverwahrung verurteilt.[239]

Die Öffentlichkeit reagierte zunächst mit großer Betroffenheit und Fassungslosigkeit. Auch der Gerichtsprozess erregte große Aufmerksamkeit, mehrere Journalist:innen nahmen sich des Themas an. Im Jahr 2016 erschien beispielsweise der Roman *Einer von uns* dem Recherchen der Journalistin Åsne Seierstad zu Grunde liegen und der zum Bestseller wurde. 2018 folgte der Film *Utøya 22. Juli*, dem weitere Filme folgten, die alle auf großes Interesse beim Publikum stießen. Auch die Klagen Breiviks – der sich inzwischen in *Fjotolf Hansen* (dt. breite Bucht) umbenannt hat – gegen seine Haftbedingungen, die nicht mit den europäischen Menschenrech-

234 Vgl. Theweleit (2015): Das Lachen der Täter: Breivik u. a. Psychogramm der Tötungslust, S. 10.

235 Wagner (2018): Massenerschießungen auf Utøya, S. 126.

236 Wagner (2018): Massenerschießungen auf Utøya, S. 131.

237 Vgl. Wagner (2018): Massenerschießungen auf Utøya, S. 42 f.

238 Vgl. Wagner (2018): Massenerschießungen auf Utøya, S. 35.

239 Vgl. Zeit Online (2018): Norwegen: Anders Breivik scheitert mit Klage wegen Haftbedingungen, In: Die Zeit, 21.6.2018. Online verfügbar unter www.zeit.de/gesellschaft/zeitgeschehen/2018-06/norwegen-anders-breivik-emr-klage-abweisung-haftumstaende, zuletzt geprüft am 24.11.2021.

ten vereinbar seien, entfachten das Medieninteresse immer wieder neu.[240] Durch diese kulturindustriellen Darstellungen wurde auch der Erklärungsrahmen „rechtsradikal", „Einzeltäter", vor allem aber „psychisch gestört" festgeschrieben, der dazu führt, dass die Dimensionen dieser Attentate und der Kultur, aus der sie hervorgebracht werden nicht vollumfänglich und so auch angemessen eingeordnet werden.

Das 1515 Seiten umfassende Mannifest, das Recherchen zufolge in Stil und Art an dem des „Unabombers" orientiert sein soll,[241] umfasst drei Teile: Eine verschwörungsideologische Erklärung der Notwendigkeit der Tat, eine detaillierte Anleitung zum Bomben bauen und ein Tagebuch, in dem Teile der Kindheit und Jugend dargestellt werden. Breivik adressierte die Öffentlichkeit. Die detailreichen Schilderungen der Notwendigkeit seines Attentates belegte er mit zahlreichen Autoren. Im Stil einer wissenschaftlichen Arbeit bezog sich Breivik sowohl auf herrschaftskritische Quellen – die er unsachlich versuchte zu widerlegen – als auch auf Quellen aus autoritärem Umfeld, die er für seine völkischen und misogynen Konstruktionen heranzog.

Sein fiktives „Wir" bezieht sich auf eine europäisch konstruierte Ingroup,[242] zu der er sich selbst zählt. Weiter umfasst dieses „Wir" eine phantasierte Gruppe der „Tempelritter". In seiner ideologischen und tech-

240 Zeit Online (2018): Norwegen: Anders Breivik scheitert mit Klage wegen Haftbedingungen.

241 Vgl. Bannenberg (2014): Entwicklung schwerer Gewalt aus kriminologischer Sicht, S. 439. Theodore Kaczynski verübte ab 1979 mehrere, als „öko-anarchistisch" bezeichnete, Attentate.

242 Im autoritären Denken identifizieren sich Menschen mit Gruppen und deren Normen, Werte und Ziele. Die Konstruktion dieser Gruppen geht mit einer Höherbewertung der Eigengruppen – Ingroup – einher. Notwendig ist dabei die Abgrenzung zu den als anders Identifizierten und ein Ausschluss von Menschen, die erst als die Outgroup gelabelt werden müssen. Oft ist dieses identitäre Selbst- und Fremdkonzept mit der Abwertung und einem Bedürfnis nach Dominanz in Bezug auf die als "Nichtzugehörig" Gelabelten verbunden. Im Falle von Breivik wandelte sich das Bedürfnis nach Abgrenzung und Abwertung in den Wunsch nach gänzlicher Vernichtung der als Feinde markierten. Vgl. Schmitt, Josephine B. (2017): Online Hate Speech: Definition und Verbreitungsmotivationen aus psychologischer Perspektive, In: Kaspar, Kai; Gräßer, Lars; Riffi, Aycha (Hrsg.): Online Hate Speech. Perspektiven auf eine neue Form des Hasses, Grimme-Institut – Gesellschaft für Medien, Bildung und Kultur mbH: Marl, S. 51-56.

nischen Anleitung bezüglich des „Krieges" schien er als Autorität junge Männer unterweisen zu wollen, seinem Beispiel zu folgen. Der Ingroup der „Europäer" stellt Breivik die Outgroup „Kulturmarxisten", „(radikale) Feministinnen" und „Muslime" gegenüber. Wobei zur Erhaltung der christlichen, europäischen Kultur, letztere vernichtet werden müssten.

Verschwörungsideologisch erzählte Breivik von einer vermeintlichen Propaganda der von ihm so bezeichneten Kulturmarxisten. Diese seien früh durch die Wissenschaftler der *Frankfurter Schule* und später durch Gramsci verkörpert. Jene Theorien seien mit der 68er-Bewegung aufgegriffen und verbreitet worden. Besonders die radikalen Feministinnen wären durch die „kulturmarxistische" Literatur beeinflusst worden, was dazu geführt habe, dass sich Frauen insgesamt aus ihrer „natürlichen Rolle" herausentwickelt hätten.[243] Überhaupt sei die neomarxistische und dekonstruktivistische Theorie hegemonial und bestimme die Ideologie und Praxis der Institutionen. Infolge einer sich daran orientierenden Politik wären unter dem Stichwort „politische Korrektheit" sog. „Opfergruppen" aufgewertet, die in der natürlichen sozialen Ungleichheit eigentlich berechtigterweise einen niedrigeren gesellschaftlichen Status haben müssten.[244]

Ort der Ausbreitung des politisch korrekten Kulturmarximus sei die Universität.[245] Von hier aus seien die widernatürlichen Ideen in das Erziehungswesen, an Schulen und in die Kleinfamilie eingedrungen. Diese Entwicklung habe dazu geführt, dass Frauen, besonders jene mit feministischer Positionierung, eine entmännlichende Erziehung erbrachten.[246] Diese führte schließlich zur Destabilisierung des christlichen Mannes, der nun seinen „Stamm" und seine patriarchale Kultur nicht mehr gegen den muslimischen Mann zu verteidigen vermag. Zudem würden Frauen, aufgrund ihres derzeitigen Bedürfnisses nach Selbstverwirklichung und ihrer Ignoranz gegenüber der durch Gott erteilten Aufgabe der Mutterschaft, zu wenige Kinder gebären.[247] Die Möglichkeit zur Scheidung habe das Übrige getan, um der Überfremdung und Eroberung der Nation und der europäischen Kultur Vorschub zu leisten. Besonders schädliche Frauen würden sich zur

243 Vgl. Berwick (Breivik) (2011): 2083, S. 350.
244 Vgl. Berwick (Breivik) (2011): 2083, S. 129.
245 Vgl. Berwick (Breivik) (2011): 2083, S. 398.
246 Vgl. Berwick (Breivik) (2011): 2083, S. 350.
247 Vgl. Berwick (Breivik) (2011): 2083, S. 363.

„Paarung" „ausländische" Männer suchen und so durch fehlende Intelligenz oder mutwillige Suizidalität das Volk dekonstruieren.[248]

Der Stil des Mannifests ist bruchstückhaft und Passagen des scheinbar wissenschaftlichen, rationalen Stils wechseln sich ab mit emotionalen Beschreibungen von Angst, Enttäuschung, Wut und aggressiven Vernichtungsfantasien. Der vermeintliche Wissenschaftler Breivik, der rational argumentiert, wechselt sich mit dem jungen Mann Anders ab, der sich selbst als leidendes Opfer gesellschaftlicher Umstände und sich gleichzeitig selbstüberhöhend als gerechter Märtyrer Gottes inszeniert.

Durch die detaillierte Anleitung, wie Attentate in der Zukunft verübt werden könnten, hat das Mannifest auch den Charakter eines Lehrbuches, in dem er selbst als Autorität auftritt, die sich an potentielle Nachahmer wendet. Auffällig ist auch, dass Breiviks Mannifest teils den Charakter einer Anleitung zum Gaming hat. Er beschreibt drei strategische Phasen der Rückeroberung der westlichen Welt. Wie es in Ego-Shootern und Rollenspielen üblich ist, führt er akribisch die Ausrichtung und Strategie seiner Mission auf.

Breivik veröffentlichte zusätzlich ein etwas über 12minütiges Video. Es ist im Stil einer epischen Saga gehalten, das ein Narrativ europäischer Kultur und christlichen Heldentums aufbaut. Diese visuelle Darstellung wird von einer reinen, hellen Frauenstimme musikalisch untermalt. Hier arbeitete Breivik hauptsächlich mit plakativen Memes und mit Text-Einblendungen, die in einer mittelalterlich anmutenden Schrift abgefasst sind. Die bildgestützte Darstellung der männlichen Eroberung des Abendlandes durch „die Islamisten" und einem als Gefahr dargestellten schwangeren Bauch einer „gebärfreudigen muslimischen Frau", untermalt er mit aggressiver, tieftoniger und schnell getakteter Musik und mit einer Sprache, die offensichtlich „den arabischen Raum" symbolisieren soll. Hier sollte scheints pathetisch-intensiv und farbenfroh die Notwendigkeit der heldenhaften Befreiung und ritterlichen Rückeroberung durch eine die Emotionen anregende Bildsprache forciert werden. Die Inszenierung erinnert an die in Rollenspielen üblichen Darstellungen.

Am fünften Jahrestag des Breivik-Attentats beging David Sonboly sein Attentat in München. Dies ist ein Hinweis auf Breiviks enorme Signalwirkung in der Öffentlichkeit. Auch die sehr interessierte mediale Berichter-

248 Vgl. Berwick (Breivik) (2011): 2083, S. 353.

stattung und die weitere Bezugnahme auf den Täter zeugen von seiner Popularität.

1.2 Elliott Rodger

Während bei Breivik durch die journalistischen und wissenschaftlichen Analysen, wie auch durch seine eigenen und der Aussagen der Zeug:innen vor Gericht, viele Hintergrunddetails recherchierbar sind, bin ich bei der Analyse von Rodgers Motiven und Konflikten vorwiegend auf seine eigene Erzählung in Form seines Mannifests und seiner Videos angewiesen.

Elliott Rodger war 2014 zum Zeitpunkt seines Attentats 22 Jahre alt. 1992 wurde er in London in privilegierte Verhältnisse hineingeboren. Sein Vater Peter Rodger ist ein gutverdienender Filmemacher, seine Mutter Li Chin Rodger war Filmassistentin, als die Eltern sich am Filmset kennenlernten.[249] Die Mutter übernahm später die Sorgearbeit (Care-Arbeit) der zwei gemeinsamen Kinder, während der Vater viel arbeitete und laut Rodger meist abwesend war.[250]

Rodger beschrieb in seinem 137 Seiten umfassenden Mannifest, dass die Familie nach Kalifornien in die USA umgezogen sei, als er fünf Jahre alt war.[251] In den USA kam auch die Schwester Elliots, Georgina, zur Welt. Als Rodger sieben Jahre alt war trennten sich die Eltern.[252] Dies beschrieb Rodger als „lebensveränderndes Ereignis“, das große Konsequenzen für ihn hatte. Die Jahre als Kind seien glücklich gewesen. Er habe Freunde gehabt mit denen er „auf Augenhöhe in einem fairen Umfeld zusammen“ gespielt habe.[253] Es habe ihm materiell an nichts gefehlt. Auffällig ist sein Narrativ in Bezug auf die Mutter: In seiner Wahrnehmung schien sie ihn materiell und emotional sehr zu verwöhnen „meine Mutter verwöhnte mich mehr, als mein Vater und Soumaya es je getan haben“.[254]

249 Rodger, Elliott (2014): My Twisted World. The Story of Elliott Rodger, S. 1.

250 Diese Informationen stammen aus dem Mannifest Rodgers. Da es sich um seine subjektive Perspektive handelt, spielt die Wahrnehmung, Deutung und (Selbst)darstellung Rodgers eine große Rolle. Die Abwesenheit des Vaters zieht sich als Konflikt durch seine Erzählung und wird in der Auswertung ein wichtiges Element darstellen.

251 Rodger (2014): My Twisted World, S. 4.

252 Vgl. Rodger (2014): My Twisted World, S. 9.

253 Vgl. Rodger (2014): My Twisted World, S. 25.

254 Vgl. Rodger (2014): My Twisted World, S. 15.

Insgesamt beschrieb Rodger seine Mutter Li Chin Rodger als die engste Bezugsperson seines Lebens. In Krisen wendet er sich meist an sie. Auch als Rodger bereits 16 Jahre alt war, arrangierte seine Mutter noch Treffen für ihn; so z. B. mit einem Gleichaltrigen, indem sie dessen Mutter anrief und um ein Treffen bat.[255] Als er mit 18 Jahren das Studium beendet hatte „zwang sie ihn" in einem „low class job" zu arbeiten. Nach einem Tag gab er diesen auf und ging zurück ins College.[256] An mehreren Stellen beschrieb Rodger, dass er die Mutter drängte, einen reichen Mann zu heiraten, damit er in der gesellschaftlichen Hierarchie aufsteigen, und so über Frauen verfügen könne: „Wenn schon nicht um ihretwillen, so hätte sie es doch um meinetwillen tun sollen. In eine reiche Familie aufzusteigen, hätte mir wirklich das Leben gerettet. Ich hätte einen ausreichend hohen Status, um schöne Freundinnen anzuziehen und mich über all meine Feinde zu erheben".[257]

Kurz nach der Trennung der Eltern stellte der Vater den beiden Kindern Soumaya Akaaboune als seine neue Partnerin vor. Peter Rodger war immer noch oft abwesend. Wenn Elliot Zeit im Haus seines Vaters verbrachte war seiner Beschreibung nach daher nun Soumaya für die Kinder zuständig bzw. übernahmen bis zu seinem elften Lebensjahr „Nannies" die Sorgearbeit für die beiden Kinder.[258] Elliott und seine Schwester Georgina verbrachten in unterschiedlichen Arrangements Zeit bei ihrer Mutter oder Zeit im Haus des Vaters.

Elliot war 17 Jahre alt, als der Vater in eine „finanzielle Krise" geriet. Dies sah er als eine für ihn peinliche Angelegenheit, da er einen eigenen Statusverlust fürchtete.[259] Er bewertete den Vater in seinem Pamphlet als „schwachen Mann", weil dieser seiner Ansicht nach nichts gegen die Dominanz von Soumaya unternahm. Andererseits berichtete Elliot von mehreren für ihn bedeutsamen Ereignissen und gemeinsamen Situationen mit seinem Vater – von gemeinsamen sportlichen Aktivitäten, wie einer Wanderung, oder als sein Vater ihm beibrachte, einen Drachen steigen zu lassen.[260]

Als er 18 Jahre alt war schauten sich Vater und Sohn zusammen den Film *Alpha Dog* an, in dem es komödiantisch um die kompetitive Domi-

255 Vgl. Rodger (2014): My Twisted World, S. 51.
256 Vgl. Rodger (2014): My Twisted World, S. 56.
257 Rodger (2014): My Twisted World, S. 120.
258 Vgl. Rodger (2014): My Twisted World, S. 26, 19.
259 Vgl. Rodger (2014): My Twisted World, S. 57.
260 Vgl. Rodger (2014): My Twisted World, z. B. S. 3, 6, 61.

nanz unter Jungen geht. Der Wettbewerb um gegenseitige Anerkennung und Prestige wird hier über das sexualisierte Verfügen über weibliche Körper verhandelt. Rodger beschrieb diesbezüglich seinen großen Neid aber auch den Idealcharakter, der von dieser Männlichkeitsrepräsentation ausging: „Der Film hat mich emotional sehr berührt, und ich habe danach noch einige Zeit darüber nachgedacht".[261]

Die Beziehung zu Soumaya Akaaboune schildert Rodger als konfliktbeladen. Oft beschreibt er sehr negative Emotionen, in Bezug auf ihre Anwesenheit und ihren Erziehungsstil. Mit 18 Jahren hatte er einen Streit mit Soumaya, die ihm in Reaktion darauf verbot, das Haus zu betreten. Soumaya und seinen Vater, der sie in dieser Entscheidung bestärkte, beurteilt er danach wie folgt: „Die Schlampe muss wirklich gut zu ihm im Bett sein, dachte ich mir. Was für ein schwacher Mann".[262] Rodger entwickelte große Aggressionen gegenüber Soumaya. Am Ende seines Mannifests beschreibt er, wie einfach es ihm fallen wird, sie zu töten: „Ich müsste nur an all die verletzenden Dinge denken, die sie in der Vergangenheit zu mir gesagt hatte, während ich ihr mein Messer in den Hals stoße".[263] Der Aussage eines Freundes der Familie zufolge, stimme Rodgers Beschreibung des Charakters und des Verhaltens von Soumaya nicht mit der Realität überein.[264] Auffällig ist, dass Rodger oft schon kleinere Zurechtweisungen als „grausam" bezeichnet und seine Stiefmutter bereits dafür „hasst", dass sie ihm Limits beim Gaming setzt.[265]

Einen weiteren Wendepunkt in seiner Biografie sieht Rodger zum Beginn seiner Pubertät: „Erst mit dem Einsetzen der Pubertät zeigt sich die wahre Brutalität der menschlichen Natur, und das Leben wird zu einem verbitterten und unausgeglichenen Kampf um den eigenen Wert, weil die Mädchen einige Jungen den anderen vorziehen.".[266] Rodger berichtete um diesen Zeitpunkt herum von sich aneinanderreihenden sozialen Misserfolgen. Er beschreibt, dass er auf zwei Schulen, die er nacheinander besuchte,

261 Rodger (2014): My Twisted World, S. 61.

262 Rodger (2014): My Twisted World, S. 62.

263 Rodger (2014): My Twisted World, S. 127.

264 Vgl. BBC (2014): How I tried to help Elliot Rodger, In: BBC News, 9.7.2014. Online verfügbar unter www.bbc.com/news/magazine-28197785, zuletzt geprüft am 24.11.2021.

265 Rodger (2014): My Twisted World, S. 38. „I hated it when Soumaya set limits on my playtime".

266 Rodger (2014): My Twisted World, S. 25.

viel Ausschluss und Mobbing erlebt habe. Er änderte mehrere Male sein Äußeres durch Färben der Haare und dem Erwerb teurer Markenkleidung, um in der Schule sozial erfolgreicher zu sein.[267]

Rodger bekam seine erste Konsole, einen *Nintendo 64*, mit sechs Jahren geschenkt; später kaufte ihm seine Mutter dann eine *Playstation 2*.[268] Mit zehn Jahren verbrachte er seine Zeit immer häufiger, teilweise exzessiv, mit Gaming. Als er 12 Jahre alt wurde, zeigte ihm sein Schulfreund John Jo ein kommerzielles Cybercafé, in dem die aktuellsten Games gegen Bezahlung gespielt werden konnten.[269] Gaming hatte Rodger zufolge einen großen Stellenwert in seinem Leben und phasenweise verbrachte er den ganzen Tag damit.[270] *World of Warcraft* und den Ego-Shooter *Halo* hob Rodger in seinem Mannifest als lebensverändernd hervor.[271]

Als Elliot 13 Jahre alt war, gebar Soumaya einen Sohn, Jazz Rodger, und Elliott hatte nun einen jüngeren Bruder.[272] Zu diesem hatte er zunächst eine gute Beziehung. Da der Bruder aber mit 9 Jahren schon beliebter und erfolgreicher zu sein schien als Rodger es je gewesen war, beschloss er, dass er eines seiner ersten Mordopfer sein sollte. Ihn zu töten, werde ihm schwerfallen, „denn ich habe mich im letzten Jahr sehr mit meinem kleinen Bruder angefreundet und er respektiert mich und schaut zu mir auf. Aber ich werde es tun müssen. Wenn ich kein angenehmes Leben führen kann, dann kann er es auch nicht!“.[273] Rodger beschrieb ihn als Konkurrenten und entwickelte eine immense Eifersucht auf den Bruder: „Er wird ein beliebter Junge sein, der alle Mädchen abbekommt. Die Mädchen werden ihn lieben. Er wird einer meiner Feinde werden“.[274]

Rodger und drei seiner Freunde, Charly, Elijah und John Jo, machten es sich eine Zeit lang zur Gewohnheit, gemeinsam entweder zu Hause oder bei Planet Cyber zu spielen. Als er 13 Jahre wurde, soll der Kontakt eingeschlafen sein und Rodger ging von da an alleine in das Cybercafé. Manch-

267 Vgl. Rodger (2014): My Twisted World, S. 59, 82.
268 Vgl. Rodger (2014): My Twisted World, S. 8, 21 f.
269 Vgl. Rodger (2014): My Twisted World, S. 33.
270 Vgl. Rodger (2014): My Twisted World, S. 50.
271 Vgl. Rodger (2014): My Twisted World, S. 38.
272 Vgl. Rodger (2014): My Twisted World, S. 41.
273 Rodger (2014): My Twisted World, S. 128.
274 Rodger (2014): My Twisted World, S. 127 f. Obwohl er in seinem Mannifest in Tötungsfantasien in Bezug auf die beiden schwelgt, tötete er aus unbekannten Gründen weder Jazz noch Soumaya.

mal spielte er bis in die Nacht.[275] Später fand er heraus, dass sich die einstigen Freunde weiter ohne ihn trafen, was ihn sehr in Rage versetzte. Immer wieder nahm Rodger bedauernd Bezug auf diesen Kontaktverlust.[276]

Rodger berichtete auch davon, in psychiatrischer Behandlung zu sein, seit er 13 Jahre alt war.[277] Seitdem habe er mehrere verschiedene Psychiater aufgesucht. Nur an wenigen Stellen erwähnte Rodger seine Sozialphobie, unter der er sehr zu leiden schien: „Meine sozialen Ängste haben mir immer das Leben schwer gemacht, und niemand hat sie je verstanden".[278] Nach dem Attentat gab der Anwalt des Vaters bekannt, dass Rodger die Diagnose „Asperger-Syndrom" bekommen habe.[279] Rodger selbst erwähnt dies weder in seinem Mannifest noch in den Videos. Auch während seiner Collegezeit war Rodger nicht in der Lage soziale Kontakte in der Universität und im Wohnheim aufzubauen, und er traf sich nur mit drei von den Eltern angestellten Personen, mit von ihm so bezeichneten *social skills counsellors*.[280] Diese wurden dafür bezahlt, regelmäßig mit dem inzwischen 20 Jahre alten Rodger Zeit zu verbringen und gemeinsam etwas zu unternehmen, wie beispielsweise Restaurantbesuche. Weil Rodger auf die beiden männlichen *Counsellor* eifersüchtig wurde, da sie angaben, schon mit Frauen liiert gewesen und Sex gehabt zu haben, wollte er sich nicht mehr mit ihnen treffen.[281] Auch das Training mit einem *Counsellor* weiblichen Geschlechts verlief wenig erfolgreich.

Auf den beiden Middleschools, die Rodger besuchte bis er 13 Jahre alt wurde, soll er diverse Mobbingerfahrungen gemacht haben. Mit 14 Jahren wählte er die private katholische Jungenschule *Crespi Carmelite High School*.[282] Hier sei er, so Rodger, schon in der ersten Woche von Mitschülern gedemütigt worden, die ihn in der Mensa mit Essensresten beworfen hätten.[283] Schließlich hätte er nach ein paar Monaten lange Wege in Kauf

275 Vgl. Rodger (2014): My Twisted World, S. 38.
276 Vgl. Rodger (2014): My Twisted World, z. B. S. 80, 60, 40.
277 Vgl. Rodger (2014): My Twisted World, S. 128.
278 Rodger (2014): My Twisted World, S. 72.
279 ORF (2014): Polizei identifiziert Amokschützen von Kalifornien, In: ORF.at, 25.5.2014. Online verfügbar unter https://orf.at/v2/stories/2231365, zuletzt geprüft am 26.11.2021.
280 Rodger (2014): My Twisted World, S. 70.
281 Vgl. Rodger (2014): My Twisted World, S. 119 ff.
282 Vgl. Rodger (2014): My Twisted World, S. 43.
283 Vgl. Rodger (2014): My Twisted World, S. 45.

genommen, um Mobbern aus dem Weg zu gehen und sich vor ihnen zu verstecken.[284]

Anhand zweier Ereignisse legt Rodger seine erste bewusste Konfrontation mit Heterosexualität dar. Als er mit 13 Jahren allein bei *Planet Cyber* war, schaute ein Junge in Sichtweite eine pornografische Darstellung an. Rodger beschrieb seine Gefühle beim Mitansehen als „schockierend, traumatisierend und erregend".[285] „Sex... allein das Wort erfüllt mich mit Hass. Als ich in die Pubertät kam, wollte ich ihn immer, wie jeder andere Junge auch. Ich würde immer danach hungern, ich würde es immer begehren, ich würde immer darüber fantasieren. Aber ich würde ihn nie bekommen. Keinen Sex zu bekommen, ist das, was die Grundlage für meine unglückliche Jugend bilden wird. Dies war ein sehr dunkler Tag."[286] Er schildert seine Gefühle in Bezug auf Sexualität als Qual. Da er selbst keinen Sex und keine Freundin „besitzen" konnte, kam er zum Schluss, dass Sex in einer idealen Gesellschaft verboten sei.[287]

Oft beschreibt Rodger das Verhalten von Frauen ihm gegenüber als „grausam". Wenn er beispielsweise in der Öffentlichkeit nicht von Frauen angesprochen wurde, empfand er große Aggressionen: „Grausame Behandlung durch Frauen ist zehnmal schlimmer als durch Männer. Ich fühlte mich wie eine unbedeutende, unwürdige kleine Maus".[288] Später in seinem Mannifest wird Rodger heftige, emotionale Rachefantasien gegen die von ihm zumeist als „girls" bezeichneten Frauen entwickeln: „Ich werde alle Frauen zerstören, weil ich sie niemals haben kann".[289] Denn schuld an seiner sozialen Isolation, dem fehlenden Reichtum und Einfluss und all seinen anderen Misserfolgen im Leben seien jene „girls".

Entsprechend seinem Narrativ stehen ihm die Liebe und der Sex von Frauen zu. Im Konkurrenzverhältnis zu anderen Männern zeichnet den überlegenen Mann das Verfügen über Frauen aus. Das Begehren der Frauen sei nicht richtig, da sie nicht ihn, als einen überragenden („supreme")[290] Menschen, als einen „gentleman" wählen würden: „Ich bin ein intelligenter Gentleman, und ich verdiene die Liebe der Mädchen mehr als die ande-

284 Vgl. Rodger (2014): My Twisted World, S. 46.
285 Rodger (2014): My Twisted World, S. 39.
286 Vgl. Rodger (2014): My Twisted World, S. 39.
287 Vgl. Rodger (2014): My Twisted World, z. B. S. 36, 64.
288 Rodger (2014): My Twisted World, S. 32.
289 Rodger (2014): My Twisted World, S. 101.
290 Rodger (2014): My Twisted World, S. 135.

ren aufdringlichen Jungs in meinem Alter".[291] Dies bekräftigte er mit der Betonung seiner besonderen Charaktereigenschaften: Er sei „intelligent", „herrlich" und „schön".[292]

Ab der Mitte seines Mannifests sind seine Beschreibungen von Frauen zunehmend von großer Aggression geprägt, die sich im Laufe der Erzählung immer weiter steigern. Frauen werden von ihm objektifiziert, zu Tieren degradiert, die der Gerechtigkeit halber geschlachtet werden müssten: „Ich stellte mir vor, wie schön es wäre, all diese bösen, nuttigen Schlampen, die mich zurückgewiesen haben, zusammen mit den Verbindungs-Schürzenjägern [fraternity jocks], denen sie sich an den Hals werfen, abzuschlachten".[293] In dem Maße, in dem der Grad der Intensität seiner Aggression in Bezug auf die Frauen steigt, in dem Maße steigt auch seine Selbstüberhöhung: „Ich werde ein Gott sein und sie [die Frauen; H.V.] werden alle Tiere sein, die ich schlachten kann. Sie sind Tiere...sie verhalten sich wie Tiere, und ich werde sie schlachten wie die Tiere, die sie sind".[294]

Als Rodger nach einem Jahr die katholische Jungenschule wieder verließ, wechselte er auf eine staatliche Highschool. Nachdem er auch dort gemobbt wurde, meldeten ihn die Eltern an einer privaten Schule an, deren Konzept nach Rodger kaum Zeit in der Schule verbringen musste. Dort blieb er bis zum Abschluss, den er mit 18 Jahren machte.[295] Nach seinem Abschluss schrieb er sich in einem College ein, das sich in der Nähe der beiden Elternhäuser befand und blieb bei seiner Mutter wohnen.

Als er am College nach einiger Zeit weder Freundschaften schließen noch eine Partner:innenschaft aufbauen konnte, brach er seine Kurse ab. Die Mutter drängte ihn daher dazu, sich mit Hilfe eines Beraters Lohnarbeit zu suchen. Weil er sich für die infrage kommende Arbeit als zu hoch in der Hierarchie stehend wahrnahm, beendete er das Arbeitsverhältnis schon nach wenigen Stunden: „Zu meinem Entsetzen und zu meiner Beschämung entpuppte sich die Stelle als einfache Hausmeistertätigkeit, bei der ich Büros putzen und Toiletten reinigen musste".[296] Seiner Mutter versprach er, nun wieder zuverlässiger zu studieren, damit sie ihn weiterhin unterstützte. In dieser Zeit reaktivierte Rodger seinen *World of Warcraft*-Account und

291 Rodger (2014): My Twisted World, S. 81.
292 Rodger (2014): My Twisted World, S. 90.
293 Rodger (2014): My Twisted World, S. 110.
294 Rodger (2014): My Twisted World, S. 118.
295 Vgl. Rodger (2014): My Twisted World, S. 60.
296 Vgl. Rodger (2014): My Twisted World, S. 27.

verbrachte mehr Zeit mit drei Freunden, mit denen er online spielte. Einen davon, James Ellis, besuchte er auch zu Hause.[297]

Als Rodger 19 Jahre alt wurde, forderte ihn die Mutter auf auszuziehen. Sie besorgte ihm ein Studierendenzimmer in der Stadt Isla Vista im Santa Barbara County, die für ihre Partys bekannt ist. Nach kurzer Zeit zerstritt er sich mit seinen beiden Mitbewohnern. Er verglich sich mit den beiden, die Freunde einluden und Besuch von Frauen hatten. Rodgers Beziehung mit Gleichaltrigen war oft geprägt von Missgunst und solchen Vergleichen. In seinem Mannifest berichtet er sehr oft von starken Eifersuchts- und Hassgefühlen anderen Männern gegenüber, wenn er erlebte, oder auch nur vermutete, dass sie ein erfüllteres Sozialleben hatten als er. So wie er in Folterfantasien Frauen gegenüber schwelgte, weil er sie nicht „besitzen" konnte, wollte er Männer dafür bestrafen „ein besseres Leben zu haben"[298] als er. Diese immer wiederkehrenden Konfrontationen führten dazu, dass er mehrere Male umzog.

Als Rodger 18 Jahre alt wurde, begann er Lotterie zu spielen. Am Ende seines Mannifests berichtet er von Phasen, in denen er mehrere hundert Dollar ausgab und von seiner Überzeugung, dass er dabei gewinnen würde: „Ich wusste, dass ich immer für große Dinge bestimmt war. Das muss es sein! Ich war dazu bestimmt, den höchsten Lotterie-Jackpot zu knacken, den es gibt".[299] Das jeweilige Scheitern ließ ihn noch tiefer in Depressionen versinken. Seine Schilderungen werden im Verlauf stetig hasserfüllter. Immer wieder schüttete Rodger Paaren und angeblichen Konkurrenten Getränke über den Körper. Auch zwei Frauen, die auf sein Lächeln nicht reagiert hatten, hätten diese Strafe verdient gehabt und er schreibt, dass er bedauert, dass bei diesem Angriff sein Kaffee nicht heiß genug gewesen sei, um die beiden Frauen ernsthafter zu verletzen.[300]

Inzwischen hatte sich auch sein einzig stabiler Sozialkontakt, James Ellis, von ihm abgewandt. Rodger hatte ihm von seinen Gewaltfantasien gegenüber erfolgreicheren Männern und Frauen erzählt. Nach einem solchen Gespräch, hatte sich Ellis nicht mehr bei ihm gemeldet.[301]

Mit 21 Jahren schloss er sich der Onlinecommunity *PUAhate.com* an: „Die Lektüre der Beiträge auf dieser Website bestätigte nur viele der

297 Vgl. Rodger (2014): My Twisted World, S. 66.
298 Rodger (2014): My Twisted World, S. 72.
299 Rodger (2014): My Twisted World, S. 104.
300 Vgl. Rodger (2014): My Twisted World, S. 100.
301 Vgl. Rodger (2014): My Twisted World, S. 91.

Theorien, die ich darüber hatte, wie böse und degeneriert Frauen wirklich sind".[302] In dieser Zeit reifte auch sein Plan, das Attentat zu begehen. „Ich hatte nichts mehr, wofür ich leben wollte, außer Rache. Die Frauen müssen für ihre Verbrechen bestraft werden, weil sie einen so großartigen Gentleman wie mich zurückgewiesen haben. All diese beliebten Jungs müssen dafür bestraft werden, dass sie das himmlische Leben genießen und mit allen Mädchen Sex haben, während ich in einsamer Jungfräulichkeit leiden muss".[303]

Er begann den „Tag der Vergeltung", wie er den Tag seines Attentats in seinem Mannifest nennt, ausführlich zu planen und dafür Waffen zu kaufen. Rodger schildert einen Abend, an dem er alkoholisiert einen der letzten Anläufe unternahm, am Partyleben der anderen jungen Menschen in Santa Barbara teilzunehmen. Betrunken und voller Zorn rempelte er zunächst einen von ihm als „Vollblut-Asiaten" und als „hässlich" bezeichneten Jugendlichen an, dem es, im Gegensatz zu ihm, gelungen war, eine Unterhaltung mit einem „weißen Mädchen" zu führen.[304] Im Anschluss griff er mehrere Jugendliche körperlich an. „Eine dunkle hasserfüllte Wut überkam mein ganzes Wesen, und ich versuchte, so viele von ihnen wie möglich von dem 10 Fuß hohen Vorsprung zu stoßen. Mein Hauptziel waren die Mädchen"[305] Rodger wurde an diesem Abend aufgrund seines Verhaltens verprügelt und musste wegen eines gebrochen Beines für sechs Wochen an Krücken gehen.[306]

Nach einer längeren Phase des Planens legte Rodger den Termin für seinen Anschlag fest. Davor lud er einige *Youtube*-Videos hoch, in denen er zu den „girls" spricht und schildert, wie ungerecht sie ihn sein Leben lang behandelt hätten. Weil sie ihm Sex und Liebe verweigerten, hätten sie es verdient, bestraft zu werden. Eine Zusammenstellung all seiner Videos trug den Titel : „Warum hassen mich Mädchen so arg?".[307] Medienberichten zufolge sah die Mutter von Rodger diese Videos. Weil sie die Aussagen ihres Sohnes mit großer Sorge erfüllten, verständigte sie die Polizei, die zu Rodger fuhr. Dieser – der zu diesem Zeitpunkt bereits ein großes Ar-

302 Rodger (2014): My Twisted World, S. 118.
303 Rodger (2014): My Twisted World, S. 118.
304 Vgl. Rodger (2014): My Twisted World, S. 121.
305 Rodger (2014): My Twisted World, S. 122.
306 Vgl. Rodger (2014): My Twisted World, S. 122.
307 Rodger, Elliott (2014a). Online verfügbar unter youtube.com/watch?v=-okA-StQbGLo. Das Video wurde inzwischen entfernt.

senal an Waffen in seinem Zimmer gehortet hatte – konnte die Beamten jedoch davon überzeugen, dass die Mutter sich unbegründet Sorgen mache. Die Polizisten erlebten Rodger laut Medienberichten als sanften, höflichen Menschen.[308]

Am Morgen des 23.5.2014 erstach Rodger seine beiden Mitbewohner wie auch den Freund einer der Mitbewohner, der über Nacht geblieben war. Polizeilichen Angaben zufolge stach er mehrere Male auf sie ein. Danach fuhr er zu der Studentinnenverbindung *Alpha Phi*.[309] Diese Verbindung hatte er sich ausgesucht, weil dort die „heißesten" Studentinnen lebten, wie er in seinem Mannifest erläutert: „Die Alpha Phi-Verbindung ist voller heißer, schöner blonder Mädchen; die Art von Mädchen, die ich immer begehrt habe, aber nie haben konnte, weil sie alle auf mich herabsehen. Sie sind alle verwöhnte, herzlose, verruchte Schlampen".[310] Als die Frauen dort auf sein minutenlanges Klopfen nicht reagierten, schoss Rodger auf Studentinnen der Verbindung *Delta Delta Delta*, die sich unweit auf dem Gehweg befanden – zwei wurden tödlich getroffen, eine wurde verletzt. Anschließend verwundete er eine Frau und einen Mann und, dann aus seinem Auto schießend, einen weiteren Studenten. Noch einige Male schoss Rodger aus seinem Auto heraus auf Menschen. Nach einem Schusswechsel mit vier Polizisten, bei dem er an der Hüfte getroffen wurde, erschoss er sich selbst durch eine Kugel in den Kopf.[311]

Über seine Motive gab Rodger ausführlich sowohl in seinem 147 Seiten umfassenden Mannifest, als auch in den von ihm hochgeladenen *Youtube*-Videos Auskunft. Er wolle die von ihm so bezeichneten „girls" dafür bestrafen, dass er mit 22 Jahren keine sexuellen Erfahrungen mit Frauen gemacht habe. Weil er „wunderbar", „intelligent" und ein „Abkömmling britischer Aristokratie" sei, habe er Sex und Liebe verdient. „Wie kann es sein, dass ein minderwertiger, hässlicher schwarzer Junge ein weißes Mädchen bekommt und ich nicht? Ich bin schön, und ich bin selbst halb weiß.

308 Heil, Christiane (2014): Amoklauf mit Ansage, In: Frankfurter Allgemeine Zeitung, 26.5.2014. Online verfügbar unter www.faz.net/aktuell/gesellschaft/kriminalitaet/elliot-rodger-amoklauf-mit-ansage-12959428.html, zuletzt geprüft am 24.11.2021.

309 Vgl. BILD (2014): Wieso hat niemand den Amok-Killer gestoppt? Das Minuten-Protokoll einer angekündigten Katastrophe! In: BILD, 26.5.2014. Online verfügbar unter www.bild.de/news/ausland/amoklauf/protokoll-amoklauf-santa-barbara-36134026.bild.html, zuletzt geprüft am 24.11.2021.

310 Rodger (2014): My Twisted World, S. 132.

311 Vgl. BILD (2014): Wieso hat niemand den Amok-Killer gestoppt?

Ich stamme von der britischen Aristokratie ab. Er stammt von Sklaven ab. Ich verdiene es mehr."[312] Mit „es" sind „die girls" gemeint, die Liebe, die sie für ihn empfinden sollen und der Sex, den sie ihm geben sollen. Da das Begehren von Frauen „falsch" sei, werde ihm der Zugang zu ihren Körpern von ihnen böswillig verwehrt.

In seiner Art, Frauen zu objektifizieren, erklärte Rodger stets, dass er Frauen vor allem besitzen will. Dies ist die Grundlage seines Denkens in Bezug auf „die girls". Ihre scheinbare Besitzbarkeit spielt für ihn eine große Rolle, nicht aber der Wille der Frauen. Rodger, der sich als großartig und als einer überlegenen Klasse zugehörig wahrnahm, verstand nicht, warum er diese Frauenkörper nicht besitzen konnte und er empfand darüber eine ungeheure Wut. Da Frauen keine subjekthafte eigene Intention besitzen können, als die Erwartungen, die Rodger in sie projiziert, ist ihr Unwille, sich als sein Besitz zu sehen, für ihn ohne Logik und „unfair". Gleichaltrige Männer wollte Rodger bestrafen, weil sie vermeintlich mehr Sex und soziale Anerkennung bekamen: „Die Männer verdienen es, dafür bestraft zu werden, dass sie ein besseres und angenehmeres Leben führen als ich, und die Frauen verdienen es, dafür bestraft zu werden, dass sie dieses angenehme Leben diesen Männern anstatt mir gegeben haben".[313]

Die Videos adressierte Rodger klar an die „girls", die ihn abwiesen.[314] Sein Mannifest scheint an die Allgemeinheit, „die Gesellschaft" adressiert zu sein. Sich selbst, als tragischen Held inszenierend, erinnert es an einen Roman im Tagebuchstil. Rodgers Erzählung entspricht einem Opfernarrativ. Dargestellt wird der „Leidensweg des Elliott Rodger". Tagebuchartig schildert Rodger seine Gedanken und Erfahrungen mit anderen Menschen. Innerhalb vieler Passagen verdichten sich seine Schilderungen. Anfänglich formulierte er bedauernde Sätze über die eigene Belanglosigkeit und sein Scheitern. Darauf folgen ausführliche Wutreden auf die „girls", die ihm das Leben vorenthielten, das er eigentlich verdient habe. In Schleifen steigert sich Rodger in seinem Mannifest immer wieder in selbstmitleidige, wuterfüllte und schließlich größenwahnsinnige Vernichtungserzählungen, die wie eine Spannungsentladung anmuten.

312 Rodger (2014): My Twisted World, S. 84

313 Rodger (2014): My Twisted World, S. 135.

314 Vgl. Rodger, Elliott (2014a). Online verfügbar unter www.youtube.com/watch?v=-okAStQbGLo.

Vor dem Attentat schickte Rodger das Mannifest an 30 Menschen.[315] Das Versenden und der tagebuchartige Stil stellen Parallelen zu Anders Behring Breiviks Vorgehen dar, der wie Rodger vor der Tat sowohl ein Mannifest als auch Videos versendete.

Gerade weil die Gefahrenlage trotz mehrfacher Warnung so falsch eingeschätzt wurde, erfuhr die Tat Rodgers sehr große Aufmerksamkeit in den Medien. Das liegt auch in der Vorbildfunktion begründet, die Rodger für andere (junge) Männer erfüllt. Wie schon erwähnt, bezogen sich mehrere der folgenden Täter in ihrer Tatbegründung direkt auf Rodger und sein Mannifest. In Memes wird Rodger innerhalb der *Manosphere* als heilig dargestellt. Innerhalb der Incel-Community auf *incels.co*,[316] in der 12.000 Männer aktiv waren, gab es einen Thread mit dem Titel: „wanna go ER so badly". ER steht dabei für Elliott Rodger, gemeint ist das Begehen eines Shootings.[317]

1.3 Stephan Balliet

Stephan Balliet war 2019 zum Zeitpunkt seines Attentates 27 Jahre alt und lebte in der Wohnung seiner Mutter.[318] Weil die Familie während des Prozesses von ihrem Aussageverweigerungsrecht Gebrauch machte, gibt es nur wenige Hintergrundinformationen zum Leben von Balliet. Seine eigenen Aussagen vor Gericht beschränkten sich auf Erklärungen der Notwendigkeit seiner Tat.

Nachdem Balliet sein Studium für Chemie und Chemieingenieurswesen nach kurzer Zeit wieder abgebrochen hatte, arbeitete er zeitweise als Rundfunktechniker. Zum Zeitpunkt der Tat war Balliet nicht in Lohnarbeit.[319] Aussagen von Nachbarn der Familie und des ehemaligen Eheman-

315 Vgl. BILD (2014): Wieso hat niemand den Amok-Killer gestoppt?

316 Die Website ist inzwischen nicht mehr verfügbar und wurde durch *incels.si* abgelöst.

317 Vgl. Kaiser (2020): Politische Männlichkeit, S. 32.

318 Vgl. Kotlar, Kerstin; Kreisel, Kristina (2019): Stephan B.: „Paranoider Eigenbrötler" – Psychogramm des Killers von Halle, In: FOCUS Online, 11.10.2019. Online verfügbar unter www.focus.de/gesundheit/ratgeber/psychologie/paranoider-und-labiler-eigenbroetler-das-psychogramm-des-neonazi-killers-von-halle_id_11225938.html, zuletzt geprüft am 26.11.2021.

319 Vgl. Kotlar, Kreisel (2019): Stephan B.: „Paranoider Eigenbrötler" – Psychogramm des Killers von Halle.

nes der Halbschwester zufolge lebte Balliet sehr zurückgezogen. Er habe die meiste Zeit im Cyberspace verbracht. Polizeirecherchen zufolge habe Balliet hunderte Stunden auf der Spieleplattform *Twitch* zugebracht und dort Kontakte mit anderen Usern unterhalten. Auf dieser Plattform streamte er auch das Video, in dem er live die Tat filmte.[320] Den Befragungen vor Gericht zufolge soll er keine Freundschaften außerhalb des Cyberspace gehabt haben. Ein ehemaliger Bundeswehrkamerad von Balliet sagte während des Prozesses aus, er sei eher unbeliebt gewesen, unsportlich und hätte in der Hierarchie unten gestanden.[321]

Auch die Arbeit des Pflichtverteidigers von Balliet trägt zu einem Bild bei, dem zufolge Balliet eine eher schwache, nicht aktive Position einnimmt: Balliet habe keine Freundschaften gehabt und sei unfähig gewesen, soziale Kontakte mit anderen Menschen aufzubauen. Stattdessen habe er sich viel in „verborgenen"[322] Onlineforen aufgehalten. „Aus Geltungssucht" habe Balliet die Tat „für seine Community im Netz" begangen.[323]

Der ehemalige Schwager Balliets berichtete in seiner Vernehmung nur von wenigen und kurzen Situationen, in denen Balliets rassistische Positionierung deutlich geworden sei. Er explizierte diese Wahrnehmung an einem Vorfall: Balliet habe zwei Unbekannte in einem Supermarkt ange-

320 Vgl. MDR (2020): Halle-Attentat: Gamer-Kontakte von Stephan B. nicht ausreichend ermittelt | MDR.DE. Online verfügbar unter www.mdr.de/nachrichten/deutschland/politik/halle-attentaeter-stephan-b-ego-shooter-bfv-verfolgte-steam-kontakte-nicht-100.html, zuletzt aktualisiert am 24.11.2021, zuletzt geprüft am 24.11.2021.

321 Vgl. Landes, Marie Kristin (2020): Vierter Tag im Prozess zum Halle-Attentat: Einblicke ins Privatleben. Online verfügbar unter www.mdr.de/nachrichten/sachsen-anhalt/magdeburg/magdeburg/reportage-vierter-prozesstag-privatleben-stephan-b-100.html, zuletzt aktualisiert am 26.11.2021, zuletzt geprüft am 26.11.2021.

322 Gemeint sein könnten die Imageboards *4chan* und *8kun*. Ein Hinweis darauf sind Balliets Anspielungen auf dort häufig genutzte und von dort kommende Memes im Tatvideo. Zudem nannte sich Balliet „Anon". Dies kann ebenfalls als Bezug auf die genannten Boards interpretiert werden, da sich alle User dort „Anonymous" nennen. Auch erwähnt er dankend einen Mann, den er auf der Plattform *8kun* kennen gelernt habe. Der Mann, der nicht ermittelt werden konnte, habe ihm 0,1 Bitcoin gespendet damit er „mudslimes" töte. Vgl. Balliet (2019): Mannifest.

323 Vgl. Hinrichs (2020): Stephan Balliet: Zum Schluss noch einmal Hass.

brüllt, sie sollten sich in deutscher Sprache unterhalten.[324] Die Mutter, die Ethik-Lehrerin Claudia Balliet,[325] die nach der Tat ihres Sohnes versucht haben soll, sich selbst zu töten, schien eine gewisse Nähe zu seinem Gedankengut zu haben. Ihn ihrem vor Gericht verlesenen Abschiedsbrief, den sie an Balliets Schwester adressiert hatte, gab sie der „verdammten, verlogenen, heuchlerischen Welt“ die Schuld an der Tat ihres Sohnes. Weiter schrieb sie über einem durchgestrichenen Davidstern: „Er wollte, dass wir nicht leiden. Er wollte nur eins: die Wahrheit. Sie lügen“.[326]

Der Livestream seines Attentats beginnt mit dem Satz: „Hallo, mein Name ist Anon, und ich glaube, der Holocaust hat nie stattgefunden. Feminismus ist schuld an der sinkenden Geburtenrate im Westen, die die Ursache für die Massenimmigration ist – und die Wurzel dieser Probleme ist der Jude“.[327] Vor Gericht sagte Balliet später aus, dass Ausländer daran schuld seien, dass er nie eine Beziehung zu einer Frau aufgebaut habe.[328] Medienberichten zufolge lachte Balliet während des gemeinsamen Anschauens des Tatvideos im Gerichtssaal.[329] In seinem dreiminütigen Schlussplädoyer sprach er erneut von einer „jüdischen Weltverschwörung“.

Sein Attentat sei Teil eines Kampfes gegen diese Verschwörung gewesen. Seinem Verschwörungsnarrativ liegt die wahnhafte Vorstellung zugrunde, dass eine erhöhte Geburtenrate durch Menschen muslimischen

---

324 Vgl. Das Gupta, Oliver (2020): Prozess gegen Halle-Attentäter – Etappen zur Tat, In: Süddeutsche Zeitung, 29.7.2020. Online verfügbar unter www.sueddeutsche.de/politik/halle-antisemitismus-attentaeter-synagoge-1.4982887, zuletzt geprüft am 24.11.2021.

325 Vgl. Scholtyseck, Thilo (2021): Aktuelle Petition: Mutter von Halle-Attentäter nie mehr Lehrerin, In: BILD, 25.1.2021. Online verfügbar unter www.bild.de/regional/sachsen-anhalt/sachsen-anhalt-news/aktuelle-petition-mutter-des-halle-attentaeters-soll-nicht-mehr-als-lehrerin-arb-75067256.bild.html, zuletzt geprüft am 26.11.2021.

326 Völkerling, Jörg (2020): Attentat in Halle: Das Schweigen der Mutter im Zeugenstand, In: BILD, 29.7.2020. Online verfügbar unter www.bild.de/regional/sachsen-anhalt/sachsen-anhalt-news/attentat-in-halle-das-schweigen-der-mutter-im-zeugenstand-72118952.bild.html, zuletzt geprüft am 24.11.2021.

327 Balliet (2019a): Stream seines Attentats.

328 Vgl. Kaiser (2020): Politische Männlichkeit, S. 20.

329 Vgl. n-tv (2020): Stephan B. lacht bei Tatvideo des Halle-Anschlags. Online verfügbar unter www.n-tv.de/mediathek/videos/politik/Stephan-B-lacht-bei-Tatvideo-des-Halle-Anschlags-article21927997.html, zuletzt aktualisiert am 22.7.2020.000Z, zuletzt geprüft am 24.11.2021.

Glaubens zur Überfremdung des „weißen“ Kulturraumes führe. Das Einzige was er an der Tat bereue sei, nicht „mehr Juden“ getötet zu haben.[330] Nachdem von der Vorsitzenden Richterin das Urteil verlesen wurde, warf Balliet einen Aktenordner in Richtung der Verteidigung der Nebenklage.[331]

Wie die beiden zuvor dargestellten Täter veröffentlichte auch Balliet sowohl ein Mannifest, als auch ein Video. Letzteres sogar in Form einer Liveaufzeichnung, die er auf der Spieleplattform *Twitch* in einem halbstündigen Video streamte. Durch die Helmkamera entstand bei den Zuschauenden der Eindruck, sich in einem Ego-Shooter-Spiel zu befinden, bei dem das Spiel, hier die Tat, aus eigener Perspektive wahrgenommen wird. Auch Brenton Tarrant, der im März 2019 in Christchurch (Neuseeland) ein *mass shooting* verübte, bediente sich eines solchen Livestreams.[332]

Stephan Balliet beging sein Attentat am 9. Oktober 2019, dem Tag an dem viele Menschen jüdischen Glaubens Jom Kippur feiern. Sein Anschlagsziel war eine Synagoge in Halle, in der sich aufgrund der Feierlichkeit wie zu erwarten viele Menschen eingefunden hatten. Nach der kurzen Einleitung seines Tatvideos, in der Balliet den Hintergrund seiner Tat erläutert, ist zu sehen, wie er mit seinem Auto zur Synagoge fährt, dort aussteigt und die teils selbstgebauten Waffen an sich nimmt. Das Video zeigt, dass Balliet trotz mehrerer Versuche an seinem Vorhaben scheitert, in die Synagoge einzudringen. Nach einer Weile ist die Stimme von Jana Lange zu hören, die zufällig die Straße entlangkommt und Balliet anschnauzt. Nachdem sie ihn passiert hatte, schießt Balliet ihr aus nächster Nähe mehrfach in den Rücken. Nach weiteren vergeblichen Versuchen in die Synagoge zu gelangen, schießt er noch einmal aus Frust auf die tot am Boden liegende Jana.

---

330 Vgl. Hinrichs, Per (2020): Stephan Balliet: Zum Schluss noch einmal Hass, In: WELT, 9.12.2020. Online verfügbar unter www.welt.de/politik/deutschland/article222127524/Stephan-Balliet-Zum-Schluss-noch-einmal-Hass.html, zuletzt geprüft am 24.11.2021.

331 Vgl. Fokus online (2020): Eklat nach Verurteilung: Halle-Attentäter wirft Aktenordner auf Opferanwälte, Online verfügbar unter Halle-Anschlag: Eklat nach Verurteilung! Terrorist wirft Ordner auf Opferanwälte – FOCUS online, zuletzt geprüft am 1.7.2023.

332 Köhler, Daniel (2019): The Halle, Germany, Synagogue Attack and the Evolution of the Far-Right Terror Threat, In: Combating Terrorism Center at West Point, 18.12.2019. Online verfügbar unter https://ctc.usma.edu/halle-germany-synagogue-attack-evolution-far-right-terror-threat/, zuletzt geprüft am 24.11.2021.

Bei den Adressaten seines Livestreams entschuldigt er sich dafür, das Massaker an den sich in der Synagoge befindenden Menschen nicht vollendet zu haben, setzt sich in sein Auto und fährt zu einem Döner-Schnellimbiss. Dort erschießt er einen Mann, den er eigenen Angaben nach wegen seiner dunklen Haare für einen Menschen mit Migrationsgeschichte hielt.[333] Vor Gericht gab Balliet später an, sich schuldig zu fühlen, weil er unbeabsichtigt einen Deutschen getötet habe. Auch auf diesen Menschen schießt Balliet zweimal – geht noch einmal zu dem regungslos am Boden Liegenden zurück, um weitere Schüsse auf ihn abzugeben. Anschließend fährt er zurück zur Synagoge, dann weiter zum Hauptbahnhof, wo er die Kamera wegwirft: Noch zu sehen ist, wie sie zu Boden fällt und dort liegen bleibt. Balliet wird einige Kilometer von Halle entfernt festgenommen, und lässt sich ohne Widerstand abführen.[334]

Auch Balliets Mannifest, das 15 Seiten umfasst, ist wie das Begleitheft zu einem Onlinerollenspiel aufgebaut. Es beinhaltet eine genaue Liste seiner Waffen und deren Beschaffenheit, wie auch den geplanten Ablauf der Tat und seine Ziele. Adressiert wird die Ingroup der rassifizierten Gamer: „Schließlich, wenn jeder Weiße Mann nur einen tötet, haben wir gewonnen".[335] Ziel des Anschlags sei die Beseitigung der Wurzel allen Übels, unter dem der „schlechte Witz eines Landes" [336] – Deutschland – leide. Als Ziel des Anschlags formulierte Balliet den Vorsatz: „Töte so viele Antiweiße wie möglich, bevorzugt Juden".[337] Ursprünglich habe er vorgehabt, eine Moschee oder ein Antifa-Zentrum zu „stürmen". Da jedoch durch Migrationsströme innerhalb eines Tages hunderte Menschen muslimischen Glaubens nachkommen würden, sei die Wurzel des Übels zu beseitigen: „Der einzige Weg, um zu gewinnen, ist, den Kopf der ZOG [*Zionist Occupied Government*; H.V.] abzuschlagen, was die Juden sind".[338]

333 Vgl. Manifest Balliet (2019a): Stream seines Attentats.

334 Vgl. BILD (2020): Hanau: Spioniert Terrorist Tobias Rathjen hier mögliche Anschlagsziele aus? In: BILD, 21.2.2020. Online verfügbar unter www.bild.de/politik/inland/politik-inland/hanau-spioniert-terrorist-tobias-rathjen-hier-moegliche-anschlagsziele-aus-68935002.bild.html, zuletzt geprüft am 25.11.2021.

335 Balliet (2019): Mannifest. S. 11.

336 Balliet (2019): Mannifest. S. 11.

337 Balliet (2019): Mannifest. S. 10.

338 Balliet (2019): Mannifest. Die ZOG-Erzählung beinhaltet, dass eine globalisierte, jüdische Verschwörung einzelne Staaten kontrolliere und steuere.

Am Ende des Mannifests ist eine junge Frau abgebildet, die als Katzenwesen im Anime-Stil konzipiert ist. (Abb. 2, Anhang) Sie befindet sich in einem Karton, der bei erfolgreicher Mission als Geschenk in Aussicht gestellt wird: „Werde ein Techno-Barbar und bekomme ein Katzenmädchen geschenkt".[339] Nachdem er alle Juden getötet habe, wolle er herausfinden, ob er tatsächlich in Walhalla mit Frauen belohnt würde.

Wie bei den beiden zuvor vorgestellten Tätern zog Balliets Prozess große Aufmerksamkeit auf sich – allerdings auf den bundesdeutschen Kontext beschränkt. Trotz deutlicher Hinweise auf eine Onlinecommunity im Hintergrund, wird auch hier allerdings nur von einem sozial isolierten, vom Wahn verblendeten Einzeltäter berichtet.[340] Im autoritären Magazin *Compact* wird verneint, dass Balliet der Gemeinschaft der Rechten angehört, er wird zu einem Einzeltäter und „Monster" mit Wahn stilisiert, seine Tat sei allein auf seine soziale Isolation zurückzuführen.[341] Dies suggeriert einen fehlenden Zusammenhang von rechter Bewegung und Tat, anstelle in jener ein Exempel aktueller rechter Diskurse und patriarchaler Verwerfungen zu sehen. Fälschlicherweise wird hier und in vielen anderen Interpretationen der Wahn als in Einzelbewusstseinen befindend gedeutet, anstelle von kollektiv geteilten Vorstellungen auszugehen, die aus Strukturen resultieren. Die Attentäter sind die interpretierenden Träger von Ideologie, nicht die Erfinder.

Balliet entschuldigte sich schon während seiner Aufnahme des Videos mehrmals bei seinen Adressaten. Er stellte seine Tat also in den Kontext eines Allgemeinwillens, den er nicht im Stande war zu erfüllen. Dass Balliet dabei scheitert, sein Ziel zu erreichen „so viele Juden wie möglich" zu töten – oder doch wenigstens viele „Mudslimes, Christenjuden, Commies, Nigger und auch Verräter" –, wird im Cyberspace durch Spott und Abwertung reflektiert. Beispielsweise wird Balliet auf der Webseite *Know your*

Vgl. Amadeu Antonio Stiftung (o.J.): Begriffe, Trends und Dauerbrenner der Verschwörungsideologien.

339 Balliet (2019): Mannifest, S. 15.

340 Vgl. z. B. Vgl. Hinrichs (2020): Stephan Balliet: Zum Schluss noch einmal Hass.

341 Vgl. Steinke, Ronen (2020): Die AfD hat den Attentäter von Halle im Denken bestärkt – Politik – SZ.de (sueddeutsche.de), www.sueddeutsche.de/politik/halle-antisemitismus-anschlag-1.5058863.

meme in Memes als „virgin incel“ verhöhnt, weitere Memes machen sich hier lustig über seine Unfähigkeit in die Synagoge einzudringen.[342]

Während Breivik und Rodger positive Ideale darstellen, die Incel-Szene sich anerkennend und idealisierend auf beide Täter bezieht,[343] ist Balliet das Beispiel eines misslungenen „Uprisings“ geworden und zum Negativbezug. Erfolgreich sind Täter also dann, wenn sie möglichst viele *Andere* töten. Der Umgang der Incels untereinander ist insgesamt von Abwertung und Demütigung geprägt. So ist es beispielsweise auf der Seite *Lookism.net* üblich, sich gegenseitig wegen des Aussehens verbal anzugreifen: „4/10, du hast ein richtiges Schwanzlutschgesicht” postete ein User unter das Foto eines achtzehnjährigen anderen Incels, der mittels dieses Fotos eine Diskussion zu seinem Äußeren mit dem Titel „Ist es vorbei für mich?“ eröffnete.[344]

1.4. Tobias Rathjen

Tobias Rathjen war zum Zeitpunkt seiner Tat am 19. Februar 2020 43 Jahre alt.[345] Er ermordete sieben Menschen, bevor er sich selbst tötete. Nicht weit vom zweiten Tatort entfernt, an dem er fünf Menschen erschoss, befindet

342 Vgl. Die Webseite *Know your meme* https://knowyourmeme.com/photos/1602005-2019-halle-synagogue-shooting. hier ein Link zu einem beispielhaften Meme: „A bigger failure than Manshaus“. Gemeint ist damit der 22-jährige Breivik-Nachahmer Philip Manshaus, der 2019 versuchte, in eine Moschee einzudringen, um die dortigen Menschen zu töten, nachdem er seine chinesischstämmige Stiefschwester ermordete. Es kam nicht zum Shooting, weil er nach kurzer Zeit überwältigt wurde. Auch Manshaus wird verspottet. Vgl. Herrmann, Gunnar (2012): Mein Freund, der Massenmörder, In: Süddeutsche Zeitung, 29.5.2012. Online verfügbar unter www.sueddeutsche.de/panorama/prozess-gegen-norwegen-attentaeter-breivik-mein-freund-der-massenmoerder-1.1369355, zuletzt geprüft am 25.11.2021.

343 Vgl. eigene Recherche zu Chanboards.

344 Eberle, Max (2020): Incels: Auf Lookism.net beleidigen Männer sich gegenseitig für ihr Aussehen, online verfügbar unter www.vice.com/de/article/wxq5b9/incels-auf-lookismnet-beleidigen-manner-sich-gegenseitig-fuer-ihr-aussehen, zuletzt geprüft am 1.7.2023.

345 Jürgs, Alexander (2020): Auch ein Jahr danach bleibt viel Leere, In: Frankfurter Allgemeine Zeitung, 8.2.2020. Online verfügbar unter www.faz.net/aktuell/rhein-main/das-trauma-von-hanau-17187358.html, zuletzt geprüft am 25.11.2021.

sich sein Elternhaus im Stadtteil Kesselstadt in Hanau.[346] Da Rathjen seine Mutter und sich selbst tötete und da der Vater, der sich in der Wohnung aufhielt, als die Polizei dort eindrang und die Getöteten fand, nur wahnhaft über die Tat seines Sohnes sprach, gibt es auch hier nur wenige Hintergrunddetails zu seiner Biografie.[347]

Rathjen wohnte zum Zeitpunkt der Tat seit einem Jahr wieder in der Wohnung der Eltern. Nachdem er eine Ausbildung zum Bankkaufmann absolviert hatte, zog er im Oktober 2000 nach Bayreuth, um dort ein Betriebswirtschaftsstudium zu beginnen.[348] In seinem Mannifest schreibt Rathjen, dass er dort während des Semesters im Studierendenwohnheim wohnte und während der Semesterferien seine Zeit zu Hause verbrachte.[349] Nach dem Studium arbeitete Rathjen für ein Internet-Portal in München und eine Softwarefirma im Taunus. Als er von der Softwarefirma entlassen wurde, zog er wieder in das Kinderzimmer im Keller seines Elternhauses.[350]

Rathjen gab in seinem 24 Seiten umfassenden Mannifest an, dass er seit der frühen Kindheit Wahnideen hat. Es scheint immer wieder Phasen in seinem Leben gegeben zu haben, in denen er sich abgehört und beobachtet gefühlt habe.[351] Rathjen berichtete von einer „Geheimdienstorganisation", die in manchen Situationen seines Lebens anwesend war, die Einfluss auf ihn genommen, die ihn abgehört und mit der er stellenweise kommuniziert habe: „Wenn ich im Verlauf dieser Botschaft von einem 'Geheimdienst' spreche, dann meine ich hierbei nicht explizit einen namentlich bekannten Geheimdienst, wie z. B. den Bundesnachrichtendienst, die CIA oder NSA, sondern vielmehr eine Organisation, die auf Basis eines Geheimdienstes operiert, offiziell namentlich aber nicht in Erscheinung tritt".[352]

Dass sich diese Organisation zeitweise in sein Gehirn „eingeklinkt" habe, hätte er für sich genutzt und Wünsche und Vorhersagen ausgesprochen, die sodann vom Geheimdienst umgesetzt worden seien. Beispiels-

346 Schiefenhövel, Jan (2020): Auch ein Jahr danach bleibt viel Leere, In: Frankfurter Allgemeine Zeitung, 8.2.2020. Online verfügbar unter www.faz.net/aktuell/rhein-main/das-trauma-von-hanau-17187358.html, zuletzt geprüft am 25.11.2021.

347 Vgl. Jürgs (2020): Auch ein Jahr danach bleibt viel Leere.

348 Vgl. Jürgs (2020): Auch ein Jahr danach bleibt viel Leere.; Rathjen, Tobias (2020 a): Manifest, S. 13.

349 Vgl. Rathjen (2020a): Manifest, S. 16. 3 f., 16.

350 Vgl. Jürgs (2020): Auch ein Jahr danach bleibt viel Leere.

351 Vgl. Rathjen (2020a): Manifest, u. a. S. 20.

352 Rathjen (2020a): Manifest, S. 1.

weise habe er vorhergesagt, dass ein Millionär wie Donald Trump seine „Politikempfehlung umsetzt“ und dass China den Status einer „Supermacht“ erhalte.[353] Zudem sei er für mehrere Hollywoodproduktionen verantwortlich und habe sich die Serie *Vikings* gewünscht: „Hier kam mir die Idee, dass es doch interessant und spannend ist, einmal aus heutiger Perspektive mit Hollywood Power die Geschichte der Wikinger zu erzählen“.[354] Er stellte die wahrgenommene Überwachung in einen verbreiteten verschwörungsideologischen Kontext: Die Organisation stamme vermutlich aus den USA und habe etwas mit der nationalsozialistischen Vergangenheit Deutschlands oder mit sowjetischer Spionage im Nachgang des kalten Krieges zu tun.[355]

Einen großen Teil seines schriftlichen Narrativs widmete Rathjen der Erklärung warum er nicht in einer Partnerschaft lebe. Die Geheimorganisation wisse nämlich von seiner „Achillesferse Frauen“ und habe verhindert, dass er im Studium endlich sein „Liebesglück“ finden konnte. Endlich sei aber eine junge Studentin in seinem Seminar gewesen, die „vom äußeren her [seinen; H.V.] Vorstellungen entsprach“; die Geheimorganisation habe allerdings für „das Nicht-Zusammenkommen“ gesorgt.[356]

Neben dem fehlenden Liebesglück habe die Geheimdienstorganisation ebenfalls für die finanzielle Notlage der Familie gesorgt, so auch für die Kündigung und Arbeitslosigkeit seines Vaters. Die Finanzierung des Hauses sei nach der erzwungenen Kündigung nicht mehr gesichert gewesen. So sei die Organisation in der Folge dafür verantwortlich, dass Hans-Gerd Rathjen noch mit über 70 Jahren einer Lohnarbeit nachgehen musste.[357]

Gabriele Rathjen wurde von ihrem Sohn ermordet, wahrscheinlich kurz bevor er sich selbst tötete. Man fand ihn tot auf der Mutter liegend in der Wohnung, während der Vater dort unverletzt angetroffen wurde. In Rathjens Mannifest wird die Mutter, die laut Medienberichten schwer krank und auf Pflege angewiesen war,[358] nur auf der zweiten Seite erwähnt. Hier zeichnet er das Bild einer Frau, die, am Wickeltisch über ihn gebeugt, zu

353 Rathjen (2020a): Manifest, S. 8, 23.
354 Rathjen (2020a): Manifest, S. 18.
355 Vgl. Rathjen (2020a): Manifest, S. 21.
356 Rathjen (2020a): Manifest, S. 13.
357 Vgl. Rathjen (2020a): Manifest, S. 20.
358 Vgl. Achtelik, Kirsten (2020): Das zehnte Opfer nicht vergessen. Online verfügbar unter https://jungle.world/artikel/2020/10/das-zehnte-opfer-nicht-vergessen, zuletzt aktualisiert am 25.11.2021, zuletzt geprüft am 25.11.2021.

ihm hinunter lächelt.[359] Die medialen Narrative über die Tat drehten und drehen sich stets um die neun anderen Opfer Rathjens, bei denen das auffälligste Merkmal die Migrationsgeschichte war, das Motiv Muttermord wird jedoch nicht ausreichend reflektiert. Denn dass Rathjen in seinem Mannifest und seinem Video die Mutter so gut wie gar nicht erwähnte, den Vater allerdings schon, ist eine Tatsache, die einer genaueren Analyse durchaus würdig ist. Dazu mehr in Teil 3, Kapitel „5. Der Muttermord und die Sehnsucht nach männlicher Autorität".

Sowohl seinem Mannifest als auch den von ihm hochgeladenen Videos kann entnommen werden, dass Rathjens Verschwörungsnarrative rassistisch waren, was die Wahl der Tatorte zeigt. Die Verschwörungsnarrative gipfeln im Mannifest in Vernichtungsphantasien extremer Dimension: Um weiteres Unheil auf der Welt zu verhindern, müssten unter anderem die Länder „Marokko, Algerien, Tunesien, Libyen, Ägypten, Israel, Syrien, Jordanien, Libanon, die komplette saudische Halbinsel, die Türkei, Irak, Iran, Kasachstan, Turkmenistan, Usbekistan, Indien, Pakistan, Afghanistan, Bangladesh, Vietnam, Laos, Kambodscha bis hin zu den Philippinen" vernichtet werden, weil diese „Volksgruppen, Rassen und Kulturen [...] in jeglicher Hinsicht destruktiv" [360] seien. Rathjen rechnet in seinem Video vor, wie die europäische Kultur wegen Überfremdung und gezielter Tötung von „Deutschen" durch „Ausländer" aussterben werde.[361]

Sieben Jahre lang war er Mitglied im Schützenverein *Diana*. Zwei der Angestellten dort beschrieben Rathjen in einem Interview als unauffällig und zurückhaltend. Er habe im Verein in den sieben Jahren kaum mit jemandem gesprochen.[362] In seinem Mannifest berichtete der Täter von Übergriffen durch Menschen mit Migrationsgeschichte. Außer einem Banküberfall, den er habe miterleben müssen, seien diese allerdings „harmlos" gewesen, anders als die Fälle, die er vom Hörensagen oder aus der Zeitung mitbekommen habe. Diese nahm Rathjen als reale Bedrohung für den deutschen Volkskörper wahr: „Aus Zeitungen beispielsweise konnte man letztlich noch das Ende des Spektrums vernehmen, wie Schlägereien von

359 Vgl. Rathjen (2020a): Manifest, S. 2.
360 Rathjen (2020a): Manifest, S. 6.
361 Rathjen, Tobias (2020 b): Tobias Rathjen shooting in Hanau Video, online verfügbar unter https://archive.org/details/hanau/Erkl%C3%A4rung.mp4, zuletzt aktualisiert am 25.11.2021, zuletzt geprüft am 25.11.2021.
362 Vgl. Schiefenhövel (2020): Auch ein Jahr danach bleibt viel Leere.

5 Ausländern gegen einen Deutschen und daraus resultierende schwerste Verletzungen oder gar Tote.“[363]

Rathjen wurde in den Tagen vor seinem Shooting von Überwachungskameras aufgezeichnet, als er die Gegend um seine Anschlagsziele auskundschaftete.[364] Mit drei Waffen bestückt brach Tobias Rathjen am Abend des 9. Februar 2020 auf. Zunächst tötete er um 22 Uhr zwei Menschen auf offener Straße. Anschließend floh er zur Shisha Bar *Midnight*, um dort vier Schüsse durch die Tür abzugeben. Dabei tötete er den Wirt. Anschließend fuhr Rathjen in die knapp zwei Kilometer entfernte *Arena Bar*, um dort fünf Menschen durch Kopfschüsse zu töten, weitere wurden von ihm verletzt. Rathjen floh dann in die 100 Meter entfernte Wohnung der Eltern, wo er erst seine Mutter Gabriele Rathjen und dann sich selbst tötete.[365]

Polizeibeamte beobachteten bis drei Uhr in der Nacht die Wohnung und drangen dann dort ein, um den Täter tot und auf dem Körper der von ihm getöteten Mutter liegend zu finden. Der Vater befand sich ebenfalls in der Wohnung, er war am Leben. Später wird Hans-Gerd Rathjen die Waffen seines Sohnes vom deutschen Staat zurückfordern und verschwörungsideologische, rassistische und antisemitische Narrative verbreiten.[366]

Insgesamt dauerte das Shooting über eine Stunde. Trotz mehrerer Anrufe in der zuständigen Polizeidienststelle wurde nicht gehandelt. Zudem war der Fluchtweg der *Arena Bar* aufgrund rassistischer Vorurteile verschlossen. Da man annahm, dass in der Bar kriminelle Aktivitäten stattfinden, wollte die Polizei im Falle eines Einsatzes besseren Zugriff haben. Die Polizei hatte daher mit dem Betreiber der Bar ein Abkommen, wonach die Fluchttür verschlossen bleiben sollte.[367] Einige der Opfer hätten nicht

363 Rathjen (2020a): Manifest, S. 5.

364 Vgl. BILD (2020): Hanau: Spioniert Terrorist Tobias Rathjen hier mögliche Anschlagsziele aus? In: BILD, 21.2.2020. Online verfügbar unter www.bild.de/politik/inland/politik-inland/hanau-spioniert-terrorist-tobias-rathjen-hier-moegliche-anschlagsziele-aus-68935002.bild.html, zuletzt geprüft am 25.11.2021.

365 Vgl. Schiefenhövel (2020): Auch ein Jahr danach bleibt viel Leere.

366 Vgl. Gezer, Özlem; Neshitov, Timofey (2020): Anschlag in Hanau: Vater des Attentäters stellt rassistische Anzeigen – und fordert Tatwaffen zurück, In: DER SPIEGEL, 15.12.2020. Online verfügbar unter www.spiegel.de/panorama/justiz/hanau-attentat-vater-fordert-tatwaffen-zurueck-a-f2223a81-26a2-45fb-b8b4-aa30651896d8, zuletzt geprüft am 25.11.2021.

367 Vgl. Iskadar, Katharina (2021): Auch ein Jahr danach bleibt viel Leere. In: Frankfurter Allgemeine Zeitung, 8.2.2021. Online verfügbar unter www.faz.

sterben müssen, hätte die Polizei schneller gehandelt. Denn die Notrufe, die während der Stunde des Tötens an die Hanauer Polizei abgesetzt wurden, waren wegen technischer Schwierigkeiten aufgrund einer veralteten Telefonanlage nicht erfolgreich. Hierzu Hessens Innenminister Peter Beuth (CDU): „Eine Weiterleitung von vielen gleichzeitig eintreffenden Notrufen war zum Zeitpunkt der Tatnacht technisch nicht möglich“.[368]

Später wurde weiter fahrlässig gehandelt. Ein Krankenwagen beispielsweise wurde nicht zur Fahrt ins Krankenhaus durchgelassen wegen des rassistischen Verdachts, das Opfer habe etwas mit dem Hintergrund der Tat zu tun. Said Setris Hashemi entkam dabei nur knapp dem Tod aufgrund katastrophalen polizeilichen Fehlhandelns. In einem Interview sagte er, dass die Polizei seinen Tod riskiert habe: „Die Sanitäterin schrie, wir müssen ins Krankenhaus, ich kann hier nichts mehr für ihn tun. Ein Einsatzleiter öffnete die Tür und sagte, so lange die Lage nicht geklärt ist, fährt der Krankenwagen nicht los“.[369]

Wie bei Rodger gab es deutliche Warnzeichen im Vorfeld des Massakers. Rathjen erstattete mehrfach Anzeige bei der Polizei, der Staatsanwaltschaft Hanau und der Generalbundesanwaltschaft wegen illegaler Überwachung seiner Person durch eine Geheimdienstorganisation.[370] Die Generalbundesanwaltschaft räumte nach dem Shooting ein, dass Rathjen einmal Anzeige erstattet habe. In dieser heißt es, dass „sich [die Geheimdienstorganisation; H.V.] in die Gehirne der Menschen einklinkt und dort bestimmte Dinge dann abgreift, um dann das Weltgeschehen zu steuern”.[371] Auch ein Detektiv der Wuppertaler Detektei Kurtz gab in einem Interview an, dass Rathjen im Oktober 2019 Kontakt mit ihm aufgenommen hatte. Weil er „sein Profil psychologisch spannend fand“, traf sich der Detektiv mit ihm. Damals habe ihm Rathjen sein Mannifest passagenweise vorgelesen und Kontakt zu Angela Merkel und dem Bundesnachrichtendienst

net/aktuell/rhein-main/das-trauma-von-hanau-17187358.html, zuletzt geprüft am 26.11.2021.

368 Zit. nach Iskadar, Katharina (2021): Auch ein Jahr danach bleibt viel Leere.

369 Vgl. Gezer; Neshitov (2020): Anschlag in Hanau: Vater des Attentäters stellt rassistische Anzeigen – und fordert Tatwaffen zurück.

370 Vgl. Rathjen (2020a): Manifest, S. 17.

371 Vgl. Becker, Andreas (2020): Bluttat: Todesschütze von Hanau war Bundesanwaltschaft bekannt, Nordkurier.de. Online verfügbar unter www.nordkurier.de/aus-aller-welt/todesschuetze-von-hanau-war-bundesanwaltschaft-bekannt-2138487602.html, zuletzt aktualisiert am 15.10.2020, zuletzt geprüft am 25.11.2021.

verlangt – was vom Detektiv als unmöglich abgelehnt wurde. Dieser begründete sein Nichthandeln nach den wahnhaften Aussagen mit der hohen Anzahl weiterer Anfragen ähnlichen Typs. Täglich gebe es 20 bis 30 Vorfälle, die ebenfalls von wahnhaftem Charakter seien.[372]

Der 73-jährige Vater des Täters bediente sich ähnlicher Narrative wie Rathjen. So gab er nach der Tat seines Sohnes mehrere Anzeigen auf: „Zielstrebig wird unter Missachtung der Grundrechte meines Landes nicht nur die gesamte Familie, vielmehr mein Land weiter verletzt. Eine Wiederherstellung wird mehrere Menschenleben erfordern.“ [373] Er beziehe sich auf die „Fachliteratur des Herrn Thilo Sarrazin“, der in dieser nachweise, dass „diesbezüglich mein Land abgeschafft ist“.[374]

Auch reichte Hans-Gerd Rathjen Klage gegen die Beseitigung der Website des Sohnes ein. Dieser habe ihm eine Notiz hinterlassen auf der „Halte meine Webseite unter allen Umständen aufrecht“[375] zu lesen gewesen sei. Weiter erklärte Hans-Gerd Rathjen laut eines Vernehmungsprotokolls der Polizei, dass Agenten der „weltweit agierenden Geheimdienstorganisation“ die zehn Morde begangen hätten. Sein Sohn sei von der Geheimdienstorganisation im Wald getötet und später in der Wohnung abgelegt worden. Währenddessen soll ein Agent der Organisation als Tobias Rathjen verkleidet die Tötungen begangen haben.[376] Eine Nachbarin der Familie beschrieb den Vater als auffällig. Er habe wirr gewirkt und die Mülltonnen von Nachbarn umgestellt und ausgeleert. Vorsätzlich habe er oft so geparkt, dass andere nicht an seinem Auto vorbeifahren konnten.[377]

Die Textstruktur des von Rathjen veröffentlichten Mannifests weist viele semantische Abweichungen auf. Die Sätze scheinen in vielen Fällen zunächst unlogisch aufgebaut. Verbindungswörter wie „darüber hinaus“ und

372 Der Westen (2020): Hanau: Detektiv geschockt: „Ich saß mit dem Attentäter am Tisch“ – DAS forderte er. Online verfügbar unter www.derwesten.de/panorama/vermischtes/attentat-terror-hanau-tobias-rathjen-mittaeter-angela-merkel-id228496557.html, zuletzt geprüft am 24.11.2021.

373 Gezer; Neshitov (2020): Anschlag in Hanau: Vater des Attentäters stellt rassistische Anzeigen – und fordert Tatwaffen zurück.

374 Vgl. Gezer; Neshitov (2020): Anschlag in Hanau: Vater des Attentäters stellt rassistische Anzeigen – und fordert Tatwaffen zurück.

375 Vgl. Gezer; Neshitov (2020): Anschlag in Hanau: Vater des Attentäters stellt rassistische Anzeigen – und fordert Tatwaffen zurück.

376 Vgl. Gezer; Neshitov (2020): Anschlag in Hanau: Vater des Attentäters stellt rassistische Anzeigen – und fordert Tatwaffen zurück.

377 Vgl. Jürgs (2020): Auch ein Jahr danach bleibt viel Leere.

„zudem“ sind oft nicht wie im allgemeinen Sprachgebrauch üblich in den Text integriert: „Mein Anliegen ist es, jeden darüber zu informieren, was darüber hinaus noch möglich ist, zudem, was man glaubt, was im Rahmen liegt“.[378] Andere Absätze sind dann wieder in üblicherer Satzstruktur verfasst und ergeben einen intuitiveren Sinn: „Zum Zeitpunkt dieser Videoaufnahme werden tausende deutsche Bürger von einem Geheimdienst überwacht“.[379] Womöglich war sein Wahn während er schrieb mal mehr, mal weniger präsent, was so für eine ganz eigene Textlogik sorgte. Die Art seiner Beschreibungen drückt eine große Ferne zum beschriebenen Objekt aus. Seine Sprache ist sehr formell.

Bedenklich ist die fehlende staatliche und menschliche Reaktion der Behörden und der Detektei im Vorfeld der Tötungen. Auch die ausbleibende bzw. zögerliche Reaktion der Behörden während und im Anschluss des Attentats ist ein deutliches Zeichen für die weite Verbreitung rassistischer Stereotype und den daraus resultierenden strukturellen und institutionalisierten Rassismus. Hierdurch wurden die Familien der Opfer noch weiter geschädigt.

378 Rathjen (2020a): Manifest, S. 1.
379 Rathjen (2020a): Manifest, S. 1.

Teil 3
Radikale Männlichkeit

1. Tätliche Wahrnehmung: Psychose und Hysterie

Es ist auffällig, dass insgesamt Täter und Taten rechtsextremer Maskulinisten stark pathologisiert und alle Taten jeweils als Einzeltaten dargestellt werden – das trifft besonders auf die Tat Rathjens zu. Auch von Breivik wird berichtet, dass ein Gutachter-Team ihm eine Psychose attestiert hat.[380] Diese Pathologisierung wird jedoch nicht psychoanalytisch eingeordnet und es kann so nicht ausreichend zur Einordnung des Phänomens beigetragen werden. Sie dient stattdessen der Abwehr der Auseinandersetzung mit Männlichkeit, Herrschaft und kollektivem Wahn. Fälschlicherweise wird dies als nur im Bewusstsein weniger Einzelner stattfindend gedeutet, anstatt von geteilten Vorstellungen auszugehen, die aus festen Strukturen resultieren.

In diesem Kapitel wird die Psychose als kollektive Wahrnehmungsform diskutiert. Zusätzlich wird gefragt, welchen affektiven Zweck sie erfüllt. Im Verlauf der Diskussion wird ein Zusammenhang zwischen männlicher Identitätsverunsicherung, Machtbedürfnissen und der Ausbreitung des kollektiven Wahns hergestellt.

Sigmund Freud interpretierte Psychosen als innere Wahrnehmungen, die von der äußeren Realität abgekoppelt sind. So stellte er die große Ähnlichkeit mit der Wahrnehmung in Träumen heraus. Diese und die psychotische Wahrnehmung seien von unbewussten Wünschen verursacht, die so

380 Vgl. Louis, Chantal (2018): Wie wurde Breivik zum Massenmörder? Online verfügbar unter www.emma.de/artikel/einer-von-uns-frauenhasser-breivik-335539, zuletzt geprüft am 24.11.2021.

im Traum oder in der Psychose ins Bewusstsein dringen. Wo bei nichtpsychotischen Menschen das *Ich* und das *Über-Ich* die Wünsche des Es durch Verdrängung bezwingen, ist die Psychose die ungezügelte Wahrnehmung. „In der Amentia [Verwirrtheit, Halluzination; H.V.] wird nun nicht nur die Annahme neuer Wahrnehmungen verweigert, es wird auch der Innenwelt, welche die Außenwelt als ihr Abbild bisher vertrat, die Bedeutung (Besetzung) entzogen; das Ich schafft sich selbstherrlich eine neue Außen- und Innenwelt, und es ist kein Zweifel an zwei Tatsachen, daß diese neue Welt im Sinne der Wunschregungen des Es aufgebaut ist und daß eine schwere, unerträglich erscheinende Wunschversagung der Realität das Motiv dieses Zerfalles mit der Außenwelt ist.“[381] Freud setzt an dieser Stelle also den Wunsch als Ursache für die „selbstherrliche“ Konstruktion der Wahrnehmung durch das *Ich*. Bei den Tätern muss also nachvollzogen werden, welche unbewussten Wünsche und Affekte den jeweiligen Realitätskonstruktionen zugrunde liegen.

Lacan zufolge handelt es sich beim Sprachgebrauch um eine Verknüpfung von Signifikanten. Ein Signifikant ist die Lautseite eines Zeichens. Sich auf den Linguisten Ferdinand de Saussure beziehend interpretiert Lacan das Denken als chaotisch. Erst die Sprache vermag es, durch unterscheidende Bezeichnungen, dieses Chaos zu ordnen. Die Gesamtheit der Signifikanten ist das *Symbolische* oder die *symbolische Ordnung*.[382] Das Subjekt konstruiert unbewusst durch Signifizierung seine Welt, indem es Phänomenen durch Sprechen Bedeutung verleiht. Es ordnet also interpretierend das Chaos.

Im Sprechen konstruiert es ebenfalls die eigene Identität in Abhängigkeit zu der Anderer. Und dieser Signifizierungsprozess ist ein gespaltener: Er besteht aus dem *perceptum* auf der imaginären Ebene als das Bild der Welt: Das was gesehen wird. Die zweite an Wahrnehmung beteiligte Ebene ist das Subjekt, das sieht: das *percipiens*.[383] Durch das prozesshafte Sprechen werden Signifikanten aneinandergereiht, deren Bedeutung im Vorhinein antizipiert werden muss. Ich antizipiere vor dem Aussprechen was

381 Freud, Sigmund (1924): Internationale Zeitschrift für Psychoanalyse, Bd. 10, In: Gesammelte Werke, Bd. 13, S. 390.

382 Vgl. Lacan, Jacques (1997): Buch III (1955-1956): Die Psychosen. Weinheim: Quadriga (Das Seminar von Jacques Lacan, 3), S. 66.

383 Vanheule, Stijn (2020): Über das Wesen der psychotischen Halluzinationen: Eine lacansche Sichtweise. Online verfügbar unter www.psychoanalyse-journal.ch/article/download/jfp.53.8/1395/, zuletzt geprüft am 25.6.2022, S. 95.

ich sagen will. Die Bedeutung entsteht allerding erst *durch* das Sprechen. Und das Vokabular dafür ist in der zur Verfügung stehenden *symbolischen Ordnung* als Set an normativen Vorstellungen über die Welt vorhanden, in der sich das Subjekt befindet.[384]

Die *symbolische Ordnung* ist, wie erwähnt, unbewusst. Psychotisch wahrnehmende Menschen beziehen sich anders auf diese, denn sie sind sich der Bedeutungen der Welt und der Bedeutung von sich selbst in der Welt nicht mehr sicher. Insofern kommt es zu Brüchen in Signifizierungsprozessen, da ja schon vor der Satzbildung dessen Bedeutung antizipiert werden muss. Das nichtpsychotische Subjekt erlebt seine unbewusste Signifzierung als Einheitlichung der Subjektivität. *Perceptum* und *percipiens* fallen zusammen. Die eigene Identität – das Ich – wird so als Einheit erfahren.[385]

Bei psychotischer Wahrnehmung hingegen fallen diese beiden Ebenen auseinander. Die imaginäre Ebene des *perceptums* wird als äußerlich, als Halluzination wahrgenommen. Eigentlich handelt es sich dabei um einen nachträglichen Signifikationsprozess, der deshalb nicht gelingt, weil das Subjekt keine Sicherheit über das eigene Befinden in der *symbolischen Ordnung* hat. Es hat Schwierigkeiten mit der Interpretation der Realität und der Bedeutungsgebung.[386] Die reale Erfahrung wird so unbegreifbar, verunsichernd, traumhaft. Bei der psychotischen Wahrnehmung werden also innere Probleme des Bezeichnens und dem eigenen Verhältnis zur Welt als von außen kommend wahrgenommen. Es ist eine Unfähigkeit, sich in Bezug zu anderen zu interpretieren, also sinnvolle, konsistente Aussagen treffen zu können. Dies bedingt ein ständiges Gefühl der Verunsicherung.[387]

Die Täter waren alle sehr verunsichert, in Bezug auf ihre Subjektivität. Es schien, als wäre ihnen der Signifizierungsprozess teilweise nicht möglich. Deshalb wirkt die Sprache Rathjens auch so wirr: Seine Botschaften drücken die beschriebene Unsicherheit als Unfähigkeit sich bedeutsam zum *großen Anderen* zu verhalten aus. Im Signifizierungsprozess kam es

384 Vgl. Vanheule, Stijn (2020): Über das Wesen der psychotischen Halluzinationen: Eine lacansche Sichtweise, S. 100.

385 Vgl. Vanheule, Stijn (2020): Über das Wesen der psychotischen Halluzinationen: Eine lacansche Sichtweise, S. 97.

386 Vgl. Vanheule, Stijn (2020): Über das Wesen der psychotischen Halluzinationen: Eine lacansche Sichtweise, S. 98.

387 Vgl. Vanheule, Stijn (2020): Über das Wesen der psychotischen Halluzinationen: Eine lacansche Sichtweise, S. 104.

zu Störungen, weshalb der Prozess immer wieder unterbrochen wird. Oder aus dem *perceptum* kommende Signifikanten vervollständigen die Sätze nicht sinnvoll.

Werden die sich häufenden Attentate und die größer werdende *autoritäre Bewegung* beachtet, so scheint es, als würden sich die Störungen im Signifizierungsprozess häufen. Viele scheinen sich der eigenen Position in der *symbolischen Ordnung* nicht mehr sicher zu sein. Woran liegt das?

Lacans Diskurstheorie zufolge ist die *symbolische Ordnung* durch die Involviertheit von Subjekten und ihrer (unbewussten) Bedeutungsgebung charakterisiert. „Der Diskurs ist die symbolische Form, in der sich das Unbewusste in den sozialen Beziehungen manifestiert."[388] Diskurse sind bei Lacan gleichbedeutend mit Ideologie. Sie sind als *lien social*, als *soziales Band* zwischen Menschen zu verstehen, strukturieren das Unbewusste und sind Ausdruck unserer subjektiven Verstrickung mit Herrschaft.[389]

In diese kulturelle, gegenseitige, geschlechtsspezifische Bezogenheit – der Alterität – sind Subjekte durch ihr Begehren, als Verhältnis zum *großen Anderen* als der übergeordneten Idee der *Unmöglichkeit zu Genießen* involviert. Lacan zufolge ist dieses gesellschaftliche Wissen, um die scheinbare *Möglichkeit des Genießens*, durch vier Diskurse strukturiert: den *Diskurs des Herrn*, den *Diskurs der Universität*, den *Diskurs der Psychoanalyse* und den *Diskurs der Hysterika*. Letzterer ist der *Diskurs der Frauen* und bewegt sich um die Verdrängung des „noch nicht Patriarchalen" innerhalb der menschlichen Subjektentwicklung.[390] Der *Diskurs der Hysterika* ist assoziiert mit gesellschaftlicher Bewegung, er beinhaltet das sich an Umständen stören, wie es beispielsweise innerhalb der studentischen Bewegung der 68er der Fall war.[391]

Mit Hysterie ist in diesem Zusammenhang sowohl eine Art des Sprechens als auch eine Symptombildung gemeint. Beides beinhaltet Elemente, die gesellschaftlich stark weiblich konnotierte sind, obwohl auch Männer hysterische Symptome entwickeln können. Mit der symbolischen Kastration – dem Ödipuskomplex auf sprachlicher Ebene – wird das Kind verge-

388 Lipowatz, Athanasios: Diskurs und Macht. Jacques Lacans Begriff des Diskurses. Marburg/Lahn: Verlag Guttandin & Hoppe, 1982, S. 123

389 Vgl. Soiland, Tove (2022): Genießen als Faktor des Politischen – psychoanalytische Zugänge zur Gegenwart. Eine Einführung, In: Soiland, Tove; Hartmann, Anna (2022): Postödipale Gesellschaft Band 1, S. 12 f.

390 Vgl. Lindhoff (2003): Einführung in die Feministische Literaturtheorie, S. 78.

391 Vgl. Soiland, Tove (2022): Genießen als Faktor des Politischen, S. 32.

sellschaftet und lernt, sich im Verhältnis zum *großen Anderen* – der symbolischen, väterlichen/göttlichen Autorität – zu interpretieren. Es entwickelt so eine scheinbar einheitliche Identität. Dies erfordert die Aufgabe der Mutterbindung und schließt ein nichtpatriarchales Sprechen und Denken aus.[392] Nach dieser Phase der symbolischen Kastration ist das Männliche als das Subjekthafte gesetzt, das Weibliche als die ihn umgebende Differenz. Dies bedeutet, dass innerhalb neopatriarchalen Sprechens immer nur ein Dialog zwischen Männern stattfinden kann, in dem die Frau das vermittelnde Objekt ist.[393]

Die Hysterie, die Elemente des Urtraumas der Trennung vom Körper der Mutter innehat, sei als „Sprache aufzufassen, die es dem Subjekt erlaubt, sowohl persönliches als auch kulturelles Unbehagen zum Ausdruck zu bringen".[394] Innerhalb dieses Sprechens kommen Elemente der präödipalen Phase zum Ausdruck, die der psychologischen Zensur entrinnen. Wo Freud diese Hysterie noch androzentrisch gewendet als Psychopathologie und krankhafte Regression auf die verdrängte Urbindung an den Körper der Mutter darstellte,[395] sehen später linguistisch orientierte Feministinnen in ihr eine emanzipatorische Chance. Sie interpretieren das hysterische Sprechen als Ort, der Ausgangspunkt eines Nachdenkens über nichtpatriarchale Subjektbezüge sein kann, weil hier durch die *symbolische Kastration* zensierte Elemente zum Vorschein kommen, für die aufgrund der beschriebenen patriarchalen Subjektivierung keine symbolische Repräsentation existiert.[396]

Gesellschaftliche Krisenphasen können als hysterisch bezeichnet werden, in dem Sinne, als dass hier die Gültigkeit der gesellschaftlichen Sinngebung infrage gestellt wird. Die aktuelle (Selbst)Wahrnehmung sei Žižeks Analyse zufolge hysterisch. Was bedinge, dass Menschen die aktuell gülti-

---

392 Siehe Bronfen, Elisabeth (1998): Das verknotete Subjekt. Hysterie in der Moderne, Berlin: Verlag Volk und Welt.

393 Vgl. Sigmund-Wild (2000): Anerkennung des Ver-rückten. S. 62.

394 Žižek (2016): Lacan. Eine Einführung. S. 18.

395 Freuds psychoanalytische Beschäftigung begann mit der Hysterie. Da er keinen kritischen Begriff vom Patriarchat kannte, konnte er sie nur sexistisch als symptomatische Fehlfunktion der Psyche lesen. Im 19. Jahrhundert wurden Frauen, die an den ihnen zugemuteten Verhältnissen litten, Abnormität unterstellt. Weibliche Subordination wurde mit einer imaginierten „Biologie" und Differenz zwischen den Geschlechtern begründet – ihr Aufbegehren und Leiden individualistisch zur „weiblichen" Krankheit erklärt.

396 Vgl. Sigmund-Wild (2000): Anerkennung des Ver-rückten. S. 62.

ge *symbolische Ordnung* hinterfragten und an der Selbstverortung in Bezug auf den *großen Anderen* zweifelten.[397] Es seien ihm zufolge aktuell keine verbindlichen Werte vorhanden, die eine Identifikation mit übergeordneten Zielen möglich machten: „Ich weiß nicht, was ich für den anderen bin", sei eine weit verbreitete Wahrnehmung.[398]

Žižek zufolge liegt dies an der Tendenz des Kapitalismus, sich zu einem weltumspannenden Verhältnis zu entwickeln, das keine weitere Bedeutung zum Inhalt hat, als die bloße Zweckmäßigkeit der Selbsterhaltung: Der Verwertung des Wertes. Während im traditionellen Patriarchat ideologisch ein göttlicher Plan herrscht, in den die Menschen keinen Einblick haben, ihn aber dogmatisch umsetzen müssen, speist sich der Liberalismus aus seinem schlichten Selbstzweck und dem Glauben an seine Alternativlosigkeit. Der Kapitalismus fragt nicht nach seiner Sinnhaftigkeit, er ist sich sinnhaft genug. Es wird verwertet um der Verwertung willen. Auch wenn sich die Menschen teils dieser Sinnlosigkeit bewusst sind, können sie den Prozess nicht unterbinden, weil das Sich-Beteiligen mit dem Unbewussten einhergeht.[399]

Im *Diskurs der Hysterika* fragt das Subjekt nach dem der Herrschaft zugrundeliegenden Wissen. Da jedoch die Grundsätze der eigenen identitären, unbewussten Verstricktheit nicht erkannt werden – die psychologische Produktion von Begehren und Wünschen – führt dieses Wissen nicht zu Herrschaftsfreiheit, sondern wie im Falle der Attentäter, zu falscher Aufklärung. Besonders die digitale Realität befördere diese Hysterie. Das Subjekt gerate durch das Fehlen von materiellen Körpern in Zweifel, wer adressiert wird und was der Andere vom Selbst annimmt.

Drei der analysierten Täter kommunizierten sehr viel in der digitalen Welt. Bei Rathjen existieren nicht genug Hintergrundinformationen, die Aufschluss über sein Konsum- und Kommunikationsverhalten geben könnten. Die hier vorgestellte These ist, dass die sich ausbreitende hysterische Wahrnehmung zu den vielen psychotischen Signifizierungen führt, die

397 Wetzel, Michael (1999): Das verknotete Subjekt, online verfügbar unter https://www.deutschlandfunk.de/das-verknotete-subjekt-100.html, zuletzt geprüft am 2.7.2023.

398 Vgl. Žižek, Slavoj (1998): Hysterie und Cyberspace, heise online, 7.10.1998, online verfügbar unter www.heise.de/tp/features/Hysterie-und-Cyberspace-3440029.html, zuletzt geprüft am 26.11.2021.

399 Vgl. Soiland, Tove (2022): Genießen als Faktor des Politischen, S. 33 ff.

sich beispielsweise innerhalb der Bewegung gegen die Coronamaßnahmen zeigen.

Inwieweit fanden sich nun hysterische, beziehungsweise psychotische Wahrnehmungen in den Selbstoffenbarungen der Attentäter? Und was für Wünsche und Affekte liegen diesen Wahrnehmungen zugrunde? Anders Behring Breivik schrieb nach eigenen Aussagen drei Jahre lang an seinem Mannifest.[400] In dieser Zeit schien er eine Wandlung hinsichtlich seiner fragenden Wahrnehmung in Bezug auf die Welt durchlaufen zu haben. Zu Beginn ist der Stil ein pseudowissenschaftlicher. Um seine Tat zu begründen, zog Breivik linke und autoritäre Theorien heran. „Was genau ist 'Politische Korrektheit'? Politische Korrektheit ist in Wirklichkeit kultureller Marxismus (Kulturkommunismus) – Marxismus übersetzt in wirtschaftliche, in kulturelle Begriffe".[401] Der Kulturmarxismus stamme ursprünglich von Karl Marx, habe eine Transformation über Freud, Gramsci und schließlich die *Kritische Theorie* erfahren. Zudem sei der Dekonstruktivismus entstanden, der ebenfalls als degenerierte Kultur abzulehnen sei. Seine Erörterungen sind als pseudowissenschaftlich einzustufen, weil er die genannten Theorien nicht korrekt zitiert. Er fügt Theorieelemente so ineinander, dass sie seine Tat legitimieren. Manche Inhalte, die Breivik darstellt, sind formallogisch und rationaler aufgebaut, andere Teile sind höchst emotional und irrational. An einigen Stellen greift Breivik auf wirre Verschwörungstheorien zurück und beschreibt sich selbst als Tempelrittermärtyrer, an anderen Stellen ist sein Mannifest sehr strategisch. Letzteres beispielsweise, wenn er die Phasen der Vorbereitung seines Attentats beschreibt.

Auch der Umgang mit Quellen ist interessant, denn Breivik delegitimiert anhand alltagsverständlicher Zitate wissenschaftliche Quellen. Antiintellektualismus geht hier Hand in Hand mit der Verschwörungsideologie „die Radikalfeministinnen" und „die Kulturmarxisten" seien in der Lage, durch einen universitären Diskurs Menschen zu manipulieren.[402]

Das von Breivik vor seiner Tat produzierte Video ist schließlich hochemotional gehalten. Mithilfe von Musik und Bildern werden Stimmungen erzeugt. An Stellen, die als positiv wahrgenommen werden sollen, ist eine reine, helle Frauenstimme hörbar. Wenn die muslimische Invasion als Gefahr und Dystopie thematisiert wird, setzt Breivik intensive, schnell getaktete Musik mit männlicher Vokation ein. Da er das Video wahrscheinlich

400 Vgl. Berwick (Breivik) (2011): 2083, S. 1380.

401 Berwick (Breivik) (2011): 2083, S. 20.

402 Berwick (Breivik) (2011): 2083, S. 21.

zum Ende seiner Vorbereitungsphase erstellte, scheint hier der Wahn ausgeprägter gewesen zu sein. In Psychosen ist die Wahrnehmung nicht stetig dieselbe. Das „Herausfallen“ aus der *symbolischen Ordnung* ist mal mehr, mal weniger stark vorhanden. Die Textstruktur Breiviks scheint dies zu bestätigen.

An der obigen Beschreibung von Breiviks psychotischer Wahrnehmung und Signifikation wird die besondere Bedeutung ihrer affektiven Ebene deutlich. Die beschriebenen Gefühle der Angst und Unsicherheit können nicht durch ein starkes *Ich* bearbeitet werden. Eine Form der psychotischen Bearbeitung dieser quälenden Affekte ist die unbewusste Strategie der Projektion. Das fragende, männliche Subjekt muss die inneren Konflikte und das damit einhergehende Begehren nach außen projizieren, um sie dort zu kontrollieren, bis hin zur Vernichtung der Anderen.

In den *Studien zum autoritären Charakter* des *Instituts für Sozialforschung* wurde der Zusammenhang zwischen den Bedürfnissen von Subjekten und der Abwertung von Fremdgruppen analysiert. Das Bedürfnis nach Projektion eigener, ungeliebter, kulturell nicht erwünschter Anteile und nach Bestrafung der Fremdgruppe gehe mit bestimmten Charakterstrukturen einher, die aus Erziehung resultieren.[403] „Hat das Individuum erst einmal die Überzeugung gewonnen, daß es Menschen gibt, die bestraft werden sollten, hat es eine Bahn gefunden, in die es seine tiefsten aggressiven Triebe leiten und sich dennoch für durchaus moralisch halten kann.“[404] Eigenes Begehren wird auf die Fremdgruppe projiziert und dort stellvertretend kontrolliert. Tatsächlich konstruieren sich alle vier Attentäter als die Guten, die stellvertretend für die männliche, völkische, bzw. europäische Ingroup handeln. Besonders bei Rodger wird ein Aggressionszirkel sichtbar, der auf eine Unfähigkeit hindeutet, innere Konflikte und die daraus resultierenden Affekte zu bearbeiten. Sie werden durch die Projektion vom Ich ferngehalten. Das, was an sich selbst verachtet wird, wird projiziert, um im Außen doppelt bestraft werden zu können. Diese betrifft z. B. eigene Gefühle der Machtlosigkeit und Unterlegenheit – resultierend aus einem geringen Selbstwert und dem hysterischen, zweifelnden in der Weltsein

Der bei Breivik beschriebene Wechsel der Logik ist bei Rodger ebenfalls vorhanden. Allerdings ist sein Stil weniger brüchig, sondern mehr eine

403 Adorno, Theodor W. (2020): Studien zum autoritären Charakter. 12. Auflage 2020. Frankfurt am Main: Suhrkamp (Suhrkamp-Taschenbuch Wissenschaft, 1182), S. 50.

404 Adorno, Theodor W. (2020): Studien zum autoritären Charakter, S. 105.

Steigerung. Dazu ein Beispiel: Als er 18 Jahre alt war, bestärkte ihn seine Mutter einen Roman zu schreiben, woraufhin er sich als erfolgreicher Bestsellerautor imaginierte. Nach einem Tag Anstrengung brach er das Vorhaben aufgrund von Selbstzweifeln wieder ab.[405] Rodger steigerte sich immer wieder in ein narzisstisches Selbstbild hinein, dem er in der Realität niemals entsprechen konnte. Sein Mannifest erinnert insgesamt an einen Roman mit ihm selbst in der Hauptrolle des tragischen Helden.

Während er zu Beginn des 141 Seiten langen Textes noch überladen dramatisch über die glückliche und „unbeschwerte" Jugend schrieb, so spitzten sich die Emotionen ab der Beschreibung seiner Pubertät zu. Mit Beginn der Erzählung seiner Jugend wird sein Schreiben sogar hasserfüllt. Zirkelhaft wiederholt sich der sprachliche Aufbau: Erst erfolgt die Schilderung einer als „unfair" bewerteten Konfliktstellung und seine narzisstische Verletzung. Daraufhin schrieb sich Rodger im Verlauf mehr und mehr in Rage. Teils sind einzelne Worte in Versalien geschrieben: „Wenn ich es nicht haben kann, werde ich alles tun, was ich kann, um ES ZU ZERSTÖREN".[406]

Die Schilderung – die teils fast romanhaft verfasst ist – bricht immer wieder ab, wenn die Klimax der Wut erreicht ist und wird dann emotional gemäßigter weitergeführt. Zwischen diesen Höhepunkten der Aggression berichtete Rodger von seiner lähmenden Depression und Trauer, und von seiner Anstrengung sich sozial einzugliedern und endlich Sex oder Liebe zu „haben". Es reichen bereits geringe Frustrationen oder Zurückweisungen aus, um die erneute narzisstische Kränkung auszulösen. Darauf folgt zirkulär der nächste schriftliche Aggressionsaufbau, der sich steigert, und schließlich in Vernichtungsfantasien entlädt – eine Entladung, die einem wuterfüllten Orgasmus gleicht.

Der Aggressionsaufbau geht mit der Erläuterung seiner Herrlichkeit, Intelligenz und Schönheit einher. Rodger imaginiert sich zum Ende seines Mannifests hin als Gott, der eine gerechte Rache an jenen übt, die seine Macht nicht akzeptierten und ihm nicht das gaben, was er verdiene.[407] Diese Imagination verleiht ihm symbolisch die Macht, die nötig ist, der Größe seiner Aggression gerecht zu werden, die psychotisch als grausam rächende Vernichtung aller Frauen erzählt wird.

405 Vgl. Rodger (2014): My Twisted World, S. 69.
406 Rodger (2014): My Twisted World, S. 137.
407 Rodger (2014): My Twisted World, S. 135.

Auch Breivik gebärdete sich aggressiv und war unfähig zur Regulation seiner Emotionen. Die Freunde beschrieben ihn als empfindlich, wenn ihm jemand widersprochen habe.[408] Im Falle von Balliet sind ebenfalls aufgestaute Aggressionen im Material vorhanden. Er schwankt diesbezüglich sehr deutlich zwischen Selbstüberhöhung, befriedigendem Hass, Selbstabwertung und Scheitern am Männlichkeitsideal.

Rathjen wies eine extreme Selbstüberhöhung auf, indem er sich als Ausgewählter inszenierte, der von Geburt an von einer Geheimmacht beobachtet wurde. Als einer der Einzigen weltweit, habe er dies schon als Säugling erkannt. Breivik überhöht sich als „Tempelritter", um so mit dem Frust über die „Degeneration" und die scheinbare Aufwertung der „Opfergruppen" umzugehen. Er opferte sich für das Kollektiv.

Breivik, Balliet und Rathjen ängstigten sich vor einer Überfremdung und körperlicher Gewalt: „Ich weiß, dass es jedes Jahr Hunderte, wenn nicht Tausende von Vorfällen gibt (ich war selbst Zeuge von etwa 50 Vorfällen), bei denen ethnische norwegische Jugendliche zwischen 14 und 18 Jahren belästigt, geschlagen, vergewaltigt und ausgeraubt wurden, und es wird jedes Jahr schlimmer".[409] Die schon erwähnte Falschangabe, er sei von einem Pakistani angegriffen worden, ergänzte er mit weiteren Erzählungen von Übergriffen.

Bei Rathjen ist Gleiches zu lesen. Auch er berichtete von einem Übergriff durch „Ausländer": Er habe gehört, dass Bekannte Übergriffen ausgesetzt gewesen seien und zudem „konnte man letztlich [in Zeitungen; H.V.] noch das Ende des Spektrums vernehmen, wie Schlägereien von fünf Ausländern gegen einen Deutschen und daraus resultierende schwerste Verletzungen oder gar Tote."[410]

Balliet ängstigte sich ebenfalls vor „Überfremdung" und einer globalen, „jüdischen Weltverschwörung". Voller Hass setzte er sich folgendes Ziel: „Töte alle Juden".[411] Dies schien ihm der bedrohlichen Lage angemessen. Rodger hingegen wollte keine Gefahr abwehren, sondern hatte Angst vor dem eigenen *Genießen* und dem Scheitern am erfolgreichen Ausleben seiner Sexualität mit Frauenkörpern. Er empfand ein so großes Maß an Kränkung, dass er seinen Status in der Gesellschaft als Mann gefährdet sah, da er nicht über Frauenkörper, Freundschaften, Macht und Geld verfüg-

408 Vgl. Herrmann (2012): Mein Freund, der Massenmörder.
409 Berwick (Breivik) (2011): 2083, S. 1393.
410 Rathjen (2020a): Das Manifest, S. 5.
411 Balliet (2019): Mannifest.

te. Er schreibt: „Ich wusste, dass ich lieber sterben würde, als ein solches Schicksal zu erleiden, und ich wusste, dass ich, wenn es dazu kommen sollte, alles tun würde, um mich zu rächen, bevor ich sterbe".[412]

Adorno schreibt in seinem Buch *Schuld und Abwehr*: „Die Neigung zu projizieren geht aber weit über den eigentlichen psychotischen Bereich hinaus und findet sich in allen möglichen Graden bis ins normale alltägliche Verhalten".[413] Nicht alle Projektionen sind gleich ausgeprägte Psychosen. Und deshalb gelingt es politischen Bewegungen, an die Ängste und Aggressionen der aktuellen Männlichkeit anzuknüpfen. Die *autoritäre Bewegung* bezieht sich auf diese und nutzt sie, um Zustimmung zu generieren. So entstehen kollektive Psychosen: Durch gemeinschaftliche Projektionsprozesse innerer Ich-Konflikte. Dafür müssen Feindbildgruppen konstruiert werden, auf die sich die hassenden, strafenden Affekte richten können. Das innere Bild wird dann mit dem äußeren Objekt verknüpft. Erst wird die Angst auf die Gruppe projiziert, dann löst das Verhalten derjenigen, die dieser Gruppe zugeschrieben werden wiederum noch größere Angst aus. Bis schließlich in letzter Konsequenz die äußeren Feinde zwanghaft vernichtet werden müssen, um der imaginierten Bedrohung zuvorzukommen.[414]

Neben der Vernichtung bzw. der Bekämpfung stellt die Verbrüderung im männlichen Kollektiv eine weitere Möglichkeit dar, mit den beschriebenen Ängsten und Aggressionen umzugehen. Rodger suchte sich auf dem Blog *PUAhate.com* eine männliche Gemeinschaft, die seine Ängste, Aggressionen und Wahnideen bestätigte: „Es ist ein Forum voller Männer, die genau wie ich einen großen Hunger nach Sex haben. Viele von ihnen haben ihre eigenen Theorien darüber, was Frauen anzieht, und viele von ihnen teilen meinen Hass auf Frauen, obwohl sie im Gegensatz zu mir zu feige wären, ihn auszuleben. Die Lektüre der Beiträge auf dieser Website bestätigte nur viele meiner Theorien darüber, wie verrucht und degeneriert Frauen wirklich sind".[415]

412 Vgl. Rodger (2014): My Twisted World, S. 96.

413 Adorno, Theodor W. (1955): Schuld und Abwehr. Eine qualitative Analyse zum Gruppenexperiment. Gesammelte Schriften. Bd. 9.2, S. 232.

414 Vgl. Pohl (2019): Feindbild Frau, S. 5 f.

415 Vgl. Rodger (2014): My Twisted World, S. 117.

Breivik fand zunächst in der männerdominierten Gemeinschaft der autoritären *Fortschrittspartei* Bestätigung.[416] Diese verließ er allerdings und in Posts kann nachvollzogen werden, dass die Mitglieder ihm nicht radikal genug argumentierten. Auch bei den Freimaurern blieb er nicht lange. In seinem Mannifest behauptet Breivik auch, er habe bei einer Gruppe, die er „Tempelritter" nennt, eine Männergemeinschaft gefunden; er habe diese Gruppe sogar in London mitgegründet. Hier könnte Breivik psychotisch eine selbstwertsteigernde Gemeinschaft konstruiert haben, die in der Realität nicht existiert.

In Rathjens Schreiben kommt kein Zweifel an der eigenen Wahrnehmung auf. Er untermauerte sein Narrativ mit esoterischer Literatur über Gedankenbeeinflussung. Interessanterweise bezog er sich auf einen Kollegen aus der Banklehre: „Nun möchte ich zeitlich in das Jahr 1999 springen, da dort ein für mich in vielerlei Hinsicht wesentliches Gespräch mit einem ehemaligen Kollegen aus der Banklehre stattfand".[417] Immer wieder bezog er sich auf dieses Gespräch. Es scheint, als habe Rathjen sich durch diese Konstruktion des männlichen Kollegen, mit dem er einen „Konsens" hat, einen Verbündeten geschaffen: Mit ihm im Rücken erzählt er uns Leserinnen psychotisch von der Wahrheit.[418]

Die Suche nach Verbrüderung unter Männern zeugt von einer großen Unsicherheit in Bezug auf ihre Identität. „Was bedeutet Männlichkeit in der neopatriarchalen Produktionsweise?" schienen ihre jeweiligen psychotischen Narrative zu fragen und gleichzeitig darauf eine Antwort zu konstruieren. Hysterische Kommunikation im Neopatriarchat, die laut Žižek besonders im Cyberspace vorherrsche, wurde hier mit dem Signifikant „Mann" verknüpft. Sich und die Welt unsicher befragend, wer sie eigentlich sind, welche Ziele sie eigentlich im Leben, in der Gesellschaft erfüllen sollen, scheint es, als identifizierten sich die Täter mit der Männlichkeit selbst. Diese wurde ihnen in Ego-Shootern und Rollenspielen als zentrale Eigenschaft von Subjekten, die Vernichtung bringen, präsentiert. Psychotisch schmückten sie jeweils die Identifikation mit Erklärungsansätzen aus, die die eigene Gruppe zur herrschenden emporhebt. Höherwertige, überle-

416 Laut Wikipedia waren 2013 nur 20 Prozent der Parteimitglieder weiblich. Vgl. Wikipedia, „Fremskrittspartiet", https://de.wikipedia.org/wiki/Fremskrittspartiet#Gegnerschaft_zu_einer_Frauenquote, zuletzt geprüft 19.9.2023.

417 Vgl. Rathjen (2020a): Manifest, S. 4.

418 Vgl. Rathjen (2020a): Manifest, S. 5.

gene Männer, die ein Recht auf Frauenkörper und gesellschaftliche Macht- und Herrschaftsausübung haben.

Das fragende männliche Subjekt erzählt im Falle der Attentäter die eigenen Bedürfnisse nach Selbstwertsteigerung als Geschichte natürlicher sozialer Ungleichheit. Insofern ist Breiviks Aussage, „Kulturmarxisten werden versuchen, [...] meinen Charakter zu ermorden, indem sie mich als „wahnsinnigen, Inzucht treibenden, pädophilen Nazi-Verlierer" darstellen"[419] sehr aufschlussreich. Denn Breivik ängstigt sich vor der Dekonstruktion seiner Wahnerzählung und der überlegenen Position, die er darin einnimmt. Sein Ideal-Ich ist dieser Tempelrittermärtyrer, und die Gesellschaft hat kein Recht, sein Selbstbild zu töten, denn seine psychotische Wahrnehmung sei die Gültige. Deshalb bestand Breivik während des Prozesses auf seine Schuldfähigkeit.[420]

Es geht in der beschriebenen Psychose also um einen Identitätskonflikt: Verunsicherte, aggressive Männer fragen nach ihrem Stellenwert in der gesellschaftlichen Hierarchie. Betont sei an dieser Stelle nochmals, dass die beschriebenen Wahnideen kollektiven Charakter annehmen können und dies durchaus aktuell schon tun.

Die obige Argumentation zusammenfassend hat das psychotische Herausfallen aus der kollektiven *symbolischen Ordnung* seine Ursachen sowohl im Subjekt selbst als auch in gesellschaftlichen Strukturen. Hysterische Diskurse im Cyberspace vermischen sich mit kulturindustriellen Repräsentationen, politischen Männlichkeitsidealen und affektgeladenen Agitationen. In (digitalen) Männerbünden gelingt die kollektive Stabilisierung der psychotischen Erzählung über den Stellenwert von Maskulinität und dessen Bedrohung durch als böse und bedrohlich konstruierte Gruppen der „radikalen Feministinnen", Frauen insgesamt, „Juden" und „Ausländer".

Hier wurde erläutert, dass die aktuelle Männlichkeit hysterisch, im Sinne von fragend und unsicher, ist. Und ebenfalls psychotisch, im Sinne von inneren Vorstellungen, die als von außen resultierend wahrgenommen werden. Zusätzlich bedingt die kollektive, männlich konnotierte Psychose die Projektion innerer Ich-Konflikte auf äußere Feindesgruppen. Dass der Wahn sich auf diese speziellen Gruppen richtete und ein plausibel erscheinendes Narrativ annahm, ist kein Zufall. Wie werden Ingroup und bedrohliche, minderwertige, bzw. übermächtige Outgroup konstruiert? Es ist

419 Vgl. Berwick (Breivik) (2011): 2083, S. 1381.

420 Anwar (2012): Anders Breivik ließ sich eine „arische Nase" machen.

weiterhin kein Zufall, dass genau diese Outgroups in einer bestimmten Zeit als Sündenböcke herhalten müssen.

Deshalb wird nach der Klärung des Inhaltes zeitdiagnostisch die aktuelle neopatriarchale männliche Subjektivierung dargestellt und in einen Zusammenhang mit dem vorher konkretisierten Wahn gebracht. Unbewusste Wünsche sind zwar verdrängt, aber dennoch beispielsweise durch Psychosen wirksam. Und sie haben immer kulturelle Ursachen. Es ist zu klären, warum viele Männer gerade jetzt so verunsichert und aggressiv sind und warum diese Verunsicherung gerade jetzt kollektive Psychosen hervorbringt, die sich in *autoritären Bewegungen* zeigen.

2. Verschwörungsnarrative

Verschwörungsnarrative transportieren Deutungen der Realität. In diesem Kapitel möchte ich darstellen, was für Deutungen im Material der Täter zu finden sind, auf welche verbreiteten Narrative sie zurückgehen und welchen Stellenwert diese für die *autoritäre Bewegung* haben. Die Narrative haben, wie oben schon dargestellt, die Funktion, soziale Ungleichheit zu legitimieren. Sie bauen auf dem Begehren auf, sich selbst zu erhöhen, andere abzuwerten und innere Konflikte an ihnen auszutragen.

Neben der affektiven Regulation dienen Verschwörungsnarrative zugleich der mythologischen Erklärung von kulturellen Zusammenhängen. Dabei spielen unterschiedliche gesellschaftliche Gruppen unterschiedliche Rollen. Um gezielt z. B. pädagogisch gegen ihre Ausbreitung arbeiten zu können, müssen die Narrative und die Geanderten, beziehungsweise die Feindbildkonstruktionen, historisch eingeordnet werden. Hier ist die Frage relevant: Wie ist im Narrativ jeweils die *Ingroup*, wie die *Outgroup* konstruiert und wie hängen die Narrative miteinander zusammen? Erst wird die Erzählung des „Großen Austauschs" und der „jüdischen Weltverschwörung" analysiert, daran anschließend das Narrativ einer Frauenverschwörung dargestellt. Im dritten Schritt wird der Selbstbezug erarbeitet: Wie verorteten die Täter sich selbst in den vermeintlichen Verschwörungen?

2.1 Der „Große Austausch"

Bei dreien der Täter sind eigene Narrative zu finden, die deutlich an die Verschwörungserzählung des „Großen Austauschs" erinnern, eines prominenten und an Definitionsmacht gewinnenden Narrativs der westlichen

Welt. Beispielsweise veröffentlichte 2001 der einflussreiche, organische Intellektuelle[421] der neuen Autoritären, Renaud Camus, die pseudowissenschaftliche Monografie *Revolte gegen den Großen Austausc*h, in der er eine solche Weltverschwörung behauptete. Camus argumentiert darin, dass durch die sinkende Geburtenrate und eine namenlose, machtvolle Verschwörung die *weiße* Bevölkerung überfremdet werde und es dadurch zu einem Identitäts- und Kulturverlust in Frankreich käme. Da „die Muslime" und „die Ausländer" mehr Kinder bekommen würden, wäre die „muslimische Herrschaft" absehbar. Um dies zu belegen, bezog er sich, wie die untersuchten Attentäter auch, in seiner Verschwörungserzählung auf Gefühle und persönliche Eindrücke.[422]

In Frankreich ist diese Verschwörungserzählung sehr einflussreich: Die *Frankfurter Allgemeine Zeitung* (FAZ) nannte Renaud Camus den „wichtigsten Einflüsterer von Marine Le Pen".[423] Aber auch die in Frankreich, Österreich und Deutschland operierende *Identitäre Bewegung*, der autoritäre Denker Götz Kubitschek[424] und die AfD beziehen sich stark auf seine Narrative.[425] Kubitschek bewarb Camus' Monografie in seinem *Verlag*

---

421 Gramsci bezeichnete damit sich aus gesellschaftlicher Bewegung heraus entwickelnde Intellektuelle, die in seiner Theorie der kulturellen Hegemonie ein wichtiges Mittel im „Stellungskampf" um Meinungsvorherrschaft sind. Vgl. Langemeyer, Ines (2009): Antonio Gramsci: Hegemonie, Politik des Kulturellen, geschichtlicher Block, S. 76 f.

422 Vgl. Camus, Renaud (2017): Revolte gegen den Großen Austausch. 2. Auflage. Schnellroda: Verlag Antaios.

423 Vgl. Wiegel (2015): Le Pens heimlicher Vordenker, online verfügbar unter https://www.faz.net/aktuell/politik/fluechtlingskrise/renaud-camus-thesen-sind-bei-front-national-salonfaehig-13809272.html, zuletzt geprüft am 19.1.2023.

424 2000 gründeten Götz Kubitschek und Karlheinz Weißmann das „Institut für Staatspolitik", welches ein vielzitiertes Ideenbecken der neuen *rechtsautoritären Bewegung* ist. Der Thinktank nimmt eine „Förderung des akademischen Nachwuchses der intellektuellen Rechten" vor. Vgl. Haupt, Marlies; Zoscht, Wolfgang: Ein Reemtsma-Institut von rechts? Vor zehn Jahren wurde das „Institut für Staatspolitik" gegründet, In: Der rechte Rand (Hg.): IFS Faschist*innen des 21. Jahrhunderts. Einblicke in 20 Jahre „Institut für Staatspolitik": Der Rechte Rand, S. 85.

425 Vgl. Bertolaso, Marco (2019): Nachgefragt – Der Attentäter und die Verschwörungstheorie vom „Großen Austausch". Online verfügbar unter www.deutschlandfunk.de/nachgefragt-der-attentaeter-und-die-verschwoerungstheorie-100.html, zuletzt aktualisiert am 25.11.2021, zuletzt geprüft am 25.11.2021.

Antaios mit folgenden Worten: „Er gilt als Vordenker des Front National in Frankreich, als Stichwortgeber und intellektuell rücksichtsloser, unabhängiger Kopf: Renaud Camus hat die Überfremdung Europas als 'Großen Austausch' bezeichnet, und dieser Begriff beginnt sich durchzusetzen!".[426]

Und tatsächlich verbreitete sich das Narrativ des „Großen Austausch" innerhalb der westlichen *autoritären Bewegung* und gelangte bis in die USA zur *Alt Right*-Bewegung sowie mit Donald Trump in eine der mächtigsten Positionen der Welt. Brenton Tarrant beging 2019 in Australien ein Mass Shooting bei dem er 51 Menschen in zwei Moscheen tötete und weitere 50 Menschen teils schwer verletzte. Sein 74-seitiges Mannifest trägt den Titel *Der große Austausch. Auf dem Weg zu einer neuen Gesellschaft.*[427] Seine Erzählung bezieht sich direkt auf das Verschwörungsnarrativ Camus'. Auch die Mannifeste Breiviks, Balliets und Rathjens weisen mehr oder minder stark genau diesen Verschwörungsglauben auf. Breivik illustriert diesen in seinem Video mit dem Bild einer in einen schwarzen Tschador gehüllten Frau, deren schwangerer Bauch als Bombe dargestellt ist.[428] Symbolisiert wird so eine für die europäische Kultur gefährliche Geburtenrate „der muslimischen Frau".

Balliet und der Vater von Rathjen bezogen sich auf Thilo Sarrazin. Der ehemalige SPD-Parteifunktionär veröffentlichte 2010 den Bestseller *Deutschland schafft sich ab. Wie wir unser Land aufs Spiel setzen.* In diesem führt er frei erfundene Zahlen und verkürzte Hochrechnungen an, die belegen sollen, dass die deutsche Kultur durch eine muslimische ersetzt werde. Auch hier handelt es sich um eine an das Narrativ und den Kampfbegriff des „Großen Austausch" anschließende Behauptung. Das bedeutet, dass die Täter in ihrem Wahn also keine neuen Narrative erfanden, sondern sich auf das vorhandene Gedankengut in Europa bezogen.

Auch die aktuellen *Rechtsautoritären* haben dieses nicht neu konstruiert. Vielmehr geht der „Große Austausch" auf ein Verschwörungsnarrativ ehemaliger Mitglieder der Waffen-SS und anderer Autoritärer nach der erfolgreichen Beendigung des Zweiten Weltkrieges durch die Alliierten

426 Vgl. Verlag Antaios (o.J.): Revolte gegen den Großen Austausch. Werbungstext. Online verfügbar unter https://antaios.de/gesamtverzeichnis-antaios/einzeltitel/14322/revolte-gegen-den-grossen-austausch, zuletzt aktualisiert am 26.11.2021, zuletzt geprüft am 26.11.2021.

427 Vgl. Tarrant, Brenton (2019): The great Replacement. Towards a new society

428 Vgl. Breivik (2011). Online verfügbar unter www.dailymotion.com/video/xk41xw, zuletzt geprüft am 24.11.2021.

zurück. Sie propagierten eine Beherrschung Europas durch schwarze und asiatische Soldaten durch die siegreichen Armeen der Sowjetunion und der USA. Tatsächlich wurzelt der „Große Austausch“ also in Erzählungen des 19. Jahrhunderts.[429]

Bei Rathjen ist die Bedrohung sehr viel diffuser. Verschiedene „Rassen“ und „Völker“ hätten „sich in ihrer Historie nicht als leistungsfähig erwiesen“.[430] Im Video rechnet er vor, was die Anwesenheit von Menschen mit Migrationsgeschichte in Deutschland für verheerende Folgen haben würde: „Angenommen im gesamten deutschen Bundesgebiet ist pro Tag ein deutscher getötet worden von einem Ausländer [...] pro Jahr – rechnen wir mit vier Jahren kommt eine Summe heraus 14600“.[431] „Volksverräter“ hätten dazu beigetragen, „dass wir nun Volksgruppen, Rassen oder Kulturen in unserer Mitte haben, die in jeglicher Hinsicht destruktiv sind“.[432] Mit der Ausweisung aus Deutschland sei das Problem jedoch nicht beseitigt, „da die Existenz gewisser Volksgruppen an sich ein grundsätzlicher Fehler ist und das Problem nur auf zukünftige Generationen verlagert wird“.[433] Er zählt 24 Staaten auf, die in einer „Grob-Säuberung“ vernichtet werden müssten. Danach müsste „die Fein-Säuberung kommen, diese betrifft die restlichen afrikanischen Staaten, Süd- und Mittelamerika, die Karibik und natürlich das eigene Volk“.[434]

Rathjen schreibt psychotisch, sodass seine Gedankengänge teils nicht formallogisch nachvollziehbar sind. Selbst die Vorstellung, man könne in der Zeit reisen findet sich in seinem Mannifest: Man müsse in die Vergangenheit reisen, um Überfremdung, Gewalt und Degeneration zu verhindern.

Rathjen glaubt auch an das Narrativ einer „Degeneration“ des deutschen bzw. europäischen Volkes. Diese Pseudolehre, die ihre Wurzeln ebenfalls bereits im 18. Jahrhundert hat, geht von der mythologischen Imagination menschlicher Rassen und deren biologischer Höher- bzw. Minderwertigkeit aus. Je nach Biographie und Bildungsgrad der Attentäter ist diese Rassenlehre eher religiös gefärbt oder leitet sich von rechts-intellektuellen

429 Vgl. Bertolaso, Marco (2019): Nachgefragt – Der Attentäter und die Verschwörungstheorie vom „Großen Austausch“.

430 Vgl. Rathjen (2020a): Manifest, S. 5.

431 Rathjen, Tobias (2020 b): Tobias Rathjen shooting in Hanau Video.

432 Vgl. Rathjen (2020a): Manifest, S. 6.

433 Vgl. Rathjen (2020a): Manifest, S. 6.

434 Vgl. Rathjen (2020a): Manifest, S. 6.

Diskursen ab.“[435] Diese historische Menschenfeindlichkeit hängt auch mit der Durchsetzung des kapitalistischen Wertverhältnisses zusammen.

Die feministische Historikerin Silvia Federici interpretiert diesbezüglich die Durchsetzung des Kapitalverhältnisses als Disziplinierung des Körpers, die nur durch die Legitimation durch die herrschaftlich verfasste Wissenschaft gelingen konnte. Sowohl das Aufkommen von Rassentheorien als auch von misogynen Geschlechtertheorien ist ihr zufolge mit wertschöpfungsbezogenen Notwendigkeiten verbunden: Der Aneignung und Verwertung des weiblichen Körpers, der Kapitalexpansion in die so bezeichnete „neue Welt“ und der damit einhergehenden Kolonialisierung.[436]

Bei den Nationalsozialisten vermischten sich Sozialdarwinismus und Degenerationslehre. Der Mediziner Alfred Plötz führte vor dem Zweiten Weltkrieg den Begriff der Rassenhygiene ein. Im „Daseinskampf des Volkes“ wurden Millionen „Volksschädlinge“ wegen „gemeinschaftsschädlichem Verhalten“ getötet und interniert.[437] Auch hier wird sichtbar, dass sich die aktuellen *Rechtsautoritären* auf Narrative beziehen, die ihren Ursprung in der ursprünglichen Akkumulation haben, im Nationalsozialismus kumulierten und seit einiger Zeit wieder innerhalb der aktuellen *rechtsautoritären Bewegung* verwendet werden – nun allerdings chiffriert. Die Verwendung des Wortes „Kultur“ hat das der „Rasse“ vielfach abgelöst, grundsätzlich ist allerdings dieselbe Imagination einer Höher- und Minderwertigkeit enthalten. Auch mittels solcher affektproduzierter Pseudotheorien soll nach wie vor menschenfeindliche Politik durchgesetzt werden.

In der Telegram-Gruppe der *Identitären Bewegung Deutschland* hieß es beispielsweise: „Die BRD ist in den Augen globaler Eliten wohl nur ein ‘Siedlungsgebiet’. Die Pläne zum ‘Resettlement’, sprich zur Neuansiedlung von Nichteuropäern gehen Hand in Hand mit der Bevölkerungspolitik der ‘replacement migration’, sprich Ersetzungsmigration. Eine

435 Vgl. Goddemeier, Christoph (2007): Medizingeschichte: Zu den Wurzeln „entarteter“ Kunst. Deutsches Ärzteblatt. Online verfügbar unter www.aerzteblatt.de/archiv/57124/Medizingeschichte-Zu-den-Wurzeln-entarteter-Kunst, zuletzt geprüft am 25.11.2021.

436 Vgl. Federici (2018): Caliban und die Hexe. Frauen, der Körper und die ursprüngliche Akkumulation.

437 Vgl. Goddemeier, Christoph (2007): Medizingeschichte: Zu den Wurzeln „entarteter“ Kunst.

Karte zeigt nun wie wo die Fremden konzentriert angesiedelt werden" [Hervorheb. i. O; H.V.].[438]

Balliet allerdings scheint Anhänger der alten Schule zu sein, im Livestream seiner Tat kommentiert er: „niemand erwartet die Internet-SS".[439] Balliet hatte vor allem zum Ziel, alle Juden zu töten. Aber auch „mudslimes" (S. 14) and „communists" (S. 12) seien tötungswürdig. Sogar „kill a christian" (S. 12) scheint als Ziel vereinbar und unterscheidet sich so von der Position, westliche Identität habe etwas mit dem Christentum zu tun. Breivik, die autoritäre Intelligenz und Teile der Bewegung würden an dieser Stelle widersprechen.

Allgemein waren die Narrative der Täter von rassistischen Stereotypen gegen „die Muslime" durchzogen. Balliet sagte beispielsweise, dass es ihm leid tue, einen deutschen Mann getötet zu haben. Der getötete Mann im Imbiss hatte dunkle Haare, was Balliet interpretieren ließ, er sei ein Mensch mit Migrationsgeschichte. In Minute 15 seines Livestreams begründet er den Entschluss, sein Morden im Imbiss fortzusetzen mit den Worten: „Döner, nehm ma". Er schoss einmal auf den Mann, der um sein Leben flehte: „Bitte nicht, bitte nicht [...] ich habe Kinder".[440] Zweimal ging Balliet zurück, um erneut Schüsse auf ihn abzufeuern. Dieses Vorgehen lässt auf riesige Aggressionen und ein enormes Strafbedürfnis in Bezug auf die „Muds" (mudslimes) schließen.

Breiviks Ziel war es als Tempelritter gegen den muslimischen Mann und seinen Dschihad zu kämpfen. Und obwohl seine Konstruktion immer Gefahr und Untergang des christlichen Mannes bedeutet, scheint auch eine gewisse Bewunderung für und Neid auf „das muslimische Patriarchat" durch. Denn in dieser imaginierten Großkategorie scheint sich der Mann in der natürlichen, höherwertigen Position zu befinden, was von Breivik als ideale gesellschaftliche Hierarchie bewertet wird. Muslimische Patriarchate werden durch ihn als teilweise überlegene und eine Konkurrenz darstellende Bewegung konstruiert, die bei ihm ein Unterlegenheitsgefühl nebst Aggressionen und Neid auslösen. Im Patriarchat stünde die Frau unter dem Mann: „Ein weiterer Schlüssel zum evolutionären Vorteil des Patriarchats ist die Art und Weise, wie es Frauen bestraft, die nicht heiraten und keine Kinder haben."[441] Denn „die Frauen" sind bei den Tätern

438 IB Deutschland (2021): Telegramgruppe Identitäre Deutschland.

439 Balliet (2019a): Stream seines Attentats.

440 Balliet (2019a): Stream seines Attentats.

441 Vgl. Berwick (Breivik) (2011): 2083, S. 21.

auf ihren Körper und dessen Gebärfähigkeit reduziert. Durch eine stärkere männliche Herrschaft soll ihr Körper in ihren Dienst gestellt und durch Männer kontrolliert werden. Das gilt im Übrigen für alle Frauen auf der Welt. Ihr Körper ist in dieser androzentrischen Konstruktion Mittel für einen zwischenmännlichen Kampf um Überlegenheit und imperialistische Durchsetzung im Daseinskampf. „Das muslimische Patriarchat" sei im Begriff, durch verschiedene strategische Ansätze eines Dschihad „das europäische Patriarchat" – bzw. das, was Breivik zufolge nach der Feminisierung und Verweichlichung übriggeblieben sei –, zu ersetzen. Breivik rechtfertigt die Höherwertigkeit des europäischen Patriarchats mit einer konstruierten intellektuellen Überlegenheit und verweist hier im Wesentlichen auf die Epoche der Aufklärung und die europäische Literatur. „Die Europäer" seien generell zivilisierter. Hier wird eine Widersprüchlichkeit deutlich: Denn gleichzeitig interpretiert Breivik „das muslimische Patriarchat" als extrem machtvoll, und damit also als potentiell überlegen. Dies wird in den detaillierten Schilderungen eines unterstellten Dschihad deutlich: Der „Ökonomische Dschihad (Wirtschaftskrieg)" werde „durch wirtschaftlichen Diebstahl der Ausbeutung von Nicht-Muslimen [durchgeführt; H.V.]. Dabei kann es sich um Diebstahl, Piraterie, Menschenhandel oder Sklavenhandel mit Nicht-Muslimen handeln, finanziell durch sexuelle Ausbeutung, Drogenhandel, Drogenhandel an Nicht-Muslime usw. Gemeinsam ist hier, dass sich alle Straftaten häufig gegen Nicht-Muslime richten, zum Zweck der Finanzierung anderer Varianten des Dschihad."[442]

Seien diese *Dschihad*-Strategien erfolgreich, so wäre das europäische Patriarchat besiegt. Klar sei: „Das Patriarchat wird zurückkehren. Für Westeuropa bleibt nur noch die Frage: Wird das zukünftige Europa von einem muslimischen oder christlichen Patriarchat dominiert werden? Wird es den europäischen Konservativen gelingen, die Macht durch militärische Gewalt oder durch einen Staatsstreich gegen die Kulturmarxisten und andere Selbstmordattentäter durchzusetzen und schaffen es die Liberalen, die Völker Europas in die muslimische Sklaverei zu verkaufen? Wir haben nur 20-70 Jahre bevor wir demografisch von den Horden des Islam überwältigt werden."[443] Wie in Feindbildkonstruktionen üblich, werden die muslimischen Feinde dämonisiert – es wird ihnen naturhafte Boshaftigkeit und Barbarei unterstellt. Die Bildsprache entspricht der Größe der Ängste: „Die Horden" werden die Ingroup überfallen.

442 Vgl. Berwick (Breivik) (2011): 2083, S. 492.
443 Vgl. Berwick (Breivik) (2011): 2083, S. 1140.

Rodger war ebenfalls Rassist, allerdings musste er sich gemäß den Kategorien seines Ideals auch als teilweise minderwertig begreifen, da er nur „halb“ zu der von Rassisten fantasierten „Herrenrasse“ gehörte. Schon mit sieben Jahren entwickelte er Selbstwertkonflikte, weil er sich als „halbweiß“ betrachtete: „Ich bin halb weiß, halb Asiate, und das unterscheidet mich von den normalen, vollständig weißen Kindern, zu denen ich passen wollte“.[444] Mit neun Jahren färbte er sich das erste Mal seine Haare blond, um einen „weißeren“ Anschein zu erwecken.[445] Da er sich innerhalb der von ihm vertretenen Rassen-Ideologie nicht ungebrochen als überlegen interpretieren konnte, ist sowohl die Abwertung von Frauen, als auch sein Klassismus – als Kind einer wohlhabenden Familie sah er sich als anderen überlegen an – konstitutiv für seinen narzisstischen Charakter.

Wie in diesem Abschnitt gezeigt, gründete der Rassismus von dreien der Attentäter also maßgeblich auf der identitären Idee der „Überfremdung“. Die Täter hatten Angst vor der Auslöschung der eigenen rassifizierten und kulturalisierten, männlichen Identität.

2.2 Jüdische Weltverschwörung

Am obigen Zitat der *Identitären Bewegung* wird sichtbar, dass verschiedene Gruppen als an der Verschwörung beteiligt imaginiert werden. Denn in der beschriebenen Erzählung schwingt mal mehr, mal minder ausgesprochen mit, dass hinter dem „Großen Austausch“ noch eine weitere, machtvollere Gruppe verborgen ist. Diese Gruppe scheint den Austausch zu lenken.

Die sich als intellektuell verstehenden Teile der neuen autoritären Bewegung beziehen sich aktuell nicht direkt auf die „Jüdische Weltverschwörung“. Es ist ihnen ein Anliegen, sich von diesen als nationalsozialistisch und althergebracht konnotierten Begriffen zu distanzieren. Jedoch ist von den „Globalisten“ die Rede, die im Hintergrund die Fäden in der Hand halten. Sie seien eine wurzellose, kleine Elite, die den „Großen Austausch“ verantworteten. Hier handelt es sich um strukturellen Antisemitismus. Dieser kommt, verschieden chiffriert, ganz ohne die Bezeichnung „Judentum“ aus. Die Argumentation läuft allerdings immer auf diese kleine Gruppe hi-

444 Vgl. Rodger (2014): My Twisted World, S. 17.

445 Vgl. Rodger (2014): My Twisted World, S. 17.

naus, auf die Aggressionen und die Verantwortung für das Unglück in der Welt projiziert werden.[446]

Die Coronaleugner-Bewegung beispielsweise bezieht sich auf diese Elite, die vermeintlich durch Impfungen die Menschheit manipulieren will. Viele beziehen sich dabei auf den jüdischen Millionär Bill Gates.[447] Auch hier kommt die Verschwörung ohne die direkte Bezeichnung aus. Dasselbe ist bei Breivik zu finden, der nie direkt von der „jüdischen Weltverschwörung“ schrieb. Vielmehr zählt er jüdische Theoretiker:innen auf, die mit ihren Schriften für den Abbau der natürlichen Gesellschaftsformation gesorgt haben sollen. Sie seien für die Destabilisierung des christlichen Mannes verantwortlich, sind also die natürlichen Feinde. In dieser Erzählung wird der Antiintellektualismus als eines der tragendenden Elemente von Antisemitismus sichtbar. Dieses Narrativ entwickelte sich historisch aus der Vorstellung eines, die positivistische Wissenschaft zersetzenden, jüdischen Geistes.[448]

Breivik zählt vorwiegend jüdische Theoretiker auf, die er als machtvoll imaginiert, da sie die Gesellschaft lenken und den „Kulturmarxismus“ und die „Politische Korrektheit“ verbreiten würden. Gleichzeitig verweiblicht er sie. An einer Stelle seines Mannifests schreibt Breivik, die USA habe „mit mehr als 6 Millionen Juden (600 % mehr als Europa) tatsächlich ein erhebliches jüdisches Problem“.[449] Breivik unterscheidet dabei zwischen dem „konservativen Juden“ und dem „nationalzerstörende(n) multikulturelle(n) Jude(n)“.[450] Dabei assoziiert er Judentum mit Finanzkapital und einem wurzellosen Internationalismus.

---

446 Vgl. Amadeu Antonio Stiftung (o.J.): Begriffe, Trends und Dauerbrenner der Verschwörungsideologien. Online verfügbar unter www.amadeu-antonio-stiftung.de/verschwoerungsmythen-und-antisemitismus/begriffe-trends-und-dauerbrenner-der-verschwoerungsideologien/ zuletzt geprüft am 25.11.2021.

447 Deutsches Ärzteblatt (2020): „Verschwörer machen Bill Gates für die Pandemie verantwortlich“. Online verfügbar unter www.aerzteblatt.de/nachrichten/117772/Verschwoerer-machen-Bill-Gates-fuer-die-Pandemie-verantwortlich, zuletzt aktualisiert am 25.11.2021, zuletzt geprüft am 25.11.2021.

448 Stögner, Karin (2007): Antisemitismus und Antifeminismus: eine zeitdiagnostische Studie der Vermittlung von Vorurteilen. Institut für Konfliktforschung. Online verfügbar unter http://www.ikf.ac.at/pdf/Antisemitismus_und_Antifeminismus.pdf, zuletzt geprüft am 24.11.2021, S. 52.

449 Berwick (Breivik) (2011): 2083, S. 1166.

450 Berwick (Breivik) (2011): 2083, S. 1166.

Dies ist eine sehr weit verbreitete Erzählung und sie entspricht der ressentimentgeladenen Kapitalismuskritik, die ich in Teil 1, Kapitel „2.1. Negative Aufhebung des Kapitals und die Angst vor der Abstraktion" analysiert habe. Dieser Benennung steht eine Entnennung gegenüber: Denn die meiste Zeit, bezieht sich Breivik nicht direkt auf die Juden, sondern schreibt vom Kulturmarxismus, den er jedoch jüdisch codiert. Das *strukturell antisemitische Ressentiment* kommt auch hier ohne die Erwähnung von Juden aus. Weltweit agiere das wurzellose, imperiale Finanzkapital, das mit den USA verknüpft sei. „Die Tempelritter unterstützen nicht die derzeitige Politik der EU/US-Hegemonie der Aufrechterhaltung des anhaltenden kulturellen und finanziellen Imperialismus, der wiederum den Erhalt der korrupten prowestlichen Marionettenregime in islamischen Ländern zur Folge hat".[451] Ein Narrativ übrigens, dass ebenfalls von links-regressiven Kräften propagiert wird.

Rathjens Argumentation ist ebenfalls strukturell antisemitisch. Denn die Geheimdienstorganisation, die an allem Übel der Welt schuld sei, operiere weltweit im Geheimen, und ist in seinem Narrativ mit den USA verbunden. Sie sei für den 11. September verantwortlich und lenke außerdem die Geschicke der USA. Von den USA aus ziehe sie auch in anderen Nationalstaaten, wie z. B. in China, die Fäden. Sie sei so übermächtig, dass sie auserwählte Menschen abhöre und ihre Gedanken steuere. „Wenn ich im Verlauf dieser Botschaft von einem 'Geheimdienst' spreche, dann meine ich hierbei nicht explizit einen namentlich bekannten Geheimdienst, wie z. B. den Bundesnachrichtendienst, die CIA oder NSA, sondern vielmehr eine Organisation, die auf Basis eines Geheimdienstes operiert, offiziell namentlich aber nicht in Erscheinung tritt."[452]

Balliet hingegen umschreibt das Subjekt der Herrschaft, den Juden, nicht, wie es sonst im strukturellen Antisemitismus üblich ist. Im Gegenteil schreibt er ganz unverblümt von der *Zionist Occupied Government* (ZOG), die als globalisierte, jüdische Verschwörung einzelne Staaten kontrolliere und steuere.[453] Balliets erster Satz im Livestream ist Ausdruck seiner Überzeugung von diesem Verschwörungsnarrativ: „ich glaube, der Holocaust hat nie stattgefunden. Feminismus ist schuld an der sinkenden Geburten-

451 Berwick (Breivik) (2011): 2083, S. 968.

452 Rathjen (2020a): Manifest, S. 1.

453 Vgl. Amadeu Antonio Stiftung (o.J.): Begriffe, Trends und Dauerbrenner der Verschwörungsideologien.

rate im Westen, die die Ursache für die Massenimmigration ist – und die Wurzel dieser Probleme ist der Jude".[454]

Insgesamt steigt der Antisemitismus aktuell in ganz unterschiedlichen Teilen der deutschen Gesellschaft an. Während manche unbewusst antisemitisch sind und sich auf Israel beziehen, gibt es gleichzeitig eine Verbreiterung des Sagbaren. Antisemitismus wird inzwischen auch wieder recht offen ausgesprochen. Der Präsident des *Jüdischen Weltkongresses* Ronald Lauder konstatiert, dass antijüdische Ressentiments in Deutschland inzwischen „ein alarmierendes Niveau" erreicht hätten. Er bezieht sich dabei auf eine Studie von 2022, die 5006 Deutsche in Bezug auf diese Ressentiments befragte. Ein Fünftel stimmte dabei Aussagen zu, wonach Juden „zu viel Einfluss auf die Finanzwelt, Politik, Medien, auf Konflikte und Kriege, (hätten) sie profitierten wirtschaftlich von der Covid-19-Pandemie und bekämen einen besseren Impfstoff".[455]

Der beschriebene Antisemitismus wird bei Attentätern wie Rathjen mit Antifeminismus verknüpft, indem er seine Geheimdienstverschwörung weiblich codiert. Hier treten die großen Parallelen zwischen Antisemitismus und Antifeminismus zutage, die seit der Moderne bestehen. Die genauen Zusammenhänge werden im nächsten Unterkapitel Thema sein.

2.3 Frauenverschwörung

Die Ideologien Antifeminismus und Antisemitismus gehen nicht ineinander auf, jedoch sind sie historisch miteinander verwoben. Beide Ideologien beinhalten eine Gleichsetzung von Juden und Jüdinnen sowie Frauen allgemein mit Natur, und gleichzeitigen eine Ablehnung kritischen Denkens, das paradoxerweise mit Weiblichkeit und Judentum gekoppelt ist. Auch der Hass auf „das Schwache" im Gegensatz zu „dem Starken" ist ein Teil der Attribute, die auf beide Gruppen projiziert werden. Wobei „das Starke" mit „dem Männlichen" gleichgesetzt wird. Beide Gruppen werden in den jeweiligen Verschwörungsnarrativen als übermächtig konstruiert.[456] Dabei haben sie eine Doppelrolle: Teilweise werden sie als Werkzeuge anderer finsterer Mächte imaginiert, dann wiederum herrschen Juden und Jüdinnen

454 Balliet (2019a): Mannifest.

455 Bierl, Peter (2022): Antisemiten im Aufwind, online verfügbar unter https://jungle.world/artikel/2022/06/antisemiten-im-aufwind, zuletzt geprüft am 20.6.2022.

456 Vgl. Amadeu Antonio Stiftung (o.J.): Begriffe, Trends und Dauerbrenner der Verschwörungsideologien.

wie auch Frauen allgemein ganz direkt durch ein vermeintliches Matriarchat über die westlichen Männer.

So ist es bei Breivik der Fall. Er beschuldigt europäische Frauen der Degeneration dadurch Vorschub zu leisten, dass sie über ihren Körper selbstbestimmt verfügen. Frauen, die mit migrantisierten Männern Sex haben, dadurch sogar Kinder gebären, seien hinzurichten: „Das Erstarken des Feminismus bedeutet das Ende der Nation und das Ende des Westens […] man muss sich daran gewöhnen, Frauen umzubringen".[457] In dieser Argumentation steckt die Frau als Objekt, durch die die Verschwörung möglich wird. Breivik sah in Frauen eine immense Gefahr im jüdisch/weiblich konnotierten Kampf um den Bevölkerungsaustausch und die kulturelle Identität. Sie seien durch die als „jüdisch" begriffene *Kritische Theorie* zu „Massenvernichtungswaffen" gemacht worden.[458]

Zudem unterstützten „westliche Frauen im Durchschnitt […] Multikulturalismus und massive Einwanderung tatsächlich mehr als westliche Männer". Die von Natur aus irrationalen Frauen würden nicht erkennen, dass das muslimische Patriarchat die westliche Welt bald erobern würde; sie seien einfach „naiver und weniger bereit, die langfristigen Folgen der Vermeidung von Konfrontationen rational zu durchdenken oder sich jetzt mit unangenehmen Realitäten auseinanderzusetzen".[459] Durch ihre Erziehung hätten die Frauen den westlichen Mann „verweichlicht", der sich nun nicht mehr gegen die muslimische Überfremdung wehren und seinen „Stamm" nicht mehr verteidigen könne: „[Europäische Frauen; H.V.] haben es geschafft ihre eigenen Söhne zu schikanieren und lächerlich zu machen, um viele ihrer männlichen Instinkte zu unterdrücken".[460]

Ganz allgemein seien Frauen nichtkulturelle Wesen, die aufgrund ihrer geistigen Schwäche keine politische Verantwortung haben sollten: „Wenn die Zivilisation in weiblichen Händen geblieben wäre, würden wir immer noch in Grashütten leben", zitiert Breivik einen autoritären Autor.[461] Breivik nahm an, dass die westliche Kultur negative weibliche Eigenschaften angenommen habe: „Frauen verletzen sich selbst, sind unterwürfig, haben

457 Berwick (2011): 2083, S. 352.
458 Berwick (Breivik) (2011): 2083, S. 351.
459 Berwick (Breivik) (2011): 2083, S. 351.
460 Berwick (Breivik) (2011): 2083, S. 354.
461 Berwick (Breivik) (2011): 2083, S. 352.

die Familie zerstört, sind dumm und wie Kinder“ und darum sei die christliche, europäische Kultur im Untergang begriffen.[462]

Andererseits konstruiert er Frauen als aktiv übermächtig: Da 60 bis 70 Prozent der „Kulturmarxisten“ weiblich seien, handele es sich um eine weibliche Verschwörung.[463] Der Feminismus als ihre Bewegung habe inzwischen das Matriarchat[464] eingeführt: „Diese feministischen Kulturmarxisten wollen nicht nur mehr Vorteile und Rechte für sich selbst. Sie wollen alles und sie haben mehr oder weniger alles bekommen, was sie sich jemals erträumt haben. Sie haben jetzt eine vollständige matriarchalische Vorherrschaft im Inland und üben erheblichen Einfluss auf die Politik aus“.[465] Insofern ist die Verschwörung bei Breivik sowohl weiblich als auch jüdisch konnotiert. Die Eigenschaften und Fähigkeiten, die er auf beide Gruppen projiziert, bleiben widersprüchlich.

Klar wird allerdings, dass Breivik „die Muslime“ vor allem deshalb für teilweise überlegen hält, weil in „umma-sozialistischen“ Volkskonstruktionen, wie Stefan Grigat sie beispielsweise im Iran erkennt,[466] Frauen entrechtet und unterlegen sind, gleichzeitig der Mann Breiviks Ansicht nach als gerechtfertigt höherwertig behandelt wird. Insofern hält Breivik „den Islam“ für einen geeigneten Bündnispartner im Kampf gegen „die US/EU Globalisten“. Da ist es nicht verwunderlich, dass er und die anderen „Tempelritter“ „nicht unbedingt gegen die Schaffung eines von Gläubigen geführten Kalifats der Muslime im Nahen Osten [sind; H.V.]“.[467] Patriarchate findet Breivik nämlich gut. Er möchte nur nicht als gefühlt Unterlegener in der Patriarchatskonkurrenz den Männlichkeitskrieg verlieren. Deshalb

462 Berwick (Breivik) (2011): 2083, S. 354.

463 Vgl. Berwick (Breivik) (2011): 2083, S. 941.

464 Dieser Begriff hat nichts mit historischen und noch bestehenden matrilinearen Kulturen und Matriarchaten zu tun. In den 80er Jahren forschten Feministinnen zum Thema. Zentrales Ergebnis ist, dass Matriarchat nicht das Gegenteil von Patriarchat ist und sich der Begriff auf den gemeinschaftsbezogenen Umgang mit Reproduktionsarbeit und Mitbestimmung bezieht. Vgl. Maget-Scherney, Ingrid (1995): Die Entwicklung der Matriarchatsdebatte im deutschsprachigen Raum. Ein Beitrag zur Bestandsaufnahme. In: Österreichische Zeitschrift für Geisteswissenschaften, H. 6, S. 201-217.

465 Vgl. Berwick (Breivik) (2011): 2083, S. 1180.

466 Vgl. Grigat, Stephan (2004): Im Dilemma. Online verfügbar unter https://jungle.world/artikel/2004/27/im-dilemma, zuletzt geprüft am 31.12.2022.

467 Vgl. Berwick (Breivik) (2011): 2083, S. 968.

soll es unterschiedliche Patriarchate, aufgeteilt in rassifizierte Identitäten geben.

Bei Rathjen, gestaltet sich das Feindbild der Frau als Verräterin in Teilen ein wenig anders, die Frauen scheinen etwas bewusster politisch zu agieren, sind sie doch immerhin Mitglied in manipulativen Geheimdiensten. Die von ihm geschilderte „Geheimdienstorganisation" codiert er eindeutig weiblich: an keiner Stelle personifiziert er sie als Mann, an zwei Stellen verkörpert eine Frau in seinen bildlichen Darstellungen den Geheimdienst.[468] Auf Seite 3 und Seite 19 ist das Bild einer Frau dargestellt, die den Geheimdienst verkörpern soll. Diese Darstellung weist eine sehr große Ähnlichkeit mit dem Bild auf, das er von seiner Mutter auf Seite drei in einer Grafik darstellt. Die Geheimdienstfrauen würden die Gehirne von Menschen kontrollieren: Direkt nach der Geburt habe sich die Organisation, verkörpert durch eine Frau, die wie seine Mutter aussah, in sein Gehirn „eingeklinkt".[469]

An der zweiten Stelle wird eine Situation beschrieben, in der ihm eine Frau die Möglichkeit schildert, sich in das Gehirn eines Anderen per Traum „einklinken" zu können: „Sie verdeutlichte mir somit, dass sie somit beeinflussen konnte, dass mein Vater mit mir anfing zu sprechen und auch die Inhalte beziehungsweise die Stimmungslage meines Vaters beeinflussen konnte".[470] In Rathjens Erzählung hat die Verschwörung auf der einen Seite eine diffus gehaltene Macht auf das Weltgeschehen, auf der anderen Seite eine Macht über sein persönliches Leben.[471] Hier ist sie für seine Missgeschicke und die seines Vaters verantwortlich.

Weiblichkeit an sich scheint übermächtig sein Leben zu lenken. Im Guten, indem sie ihn zum Auserwählten macht, weil er die Gabe hat die Verschwörung direkt nach der Geburt zu durchblicken. Im Schlechten, indem sie seine Chancen auf eine hohe gesellschaftliche Position zunichte macht. Auffällig ist weiterhin, dass Rathjen seinen Vater in seinem Mannifest erwähnt, und dass beide sehr ähnliche Psychosen aufweisen. Seine Mutter hingegen tritt nur als die verkörperte Verschwörung auf. Ansonsten bleibt sie auffällig ausgespart und kommt nur an einer Stelle im Manifest vor, an der auch eine Grafik zeigt, wie sie Rathjen als Kleinkind in der Badewanne

468 Vgl. Rathjen (2020a): Manifest, S. 3 und S. 19.

469 Vgl. Rathjen (2020a): Manifest, S. 21

470 Vgl. Rathjen (2020a): Manifest, S. 19.

471 Ich beziehe mich hier auf bereits zitierte Stellen aus der Schrift.

hält. Im Hintergrund bereits die böse schauende Geheimdienstfrau.[472] Rathjen ließ seinen Vater am Leben, tötete aber seine Mutter. Seine Leiche wurde, wie erwähnt, auf dem Körper der Mutter liegend aufgefunden. Diese Phänomene analysiere ich in Teil 3, Kapitel „7. Frauenmarkt: Fetischobjekt Frau" weiter.

Rathjen und Breivik nahmen also beide die weibliche Verschwörung als sie beherrschend wahr. Wobei eine Widersprüchlichkeit darin besteht, dass bei Breivik Frauen zugleich als unterlegen geschildert werden. Auch Rathjens Konstruktion ist widersprüchlich. An anderer Stelle objektifiziert er Frauen stark und wies ihnen so eine zweckrationale, untergeordnete Rolle zu. Rathjen habe in seinem Leben nämlich kein „Liebesglück" gehabt. Dies habe daran gelegen, dass ihm vom „Äußeren her" nur sehr wenige Frauen gefallen hätten beziehungsweise er „besonders hohe Ansprüche" gehabt habe. Keine Freundin zu besitzen, könne „freude- und leistungshemmend" sein. Aber nicht nur weil er wählerisch gewesen sei, habe er nie eine „feste Freundin" gehab. Auch die Geheimorganisation habe dies verhindert, wohl um seine „Achillesferse Frauen" wissend.[473]

So habe im Sommersemester 2001 „eine junge Studentin vom äußeren her [seinen; H.V.] Vorstellungen" entsprochen. Die Geheimorganisation habe allerdings eine Beziehung zwischen ihnen verhindert: „Allerdings war dieses Treffen, ebenso wie das Nicht-Zusammenkommen, von dieser 'Geheimorganisation' gesteuert".[474] Die Frauen erscheinen so dargestellt als Objekte, die man nach äußeren Merkmalen „bestellen" kann. Wichtig und wertvoll ist für Rathjen allein, ob sie körperlich seinen Ansprüchen genügen. Das Verfügen über sie erhöht seine Freude und Leistungsfähigkeit: „Da nun mal in jedem Menschen der Wunsch, nicht mehr alleine zu sein, da ist bzw. das Verlangen den richtigen Partner zu finden, kann der Zustand der Nichterfüllung Freude- und leistungshemmend sein."[475] Dabei sind die Frauen hier das Mittel für seine Zwecke.

Balliet setzt, wie andere Täter auch, Frauen mit Gegenständen gleich, entmenschlicht sie auch dadurch, dass er sie auf eine Stufe mit Tieren stellt.[476] Am Ende seines Mannifests bildet er eine Animefigur ab, neben

472 Vgl. Rathjen (2020a): Manifest, S. 2 f.

473 Vgl. Rathjen (2020a): Manifest, S. 13.

474 Vgl. Rathjen (2020a): Manifest, S. 13.

475 Rathjen (2020a): Manifest, S. 13

476 Auch Rodger schrieb immer wieder von „Herden" von „girls": „Die Mädchen strömen nicht zu den Gentlemen. Sie strömen zu den Alphamännchen. Sie

der er schreibt: „Werde noch heute Techno Barbar und erhalte ein Katzenmädchen umsonst*“.[477] Unter dem Sternchen merkt er an, dass wahlweise auch ein „Fox-Girl“ oder eine „Waifu“ genommen werden könne. Das „Katzenmädchen“ ist wie eine Ware, einem Karton zu entnehmen. Frauen sind in Balliets Augen offensichtlich konsumierbare Geschenke, „Prämien“ für eine heroische Männlichkeitsperformance.

Die beschriebenen Figuren sind im Cyberspace weit verbreitet und werden „sehr häufig als infantile, devote, schwache und zugleich stark sexualisierte Frauen mit sehr schlanken, nicht selten beinah kindlichen Körpern (Lolitafiguren/Kindfrauen), knapper Bekleidung, großen Kulleraugen und großen Brüsten dargestellt“.[478] Die Figur der *Waifu* stellt eine Ehefrau dar, die nach männlichen Begehrenswünschen konstruiert ist. Hier die Beschreibung einer solchen Figur aus der *Manosphere*: „Ihre fürsorgliche, süße und unschuldige Persönlichkeit und ihre nicht so typische Schönheit machen sie zu einer der besten Waifus“.[479]

Wie erwähnt, nutzte Balliet Codes, die in der Incel-Szene reproduziert werden. Auch die Nutzung von Animedarstellungen deutet darauf hin, denn einer der Haupttreffpunkte im Internet von Incels, das Board *4chan*, ist deshalb entstanden, um solche Bilder zu teilen. Auch Pornografie im Animestil ist dort sehr beliebt. Nicht selten sind Frauen hier deutlich verkindlicht. Die Erniedrigung von Frauen, durch ihre Präsentation als von Männern in Besitz nehmbare Objekte, ist in der Incelszene allgemein sehr weit verbreitet.

Während der Vernehmung sagte Balliet zur Haftrichterin: „Männer wie ich bekommen auch deshalb keine Frau, weil Ausländer sie uns wegnehmen“.[480] Auch in der Vorstellung, Frauen könnten „weggenommen“

---

strömen zu den Jungs, die am meisten Macht und Status zu haben scheinen“. Rodger (2011) My twisted world, S. 28.

477 Balliet (2019a): Mannifest.

478 Schüßler, Michael (2020): Judenhass und der Kampf um männliche Vorherrschaft – Über den Zusammenhang von Antisemitismus, autoritärer Männlichkeit und Weiblichkeitsabwehr. Amadeu Antonio Stiftung, online verfügbar unter www.idz-jena.de/pubdet/wsd8-14/, zuletzt geprüft am 26.11.2021.

479 Vgl. Gulatti, Vansh (2020): Top 20 Anime Waifus, von denen du dir wünschst, sie wären echt! In: Epic Dope, 18.9.2020. Online verfügbar unter https://de.epicdope.com/Top-20-Anime-Waifus,-die-Sie-sich-w%C3%BCnschen,-waren-echt/?utm_source=internal&utm_medium=46972&utm_campaign=related-post, zuletzt geprüft am 26.11.2021.

480 Gesellmann, Christian (2021): Warum ich als Mann über Feminismus schreibe, In: Krautreporter eG, 9.4.2021. Online verfügbar unter https://krautrepor-

werden, wird die Objektifizierung überdeutlich: Frauen werden so dargestellt, als hätten sie keinen unabhängigen Willen und könnten nichtselbstständig entscheiden, ob sie eine Partner:innenschaft eingehen wollen und mit wem. Auch, dass Frauen womöglich Frauen bevorzugen könnten oder statt romantischer Beziehungen lieber freundinnenschaftliche eingehen wollen, scheint in dieser patriarchalen Logik undenkbar. Rodger erzählte weder von einer jüdischen Verschwörung noch vom „Großen Austausch". Er bezog sich auf die Verschwörung von Frauen. So monierte er, dass er Sex und Liebe von Frauen verdienen würde, sie ihm allerdings den Körper und die Anerkennung verweigerten und diese unfairerweise anderen Männern zur Verfügung stellten. Auch hier eine patriarchale Anspruchshaltung, die ich wie folgt zusammenfassen will: Ich, als wenigstens halbweißer Angehöriger der Oberklasse habe einen Anspruch auf den Besitz von Frauenkörpern; Frauen müssten *mir* Anerkennung geben, nicht Männern, die der natürlichen Hierarchie gemäß unter mir positioniert sind, vor allem sollen Frauen keine von meinen unabhängigen Kriterien haben, nach denen sie ihre Partner auswählen; Frauen sind für den Sex da und für die heterosexuelle Partnerschaft, sie existieren für meinen Genuss und zum Gebären. Gleichzeitig sieht er sich als unterlegen, wie in der folgenden Aussage beispielhaft sichtbar wird: „Ich werde nie meine Jungfräulichkeit verlieren. Ich werde nie eine Freundin bekommen. Weil Mädchen von mir abgestoßen werden, werde ich nie Kinder haben und meine Gene weitergeben".[481]

Aus diesem unerfüllten Begehren heraus konstruiert Rodger ein Verschwörungsnarrativ: Die „girls" würden ihm vorsätzlich ihren Körper vorenthalten, der ihm als einem „halbweißen" Menschen und als Abkömmling „britischer Aristokratie" zustehen würde: „Es war die Schuld der Frauen, die sich weigerten, mit mir Sex zu haben".[482] An anderer Stelle schreibt er: „Was ich wirklich wollte... was ich wirklich BRAUCHTE, war eine Freundin. Ich brauchte die Liebe einer Frau. Ich musste mich als Mann würdig fühlen. So lange habe ich mich wertlos gefühlt, und daran sind nur die Mädchen schuld".[483]

Rodgers Männlichkeitskonstruktion hängt vom Besitz von Frauenkörpern ab. Da er keinen Sex hatte, war er kein richtiger Mann. Und weil

ter.de/3780-warum-ich-als-mann-uber-feminismus-schreibe, zuletzt geprüft am 26.11.2021.

481 Rodger (2014): My Twisted World, S. 109.

482 Vgl. Rodger (2014): My Twisted World, S. 82.

483 Rodger (2014): My Twisted World, S. 94. Hervorhebungen im Original.

er diese vermeintliche Unterlegenheit im Männlichkeitswettbewerb nicht aushielt, mussten die „girls“ bestraft werden. „Ich werde alle Frauen für das Verbrechen bestrafen, mir Sex vorenthalten zu haben. Sie haben mich meine ganze Jugend lang ausgehungert und dieses Vergnügen anderen Männern geschenkt“.[484] Zusätzlich wollte er die Männer bestrafen, die Sex hatten, ihm also in der Männlichkeitskonkurrenz überlegen waren: „All diese beliebten Jungs müssen dafür bestraft werden, dass sie das himmlische Leben genießen und mit allen Mädchen Sex haben, während ich in einsamer Jungfräulichkeit leiden musste“.[485]

Bei Rodger ist augenscheinlich, dass er Frauen objektifiziert und seinen Selbstwert als Mann vom Besitz beziehungsweise Nichtbesitz von Frauen abhängig macht. Er dachte, Frauen seien einkaufbar. Deshalb versuchte er durch Lotteriespiel reich zu werden. Wenn er nur superreich sei, würde er „die girls“ quasi „biologisch anziehen“: „Es gab keine Möglichkeit, dass ich jemals ein Mädchen anziehen könnte ohne extrem reich zu werden“[486]

Bei allen vier Attentätern existierten Frauen als Mittel zur Reproduktion der Gesellschaft. Sie wurden schuldig gesprochen, den imaginierten „Großen Austausch“ voranzutreiben, weil sie sich nicht gemäß ihrer Rolle als männlicher Besitz verhielten. Dies passt zu der im vorangegangenen Kapitel erwähnten Analyse Federicis: Die männlich konnotierte Kapitalreproduktion ist auf die Unterwerfung und Benutzung weiblicher Körper angewiesen.

Patriarchat bedeutet auch die Kontrolle und Regulation der Körper von Frauen und ihrer Sexualität durch familienbezogene, heteronormative Machtstrukturen. Deshalb ist in der *autoritären Bewegung* der Kampf gegen den „Gender-Wahnsinn“, gegen die Gender Studies und gegen Homosexualität auch so vehement. Das Gesicht der *Identitären Bewegung*, Martin Sellner, schreibt hierzu im Nachwort von Camus’ Buch *Revolte gegen den Großen Austausch*, „der Pillenknick“ habe „im liberalen, westlichen Europa die Fruchtbarkeit seiner Völker gebrochen“.[487]

Die reproduktive Selbstbestimmung von Frauen wird also grundsätzlich abgelehnt. Wie Breivik, Balliet und Rathjen nutzen diesbezüglich auch andere Autoritäre eine Krisenmetaphorik: „[E]ine solche prinzipielle

484 Rodger (2014): My Twisted World, S. 132.
485 Rodger (2014): My Twisted World, S. 118.
486 Rodger (2014): My Twisted World, S. 119.
487 Sellner, Martin In: Camus (2017): Revolte gegen den Großen Austausch, S. 193.

Gleichheit […] hat nicht nur zu den Absurditäten von Weltinnenpolitik und Multikulturalismus geführt, sondern auch zu einer Umverteilung von groteskem Ausmaß, Atomisierung des sozialen Gefüges, Zerstörung des Leistungsprinzips, Gebärstreik und Gender Mainstreaming“ schrieb ein Autor in der autoritären Zeitschrift *Junge Freiheit*.[488]

Immer wieder wird eine Krise des Rückgangs der Geburtenrate und der Verwischung unterschiedlich begründeter sozialer und kultureller Ungleichheit beschworen. Dieses wahnhafte Szenario wird mit dem Niedergang der patriotisch aufgeladenen Nationalkonstruktion verknüpft.[489] Die Argumentation der *Rechtsautoritären* baut dabei auf eine umfassende Kulturkritik der Moderne und deren pluralisierten geschlechtlichen und sexuellen Lebensweisen auf.[490] Eine Tagung des Magazins *Compact* im November 2013 beispielsweise fand unter dem Titel „Werden Europas Völker abgeschafft? Familienfeindlichkeit, Geburtenabsturz, sexuelle Umerziehung“ statt.[491] In dieser verdinglichenden Erzählung, wie auch in den Imaginationen der Täter, sind Frauen als bevölkerungspolitisches Instrument des patriarchalen Staates konstruiert. Deshalb nahm Breivik die unregulierte Sexualität von Frauen als Gefahr wahr. Über die Sexualität der Schwester und der Mutter schrieb er abwertend und psychotisch: „Meine Halbschwester Elisabeth infizierte sich mit Chlamydien, nachdem sie mehr als 40 Sexualpartner hatte (mehr als 15 Chippendales-Stripper, die bekanntermaßen Träger verschiedener Krankheiten sind). Ihre Chlamydien blieben unbehandelt, und sie wurde eine von mehreren Millionen US-amerikanischen/europäischen Frauen, die an PID, einer durch unbehandelte Gonorrhoe und Chlamydien verursachten Beckenentzündung, litten, die zu Unfruchtbarkeit führt“. Die Mutter habe Genitalherpes: „Sowohl meine

488 Weißmann, Karlheinz (2010): 1.10.10 / Zur Konjunktur eines politischen Begriffs / Der konservative Ernstfall. Hg. v. Junge Freiheit. Online verfügbar unter https://jf-archiv.de/archiv10/201040100162.htm, zuletzt aktualisiert am 12.8.2016, zuletzt geprüft am 26.11.2021.

489 Vgl. Lang, Juliane (2017): Familie und Vaterland in der Krise. Der extrem rechte Diskurs um Gender, In: Sabine Hark und Paula-Irene Villa (Hg.): Anti-Genderismus. Sexualität und Geschlecht als Schauplätze aktueller politischer Auseinandersetzungen. 2., unveränderte Auflage. Bielefeld: transcript (Gender studies), S. 170.

490 Vgl. Lang (2017): Familie und Vaterland in der Krise, 172.

491 Lang (2017): Familie und Vaterland in der Krise, S. 174.

Schwester als auch meine Mutter haben nicht nur mir, sondern auch sich selbst und unserer Familie Schande bereitet.“[492]

Da er die väterliche Autorität in der retraditionalisierten Kleinfamilie wiederherstellen wollte, stellte er die Verfügbarkeit des weiblichen Körpers in diesen Kontext. Frauen sollten seiner Idealvorstellung gemäß nicht frei über ihren Körper verfügen, sie sollten zuvorderst durch Enthaltsamkeit zur Familienehre beitragen. In seinem misogynen Wahn ekelt ihn die weibliche Sexualität: Ihr Ausleben führe zwangsläufig zu sich ausbreitenden Geschlechtskrankheiten und infolgedessen zum Aussterben der europäischen Kultur.[493]

Zudem ordnete Breivik „die Frauen“ verschiedener Kulturen in einem Ranking nach ihrer Sexualmoral und vergab ihnen diesbezüglich Punkte.[494] Hierbei handelt es sich um die Überschneidung rassistischer und misogyner Stereotypisierung. Aufgrund der weiblichen Irrationalität sollten Frauen keine höhere Bildung erhalten, sie sei an ihnen verschwendet. Das Sexualverhalten von „westlichen“ Frauen führe zur Auslöschung männlicher Identität, zu Homosexualität, zu Scheidung und Abtreibung und infolgedessen zur Auslöschung des christlichen Patriarchats.

In seiner faschistischen Utopie existieren Sexzonen, in denen Sexualität reguliert vonstattengeht.[495] Das entspricht einer projektiven Aufspaltung der Frauenschaft in die schlechte Hure und die gute Heilige. Erstere ist durch die nicht zu regulierende Frau dargestellt, die selbstbestimmt über ihren Körper verfügt. Die Heilige ist die Frau/Mutter, die sich dem männlichen Lebensentwurf angleicht und ihren Körper in den Dienst der patriarchalen *Biopolitik*[496] stellt. Die Täter nahmen Frauen nicht als gleichwertige Menschen mit unabhängigen Zielen, Wünschen und Bedürfnissen wahr. Für sie existieren Frauen entweder als Mutter, die Sorgearbeit für ihre Männer und Kinder leistet, oder als „Nutzkörper“ für Sex und Anerkennung.

---

492 Vgl. Berwick (Breivik) (2011): 2083, S. 1174.

493 Womöglich lag bei Breivik ein innerer Konflikt mit seiner sexuellen Orientierung vor. In Teil 3, Kapitel „7. Frauenmarkt: Fetischobjekt Frau“ gehe ich dem Gedanken weiter nach.

494 Vgl. Berwick (Breivik) (2011): 2083, S. 1172.

495 Vgl. Berwick (Breivik) (2011): 2083, S. 1307.

496 Biopolitik meint hier in Anlehnung an Michel Foucault eine bestimmte Art der Machttechnik, in der eine Bevölkerung durch Disziplinierung und Bewertung von Körpern reguliert wird. Vgl. Michel Foucault (1977): Der Wille zum Wissen (Sexualität und Wahrheit, Bd. 1). Frankfurt a. M.: Suhrkamp.

Verhalten Frauen sich nicht wie Waren oder Objekte, so handele es sich laut Rodger um ihre Verschwörung gegen Männer, bei Balliet um eine Verschwörung von „den Feministinnen“ und den geanderten Männern, die den weißen Männern ihren Besitz „wegnehmen“. Weil sowohl Rodger als auch Balliet maskulinistisch-rassistischen Ungleichheits-Narrativen anhingen, legitimierte die ungerechte „Verteilung“ der „Ware Frau“ deren Vernichtung.[497]

Zusätzlich brachte Balliet eine übergeordnete Geschlechterebene ein: „Entdomestiziere dich“ empfiehlt er seinen Adressaten.[498] Dabei legt er nahe, dass Männer (und die von ihm imaginierte Form patriarchaler Männlichkeit) dieser Tage unterdrückt seien. Die Tat wird so zur heroischen Befreiung aller Männer. Bei Breivik ist das Narrativ eine Anleitung für andere Männer, die Tat nachzuahmen und ebenfalls als Märtyrer der „Tempelritter“ gegen die „Dekonstruktion der Kernfamilie und Feminisierung der europäischen Männer“ vorzugehen.[499] Sein Kampf gegen die Verschwörung ist auch immer ein Kampf gegen die Gleichberechtigung.

Breivik gab während der Verhandlung an, vorgehabt zu haben, die Ministerpräsidentin Gro Harlem Brundtland zu töten, die sich nur durch einen Zufall nicht mehr auf der Insel befand. Brundtland wird von ihm als „Landesmörderin“ (norwegisch. *landmorderen*)[500] bezeichnet, eine von ihm benutzte Paronomasie der norwegischen Worte *landmoder* (Landesmutter) und *morder* (m. Mörder, aber auch Mörderin).[501]

Die Täter verkörpern den hartnäckig nach oben strebenden Genussmann. Er wird durch einen unbewussten *Über-Ich*-Befehl – „Genieße!“ – angetrieben. Weil das Patriarchat nicht mehr wie im *Diskurs des Herrn*, also der direkten väterlichen Herrschaft, offensichtlich ist, wird auch das Verhalten der Täter nicht als misogyn interpretiert. Daher also die Leerstelle, die nicht ausgefüllt werden kann, wenn die Misogynie nicht als unbewusst interpretiert wird. Wenn die patriarchale Herrschaft nur an der Ober-

497 Dieses Frauenideal analysiere ich mithilfe der Thesen von Irigaray im Teil 3, Kapitel „7. Frauenmarkt: Fetischobjekt Frau“.

498 Balliet (2019a): Mannifest.

499 Vgl. Berwick (Breivik) (2011): 2083, S. 1210.

500 Die Landesmutter, der Landesvater. Vgl. auch Schmiester, Carsten (2021): Norwegen und der Massenmord. Zehn Jahre nach Breiviks Tat, online verfügbar unter www.deutschlandfunkkultur.de/norwegen-und-der-massenmord-zehn-jahre-nach-breiviks-tat-100.html, zuletzt geprüft am 20.5.2022.

501 Auch dem Muttermord gehe ich in Teil 3, Kapitel „7. Frauenmarkt: Fetischobjekt Frau“ weiter nach.

fläche – im Sinne von binären Zuschreibungen – analysiert wird ist das höchst problematisch, weil dann davon ausgegangen wird, dass die patriarchale Herrschaft nahezu abgeschafft sei. Die Attentate werden unerklärbar. So kann es geschehen, dass Gabriele Rathjen nicht als Opfer auftaucht und so kann es ebenfalls geschehen, dass der Sexismus von Breivik fast gänzlich unerwähnt bleibt. Dabei wird beim Blick in die Mannifeste völlig klar, dass die Täter sich ein Mehr an patriarchaler Herrschaft wünschen. Auch sie gehen fälschlicherweise davon aus, dass inzwischen eine Fastgleichstellung der Geschlechter existiert. Mit den Frauen und dem gegenwärtigen Geschlechterarrangement sind jedenfalls alle vier Attentäter nicht einverstanden. Sie denken, dass beispielsweise queere Lebensformen und reproduktive Rechte für Frauen das Übel der Moderne nebst Unterjochung des aktuellen Mannes bedeutet. Dies ist jedoch nach wie vor dieselbe Misogynie, die mit der Subjektlosigkeit der Frau insgesamt einhergeht. Die Täter machen die Frauen für die *Unmöglichkeit zu Genießen* verantwortlich. Gerade diese Ideologie weist auf das Ausmaß der aktuellen Misogynie hin. Wäre die Misogynie am Schwinden, so würden nicht „die Frauen“ am Übel der Welt schuldig gesprochen. In den jeweils etwas unterschiedlich ausgestalteten Verschwörungen der Täter sind Frauen entweder stark involviert, mehr oder minder Täterin oder Mittel – jedenfalls immer dominierend und auf ihren „natürlichen“ Platz zu verweisen. Ihre Sexualität und Reproduktionsfähigkeit soll durch Männer kontrolliert und beherrscht werden.

3. Selbstbezug

In den letzten drei Unterkapiteln wurde die Verwobenheit der rassistischen, antisemitischen, misogynen und antifeministischen Narrative sichtbar. Zugrunde liegt hier die Konstruktion des *weißen* Mannes, der um seine natürliche Position innerhalb des Patriarchats gebracht wurde. Auf der Basis eines verdinglichten Geschlechter- und Rassen-Narrativs konstruiert er so einen Anspruch auf Macht über geanderte Körper. Projektiv wird eine weiblich-jüdische Verschwörung konstruiert, der zufolge diejenigen vernichtet, bekämpft und kontrolliert werden müssen, die ihr zugeschrieben werden. Im Zentrum des Narrativs steht der Mann. Alles auf der Welt geschieht wegen ihm. In den Narrativen der Täter hatte die Verschwörung immer mit ihnen persönlich zu tun.[502] In Bezug auf den 11. September schrieb Rathjen: „Intuitiv wusste ich, dass ein Zusammenhang mit mir bestand, beziehungsweise dieser Anschlag von den USA selbst ausgeführt wurde".[503] Breivik und Balliet bezogen die Verschwörung auf sich als *rassifizierte* Männer, die aufgrund der „natürlichen" Höherwertigkeit ihrer Kultur, beziehungsweise ihrer „Rasse" und Männlichkeit, persönlich vom Unrecht betroffen waren. Deshalb gingen sie, sich im Recht fühlend, als „Terrorist" und „Tempelrittermärtyrer" gegen diese Ungerechtigkeit vor. Rodger projizierte zudem seine Minderwertigkeitskomplexe auf die „girls". In seiner Vorstellung verweigerten sie sich ihm persönlich.

Dass diese Erzählungen jedweder historischer Fakten entbehren, muss eigentlich nicht betont werden. Autoritäre Narrative haben nicht den Anspruch, wissenschaftlichen Standards zu genügen oder die Genese gesellschaftlicher Phänomene kritisch zu beleuchten.[504] Es geht um die emotionsgeladene Legitimierung von Ungleichheit. Das Subjekt ist nicht in der Lage oder nicht willens, komplexe Zusammenhänge differenziert zu diskutieren. Ein drängendes, inneres Begehren löst nämlich das pseudotheoretische Signifizieren aus. Dieses jedoch bleibt unbewusst.

Wie Lacan die Psychose beschrieb, erscheinen innere Vorgänge als von außen kommend. Und gleichzeitig werden innere Konflikte, wie die *Kritische Theorie* es beschrieb, auf äußere Feindbilder projiziert und dort bekämpft. Eingekleidet wird das unbewusste Begehren mit Pseudotheorie. So wähnten sich die Täter auf der moralisch sicheren Seite. Positivistisch steht die Idee am Anfang, die Begründung erfolgt danach. Rechte Thinktanks und sich als intellektuell bezeichnende Autoritäre[505] kopieren den Stil kritischer Wissenschaft, indem sie beispielsweise Gramsci heranziehen, ihn allerdings unkritisch zweckentfremden, eine intellektuelle Auseinandersetzung mit seiner Theorie bleibt aus. Denn es geht nicht um kritische Annäherung an gesellschaftliche Phänomene, sondern um den Kampf um gesellschaftliche Definitionsmacht und Selbstwertbehauptung. Es ist ein

502 Die Egozentrierung der Verschwörungserzählungen wird später mit der narzisstischen Charakterstruktur der Täter in Verbindung gebracht.

503 Vgl. Rathjen (2020 a): Manifest, S. 17.

504 Kritik ist hier als Einordnung und Frage nach Bedingungen der Möglichkeit spezifischer, gesellschaftlicher Phänomene definiert.

505 Tatsächlich schreiben auch Frauen an der Unterdrückung anderer Frau mit. Beispiele hierfür sind Ellen Kositza, deren Ehemann Götz Kubitschek ist, Gabriele Kuby, Inge Thürknauf oder Birgit Kelle.

wehrhafter Umgang mit Argumenten: Sie dienen als Waffen im Kampf gegen den bedrohlichen Feind.

Breivik zitiert falsch und gibt den Inhalt der linken Theorie deutlich verfärbt wieder. Hier beispielsweise ein Zitat, das aus seiner Sicht belegen soll, was das Ziel der *Kritischen Theorie* ist: „Die patriarchale Gesellschaftsstruktur wurde durch das Matriarchat ersetzt; der Glaube, dass Männer und Frauen unterschiedlich sind und unterschiedliche Rollen haben, wurde durch Androgynie ersetzt“.[506]

Die pseudotheoretischen Erläuterungen können als egozentrierte Wahrnehmungen interpretiert werden, die Realität kann nicht abstrakt begriffen werden. Die Attentäter unternahmen große Anstrengungen zu erklären, warum ihre Gefühle und das daraus resultierende Handeln Berechtigung hat. Ihre Aggressionen und Ängste packten sie in monumentale Erklärungsrahmen: Das Verhältnis von Geschlechter- und Rassentheorie sowie die darin angelegte Verschwörung. Da diese großen, drängenden Aggressionen nicht im Inneren verarbeitet werden konnten, projizierten die Attentäter sie auf Gruppen. Die Größe der Aggressionen passt auf die Größe der Fremdgruppe „Frau“, „Ausländer“ und „Jude“: „Es war zu ungerecht. Ich wollte sie alle bestrafen. Ich stellte mir vor, wie süß es wäre, all diese bösen, schlampigen Schlampen abzuschlachten, die mich zurückgewiesen hatten […]“.[507]

Betrachten wir die bereits angeführte *autoritäre Bewegung*, so sehen wir, dass es sich mitnichten um die Psychosen isolierter Einzeltäter handelt. Ihre Verschwörungsnarrative knüpfen an stark geteilte Deutungen an. Diese gewinnen gegenwärtig an kultureller Definitionsmacht. Hysterisch scheinen Kollektivbewusstseine zu fragen: „Was bedeutet Männlichkeit?“ – psychotisch geben sich pseudowissenschaftliche Narrative scheinbar von außen ein. Diese haben eine Rückkehr des faschistischen Patriarchats im Rahmen einer exkludierenden Volksgemeinschaft zum Inhalt. Mittels der Strategie des *Führerlosen Widerstands*[508] versuchen einzelne Attentä-

506 Berwick (Breivik) (2011): 2083, S. 23.

507 Rodger (2014): My Twisted World, S. 110.

508 Der *Führerlose Widerstand* ist eine Organisationsform der revolutionären Autoritären. *Combat 18*, als der bewaffnete Flügel der in der BRD offiziell verbotenen, aus Großbritannien stammenden Gruppe *Blood and Honour*, bediente sich dieser Strategie bei der terroristische Akte auch ohne zentrale Führung und organisierte Gruppenstruktur ausgeführt werden. Auch der NSU machte sie sich zu eigen. Viele weitere autoritäre Anschläge können als Teil dieser Taktik interpretiert werden. Vgl. Steinhagen, Martin (2019): Lübcke-Mord: Terror aus dem „führerlosen Widerstand“. Hg. v. Blätter Verlagsgesell-

ter sich gegen die imaginierten Verschwörungen zu erheben. Immer mehr Menschen deuten ihre Attentate als eine Notwendigkeit, um sich gegen diese vermeintlichen Verschwörer zu wehren. Autoritäre kämpfen sowohl körperlich als auch mit Worten als Waffen für ihre Herrschaft.

Warum aber breiten sich die beschriebenen Verschwörungsnarrative derzeit so drastisch aus? Und warum nehmen besonders Männer aktuell „Weiblichkeit“ (Frauen), „die Juden“ und „die Ausländer“ als eine solche Bedrohung wahr, dass die Genannten vernichtet werden müssen? Diese Fragen möchte ich in den nächsten Kapiteln beantworten. Dabei fokussiere ich mich auf den Aspekt der psychotischen Wahrnehmung einer „Frauenverschwörung“ beziehungsweise der ihr zugrunde liegenden Angst vor Frauendominanz. Es geht darum, die patriarchale Herrschaft als ökonomische Produktionsweise, aber eben auch als Kultur und innerpsychischen Konflikt, darzustellen. Und es geht damit um die Besonderheiten der aktuellen Konflikte. Im nächsten Kapitel wird gesellschaftsdiagnostisch der Zusammenhang zwischen der aktuellen, patriarchalen Subjektivierung und dem Bedürfnis nach Abwertung und Gewalt gegenüber den Anderen dargestellt.

4. Neopatriarchale männliche Subjektivierung

Warum fühlen sich besonders Männer von als anders Markierten dominiert und bedroht? Offensichtlich gehen sowohl die untersuchten Täter als auch die größer werdende *autoritäre Bewegung* vom Matriarchat, beziehungsweise von einer weiblichen Dominanz aus. Jedenfalls haben zunehmend mehr Männer Angst, dass Frauen, queere und migrantisierte Menschen sich nicht gemäß ihres „natürlichen“ Platzes in der Gesellschaft verhalten und

schaft mbH. Online verfügbar unter www.blaetter.de/ausgabe/2019/august/luebcke-mord-terror-aus-dem-fuehrerlosen-widerstand, zuletzt geprüft am 26.11.2021.

Die Strategie wurde erstmals 2000 in der, unter dem Pseudonym *Max Hammer* herausgegebenen, Publikation *Field Manual*, erläutert. Sie wird dem Umfeld von *Blood and Honour* zugeordnet. Der Widerstand sei notwendig, um gegen das schon erwähnte ZOG vorzugehen. Vgl. Backes, Uwe (2020): Rechtsextremistische und rechtsterroristische Gewalt in Europa. Bundeszentrale für politische Bildung, 22.12.2020, online verfügbar unter www.bpb.de/politik/extremismus/rechtsextremismus/324955/rechtsterrorismus-in-europa, zuletzt geprüft am 26.11.2021.

zu einer ernsthaften Konkurrenz im Kampf um Genusschancen werden.[509] Entgegen der Natur seien sie durch eine infiltrierte und fehlgeleitete Politik übervorteilt worden. Dieser Umstand müsse durch eine männlich konnotierte Revolution wieder rückgängig gemacht werden. Was der konkrete Inhalt dieser Verschwörungsnarrative ist, wurde im letzten Kapitel erläutert.

Warum erstarkt zur Zeit in bestimmten Medien, auf der Straße und im Cyberspace diese hysterische Frage nach der Wertigkeit von *weißer* Männlichkeit und patriarchaler Kultur?

Gemäß Lacans Gesellschaftsdiagnose ist die väterliche Autorität in der traditionellen Form seit dem 20. Jahrhundert am Schwinden. Spätestens ab den 1970er Jahren wird sie, auch als Folge der neuen sozialen Bewegung, anders vermittelt.[510] Tove Soiland zufolge etabliert sich das von ihr so bezeichnete „Neopatriarchat“ aktuell in sich explizit als „gleichberechtigt“ verstehenden Räumen. Ihre Theorieproduktion schließt an die Frage an „warum die postödipale Gesellschaft nicht, wie zu erwarten wäre, mit der tatsächlichen Befreiung der Frau einherging, sondern offenbar auf der Ebene des Geschlechterverhältnisses [...] eine Liberalisierung (geschieht) die lediglich zu einem Gestaltwandel der Herrschaft führt.“[511] Das Patriarchat und die durch es produzierten Identitäten funktioniert nicht mehr nur über traditionelle Zuschreibungen,[512] die eigene Involviertheit in Herrschaftszusammenhänge ist unbewusst.[513]

In diesem Kapitel wird es um die Frage gehen, wie das Neopatriarchat durch die Aneignung von Sprache als Struktur reproduziert wird. Dies erlaubt Rückschlüsse auf das Verhältnis der Täter und der *autoritären Bewe-*

---

509 Bzw. gehen die Attentäter wie in den vorangegangenen Kapiteln dargestellt davon aus, dass dieser Kampf bereits fast verloren und deshalb dringend geführt werden müsste. Im „Attentat-Game“ tritt dabei der Tempelrittermärtyrer gegen die muslimischen Horden an bzw. opfert sich heroisch für die nationale Gruppe auf. Da sind die „radikalen Feministinnen“ natürlich keine Hilfe, wenn sie von der Gleichheit der Menschen lamentieren und so den Kampfgeist des Tempelritters schwächen.

510 Es wird von einer dominanten Subjektivierungsform ausgegangen, die sich in Strukturen manifestiert. Allerdings ist nicht jede Erziehung gleich. Sicherlich wird in manchen Erziehungsstilen noch mit strengen, patriarchalen Verboten gearbeitet.

511 Vgl. Soiland, Tove (2022): Genießen als Faktor des Politischen, S. 21.

512 Vgl. Soiland, Tove (2018): Der Umsturz des Ödipalen, S. 96.

513 Vgl. Soiland, Tove (2022): Genießen als Faktor des Politischen, S. 12.

gung zu den als „anders“ markierten Menschen und allgemein zur intersubjektiven Gesellschaftsstruktur, Lacans „großem Anderen“.

Im traditionellen Patriarchat wurde die männliche Autorität durch reale Vaterfiguren vermittelt. Sie sprachen gesellschaftliche Verbote aus und regulierten so Kultur. Der reale Vater hatte die Herrschaft in der Familie inne und symbolisierte dort das Inzesttabu. Frauen waren, schon durch den Ausschluss aus der Staatsbürgerschaft, auch rechtlich an seine Entscheidungen gebunden. Sie konnten weder besitzen noch bekamen sie das von ihnen miterwirtschaftete familiäre Vermögen vererbt. Aktuell ist diese Herrschaft liberalisiert, was bedeutet, dass sie nun in gewandelter Form, nämlich unbewusst fortbesteht.

Als unbewusste Struktur ist die Herrschaft weniger an konkrete Männerkörper gebunden.[514] Das patriarchale Prinzip der symbolischen Austauschbeziehungen, die sich in der Familie und der mit ihr zusammenhängenden Ideologie und durch staatlicher Gesetze etablierte, ist jedoch nach wie vor erhalten. Menschen glauben nicht mehr flächendeckend an den Vatergott, der das Begehren der Menschen heterosexuell ausrichtet. Auch der Vater ist nicht mehr uneingeschränkter Gesetzgeber der Familie. Trotzdem ist die Misogynie geblieben – kann nun aber nicht mehr als solche erkannt werden.[515] Warum die symbolische Minderwertigkeit von Frauen existiert, kann nicht mehr auf den realen Vater zurückgeführt werden. Die Herrschaft ist insofern weniger direkt sichtbar und schwieriger zu benennen.

514 Das heißt nicht, dass in den Familien nicht eine massive, vom Vater ausgehende, häusliche Gewalt besteht. Allerdings ist dies eher als Reaktion auf neopatriarchale Ideologie und Minderwertigkeitsgefühle zurückzuführen. Formal verbietet das BGB diese Art von männlich konnotierter Gewalt.

515 Es wird hier davon Abstand genommen, bloße binäre Zuschreibungen, z. B. *rational / emotional* als das Geschlecht ausmachend zu definieren. Es geht nicht um die Aufweichung dieser Zuschreibungen und positive Erfindung von vermeintlich ungeschlechtlichen Elementen. Es geht vielmehr darum, zu verstehen, warum diese geschlechtlich konnotierten Zuschreibungen zwar weniger rigide durchgesetzt werden, die Misogynie aber bleibt, bzw. aktuell ansteigt. Dies erfordert die Anerkennung des Unbewussten und die Überlegung, wie Menschen durch Sprache und deren unbewussten Anteil – das, was das nicht Verfügbare Reale phantasmatisch einkleidet –, in patriarchale Herrschaft eingebunden sind. Das menschliche Genießen verwickelt uns in Herrschaft dadurch, dass es eine Begründung geben muss, warum nicht alle gleich genussvoll leben können. Vgl. Soiland, Tove (2022): Genießen als Faktor des Politischen.

Auch wenn der Vater die Kinder nicht mehr mittels rechtlicher und im Zweifel physischer Gewalt zwingt, sich den traditionellen Rollen zu fügen, sowie nicht selten sogar als Person komplett abwesend ist, so bleibt die Grundlage der Geschlechterhierarchie erhalten und wird auf anderem Wege durchgesetzt.[516] Die scheinbar demokratischen, westlichen Gesellschaften produzieren immerfort einen Diskurs, der suggeriert, dass die männlich konnotierte Herrschaft aufgehoben sei. [517] Dies ist beispielsweise an Formulierung wie „immer noch" erkennbar. „Immer noch" seien die Frauen „nicht ganz gleichberechtigt". Dies legt eine emanzipatorische Progression nahe, die symbolisch eine baldige Herrschaftsfreiheit, bzw. Gleichberechtigung verspricht. Tatsächlich aber hat sich das männlich konnotierte Subjekt selbst als herrschend eingesetzt und kann die Kultur so nach eigenen, unbewussten und Ungleichheit produzierenden Strukturen gestalten. Misogynie kann innerhalb von Selbstverständnissen eines „fast Gleichberechtigtseins" nicht artikuliert werden und die Ursachen in der Subjektivierung können angesichts sich ausdifferenzierender Familienformen und abwesender Väter nicht kritisiert werden.

Wie wird nun die neopatriarchale Herrschaft unbewusst von begehrenden, nach Genuss strebenden Subjekten reproduziert?

Um dies zu verstehen, müssen wir uns den Spracherwerb des Subjektes anschauen. Das Patriarchat ist nämlich ein historisch wandelbares Verhältnis zwischen Signifikant[518] und *Genießen*. Aus dem Umstand der Sprachlichkeit resultiert Lacan zufolge eine *Unmöglichkeit zu Genießen.*

---

516 Auch hier möchte ich wieder auf das Kapitel „6. Pflichtschuldiges Genießen" in Teil 3 verweisen.

517 Vgl. Soiland, Tove (2018): Der Umsturz des Ödipalen, S. 96.

518 Der *Signifikant* ist die Lautseite eines sprachlichen Elementes, das *Signifikat* die Bedeutungsseite. „Chemama erläutert das mit einem Detail aus Freuds Studie über den 'Rattenmann'. Dieser Patient kam in den Ferien plötzlich auf die Idee, abzumagern; er schob das Essen von sich und unterwarf sich schweißtreibenden Wander-Exerzitien. Dieses Element, das zwanghafte Abmagern, ist ein Signifikant: ein Element, dessen Bedeutung – dessen Signifikat – der Patient sucht, dessen Bedeutung ihm aber nicht zugänglich ist, versperrt ist. Den Sinn der Zwangshandlung begreift der Patient, als ihm in einer Analysesitzung einfällt, dass am Ferienort auch die von ihm geliebte Dame ihren Aufenthalt genommen hatte, aber leider in Begleitung eines englischen Vetters, der sich sehr um sie bemühte und auf den er eifersüchtig war. Der Vetter hieß Richard und wurde 'Dick' gerufen. Das Signifikat des Signifikanten 'Abmagern' ist 'Dick töten'". Nemitz, Rolf (2012): Der Signifikant, online

Das Subjekt ist ein in sich gespaltenes: Das Signifizieren kann niemals genau das ausdrücken, was signifiziert wird. Das Subjekt symbolisiert immer mittels Zeichen etwas anderes, das so nie ausgedrückt werden kann. „Das Reale“ ist also durch Sprache nicht zu fassen, es kann sich nur angenähert werden. Das heißt, es bleibt immer eine Lücke zwischen Signifikant und dem Realen: Der Rest des Realen.

Um trotzdem *genießen* zu können, muss es eine sprachliche Einkleidung dieser *Unmöglichkeit zu Genießen* geben. Diese nennt Lacan das Phantasma, es ist Teil seines Begriffs des Begehrens. Je nach Menschheitsepoche ist diese *Unmöglichkeit zu Genießen* phantasmatisch anders eingekleidet. Der Genuss ist durch patriarchale Identifizierung mit dem Körper der Mutter verknüpft, um den Zugang oder das Verwehren des Zugangs dreht sich die Sprache.

Im traditionellen Patriarchat entspricht die phantasmatische Einkleidung der *Unmöglichkeit zu Genießen* dem Verbot von *Genuss* durch den autoritären Vater. Diese phantasmatische Einkleidung des *Diskurs des Herrn* hat die unbewusste Vorstellung zum Grundsatz, dass ein unmittelbares *Genießen* – der Zugang zum Körper der Mutter – zwar verboten ist, allerdings von einem, dem (Ur)vater, „der den Restriktionen im Hinblick auf das Genießen nicht unterlag“ sehr wohl genossen werden kann.[519] Dies entspricht der Kastration, wie sie schon bei Freud vorkommt. Dem Patriarchat liegt die unbewusste Phantasie der Verfügbarkeit des direkten Zugangs zum *Genießen*, durch ein Verbot zum Zugang zum Körper der Mutter zugrunde. Das Verbot konstruiert erst etwas Imaginäres, dass es vorher nicht gegeben hat. Das Verbot suggeriert, es gäbe etwas Positives, das verboten werden kann. Dieses väterliche Verbot mit der phantasmatischen Vorstellung von etwas zu Verbietendem – dem Inzest mit der Mutter – wird Teil

unter https://lacan-entziffern.de/signifikant/signifikant-signifikat/, zuletzt geprüft am 4.7.2023.

519 Hier möchte ich gerne eine Stelle in Balliets Mannifest zitieren, an der er ironisch den geplanten Tathergang mit der finalen Belohnung beschreibt: „Geh rein und töte alles. Improvisiere falls [if] wenn etwas schiefgeht. Fahre weg. Töte noch mehr. Wiederhole dies bis alle Juden tot sind oder du die Existenz von Waifus in Walhalla beweist, was auch immer zuerst kommt. Jej.“ Im Jenseits kann also der Zugang zum Körper der Frau unbegrenzt genossen werden. Den Genuss verknüpft Balliet eindeutig mit dem Körper der Ehefrau/Mutter. Balliet (2019): Mannifest.

des *Über-Ich* des Subjekts und ist so handlungsleitend, beziehungsweise, drückt eine bestimmte Ideologie des *Diskurs des Herrn* aus.[520]

Nun gab es einen Formwandel, der seit den 60er Jahren die dominante Struktur bestimmt. Der *Diskurs des Herrn* sei vom *Diskurs der Universität* – hier ist ein ideologisch aufgeladenes Wissen gemeint – abgelöst worden. Ersterer habe in Letzterem zu seiner wahren Form gefunden. Warum? Lacan stützte sich in der Erklärung auf Freuds Ödipuskomplex und hob ihn auf eine sprachtheoretische Ebene, er sei ein Phantasma. Das Inzesttabu, das bei Freud noch der reale Vater ausspricht, findet bei Lacan auf der rein sprachlichen Ebene des *großen Anderen* statt. Und zwar als Gesetz: *im-Namen-des-Vaters*. Das heißt, dass der Vater nicht unbedingt eine reale Person sein muss, sondern dass das Inzesttabu im „Regelwerk" unserer sprachlichen Struktur stattfindet. „Aussprechen" können es auch beispielsweise die Mutter, die Lehrerin oder sonstige Instanzen. „Der Vater hat keinen Eigennamen. Dies ist keine Figur, dies ist eine Funktion. Der Vater hat ebenso viele Namen, wie sie [die Funktion; H.V.] Träger hat."[521] Der *symbolische Vater* ist eine sprachliche Funktion, die die Signifikantenkette auslöst.[522] Durch die *symbolische Kastration* mit ihrem *Inzesttabu* und dem *Ödipuskomplex*, bzw. *Postödipuskomplex* wird sie wirksam.

Der Mangel und die *Unmöglichkeit zu Genießen* sind aufgrund von Sozialisation und Identifikation weiterhin mit dem Körper der Mutter assoziiert. Sie und so „die Weiblichkeit" an sich steht symbolisch für das *Objekt klein a*.[523] Dieses ist der Signifikant, der für die Befriedigung des Begehrens, den Genuss steht. Während der Phallus für das *Genießende* steht, repräsentiert „das Weibliche" die *Unmöglichkeit zu Genießen*. Nur braucht es für diesen Vorgang nicht unbedingt einen anwesenden, autoritären Vater. Dieser ist als sprachliche Funktion im Unbewussten der Menschheit in der sogenannten westlichen Welt wirksam.

Durch den *Diskurs der Universität* – im Sinne eines ideologisch aufgeladenen Wissens – wird suggeriert, dass Genuss demokratisch verteilt sei. Allerdings ist dies ein Trugbild, und entspricht dem aktuellen Phantasma:

520 Vgl. Soiland (2018): Der Umsturz des Ödipalen, S. 105.

521 Lacan, Jacque (2006): Name-des-Vaters, Turia + Kant: Wien.

522 Vgl. Soiland (2010): Luce Irigarays Denken der sexuellen Differenz.S. 151.

523 Vgl. Lacan, Jacques (2015): Encore. Das Seminar, Buch XX (1972-1973). [3. Auflage]. Hg. v. Jacques-Alain Miller. Wien, Berlin: Turia + Kant (Das Seminar von Jacques Lacan / Text erstellt durch Jacques-Alain Miller, Buch 20), S. 136.

„Wenn […] das Genießen […] an die Stelle des Ideals [Gott, Vater; H.V.] getreten ist, so heißt dies nicht, dass damit der Herr verschwindet. Er wird lediglich ungreifbar.“[524] Obwohl also die Vaterautorität massiv an offensichtlicher Macht eingebüßt hat, ist die patriarchale Herrschaft geblieben und belässt Frauen weiterhin in der Position des Begehrt-Werdens, ohne selbstständig zu begehren und des Besprochen-Werdens, ohne eigenständige sprachliche Position.

Teil des neopatriarchalen Begehrens ist erstens die Abhängigkeit der Frau/Mutter von dieser männlich konnotierten, sprachlichen Struktur und zweitens ihr *Sein als Mangel* – ihre Assoziation mit dem Phallus.[525] Sie symbolisiert männliche Begehrenswünsche und ist so innerhalb der Heterosexualität auf Männer bezogen. Obwohl der *Diskurs der Universität* das Verbot verändert, ist sie im Neopatriarchat nicht befreit: Denn ihr Körper ist weiter fetischistisch aufgeladen und es besteht weiterhin das Phantasma des Genusses durch den Körper der Mutter. Sowohl im *Diskurs der Universität* als auch im *Diskurs des Herrn* ist die Frau nur der phantasmatische Mangel. Ihr *Sein als Mangel* im Patriarchat ist dadurch bedingt, dass der Phallus der erste Signifikant für den Mangel an der Mutter ist.[526] Er ist der erste Signifikant für die *symbolische Kastration.* Die Mutter besitzt keinen Phallus und ist damit weiter die Entmachtete.[527]

Nun behauptete Lacan zwar nicht wie Freud, dass dies eine essentialistische, „natürliche“ Angelegenheit sei. Allerdings wertete er die *symbolische Kastration* als notwendige Vorbedingung für die sprachliche Struktur, die Sprach- und damit Gesellschaftsfähigkeit von Menschen und Sinn sowie Ausrichtung des realen Phallus verursache. Kurz gesagt: Für Lacan ist das Patriarchat Voraussetzung gesellschaftlicher Ordnung. Die präödipale Phase blieb bei Lacan ein völlig unbeachteter Aspekt – beziehungsweise muss diese seiner Ansicht nach, um der Kultur willen, überwunden werden.[528]

524 Vgl. Soiland, Tove (2022): Genießen als Faktor des Politischen, S. 36.

525 Vgl. Soiland (2018): Der Umsturz des Ödipalen, S. 112.

526 Lacan beobachtete bei Kleinkindern das von ihm so bezeichnete „Fort-Da-Spiel“. Das beobachtete Kind symbolisierte anhand einer Spule das schmerzhafte Weggehen der Mutter: Dabei gab es Laute von sich. Lacan übertrug diese Symbolisierung auf den Inzestwunsch und das Inzesttabu zwischen Mutter und Kind.

527 Vgl. Soiland (2010): Luce Irigarays Denken der sexuellen Differenz. Eine dritte Position im Streit zwischen Lacan und den Historisten, S. 151.

528 Vgl. Sigmund-Wild (2000): Anerkennung des Ver-rückten, S. 34.

Irigaray kritisierte an dieser Denktradition, dass die Hypostasierung des ödipalen Konfliktes selbst ideologisch sei. Eine emanzipierte Subjektivierung sei zumindest denkbar. Die Höher- und Minderwertigkeit von Mann/Frau, die durch den Spracherwerb in Gang gesetzt wird, könne überwunden werden. In Lacans Denkweise ist die Mutter/Frau immer nur die melancholische, phantasmatische Einkleidung eines Mangels, der *Unmöglichkeit zu Genießen*, und im gleichen Zuge die Grundlage des männlichen Begehrens. Ihre mütterliche Gabe kann nicht symbolisiert werden.[529] Die Frau in der neopatriarchalen Gesellschaft hat am sprachlichen Austauschsystem teil, indem sie der Phallus ist, indem sie als Objekt für männliche Macht steht, indem sie also unbewusst als Grund männlichen Begehrens Mangel symbolisiert. Das Weiblichkeitskonzept ist so immer ein vom Männlichen aus konstruiertes.

Zusammenfassend: Auch wenn die traditionelle Vaterautorität vordergründig deutlich an Macht eingebüßt hat, wird unbewusst trotzdem eine Höher- und Minderwertigkeit zwischen den Geschlechtern reproduziert. Dies bedingt den Fetischcharakter von Frauenkörpern. Sie stellen durch Identifikationsprozesse in der Kleinfamilie die Zirkulation der phallischen Macht dar und sichern sie zugleich.[530] Zudem, und das ist der springende Punkt, ist die *Unmöglichkeit zu Genießen* mit dem weiblichen Körper assoziiert. Was dies im Kontext westlichen, männlichen Begehrens und misogyner Verdrängung, Abwertung von und Angst vor Weiblichkeit und ihrer Sexualität bedeuten kann, werde ich weiter unten im Kapitel wieder anhand der Täter und der *autoritären Bewegung* analysieren.

Irigarays Kritik fokussiert also, dass es in der westlichen Welt mit ihrer patriarchalen Subjektivierung keine „echte" Weiblichkeit im Sinne einer eigenständigen symbolischen Position gibt. Neopatriarchale Subjektivierung bedeutet, dass patriarchale Herrschaft weiterhin reproduziert wird, nur eben anders, als ausschließlich durch den autoritären Vater/Gott verkörpert.[531]

Der scheinbar mögliche Zugang zum Körper der Mutter symbolisiert die aktuelle Scheindemokratie, was gesellschaftlichen Genuss anbelangt.

529 Vgl. Sigmund-Wild (2000): Anerkennung des Ver-rückten, S. 36.

530 Vgl. Soiland (2010): Luce Irigarays Denken der sexuellen Differenz. Eine dritte Position im Streit zwischen Lacan und den Historisten, S. 155.

531 Wobei es wichtig ist, festzustellen, dass es in einer komplexen Gesellschaft nie nur eine Subjektivierungsweise geben kann. Es gibt selbstverständlich auch heute autoritäre Väter, die nach wie vor Strafe und Gewalt anwenden.

Da dieser in der neopatriarchalen Herrschaft nicht mehr durch den patriarchalen Vater verboten, sondern sogar ausdrückliche Pflicht ist, haben wir Frauen dieser Zeit, in einem Akt des „Selbstkannibalismus", Teil an der Herrschaft. Durch die unbewusste Fantasie der allgewährenden Mutter bleibt ihr Wollen verdrängt, weil es eine narzisstische Kränkung für Männer bedeutet.[532] Frauen/Mütter werden weiterhin als natürliche Ressource behandelt, ihre mütterliche Gabe des Gebärens und Versorgens wird wie ein in der Natur vorkommender Rohstoff ausgebeutet.

Geschlecht ist nach wie vor nach Funktionen aufgeteilt, nicht nach sich unterscheidenden Subjektpositionen. Frauen/Mütter sind unbewusst nur als Funktion des Begehrens von Männern repräsentiert.[533] Und die Herrschaft, mit der wir es dadurch zu tun haben, ist noch nicht mal offensichtlich und damit benennbar. Vielmehr handelt es sich um eine „herrenlos gewordene Herrschaft", die auf der symbolischen Ebene operiert und damit unbewusst ist.[534] Die Syntax unserer Gesellschaft ist männlich und auf die Verdrängung des Weiblichen angewiesen, Mutterschaft bleibt nicht repräsentiert. Und weil das Mütterlich-Weibliche verdrängt ist, löst es Angst aus.[535]

Männlichkeit muss sich immer wieder als überlegen konstruieren – was natürlich mit der Abwertung der *Anderen Frauen* und der Abwertung *anderer* Männer (Homosexuelle, Ausländer, Juden) einhergeht. In Bezug auf die untersuchten Attentäter wurde sichtbar, welche Vernichtungsaggression die patriarchale Subjektivierung entfalten kann. Der Herr duldet nur Knechte neben sich – nicht aber gleichwertige Subjekte, die eine wirkliche Individualität verkörpern würden.

Aber wie kommt dieser drängende Wunsch nach Vernichtung der als *anders* markierten Personen zustande? Ich komme hier wieder auf das Spiegelstadium des Kindes zurück, um den männlich konnotierten Narzissmus zu erläutern, der der These nach Grund des Vernichtungswunsches der Täter ist. Subjektivierung geschieht innerhalb der westlichen patriarchalen Gesellschaften in der bürgerlichen Kleinfamilie durch das Inzesttabu und Identifikation mit demselben Geschlecht.[536] Der *große Andere* ist durch die Anwesenheit des *symbolischen Vaters* gewährleistet, der innerhalb der

532 Vgl. Soiland (2018): Der Umsturz des Ödipalen, S. 112.
533 Vgl. Soiland (2018): Der Umsturz des Ödipalen, S. 161 ff.
534 Vgl. Soiland (2018): Der Umsturz des Ödipalen, S. 107.
535 Vgl. Irigaray (1991): Ethik der sexuellen Differenz, S. 126.
536 Vgl. Irigaray (1979): Das Geschlecht, das nicht eins ist, S. 55.

symbolischen Ordnung positioniert ist. Insofern ist „das Unbewußte […] der Diskurs des Anderen“.[537]

Lacan theoretisierte in einem Vortrag die *Ich*-Bildung des Kindes im Spiegelstadium.[538] Es erkenne sich „in einem jubilatorischen Augenblick“ als imaginierte Einheit, indem es sich mit dem Spiegelbild identifiziere. Sich zunächst in der präödipalen Phase nicht vom Körper der Mutter getrennt wahrnehmend, konstruiert das Kind im Prozess (gemeint ist der Prozess zwischen 6. und 18. Monat) eine Vorstellung von sich selbst als egozentriertes Wesen. Neben dieser imaginären Ebene ist ebenfalls eine Symbolische[539] beteiligt: Während das Imaginäre durch das Koppeln von (Spiegel)Bild und Körper das *Ich* bildet, ist das Symbolische durch den *kleinen Anderen* (Körper), das „Liebesobjekt“ beteiligt. Durch die Mutter-Kind-Dyade kommt der Zeugin die Funktion zu, als Spiegel den Vereinheitlichungsprozess des Kindes zu bestätigen.[540]

Lacan zufolge ist das Subjekt von Anbeginn der *Ich*-Bildung im Spiegelstadium gespalten. Das Kind nimmt sich zunächst nicht als Einheit wahr. Es wird im Prozess ein unmögliches Begehren entwickeln, eine klare geschlechtliche Identität auszubilden. Das Ich ist ein Zusammenspiel aus den zwei Registern des Imaginären und des Symbolischen:[541] Dem *moi-imaginaire* und dem *je-symbolique*. Das Ideal-Ich des *moi-imaginaire* bil-

537 Lacan, Jacques (Hg.) (1991): Das Werk von Jacques Lacan. 3., korrigierte Aufl. Weinheim: Quadriga., S. 438.

538 Der Vortrag wird im Kapitel „Spiegelstadium“ wiedergegeben in: Lacan, Jacques: Das Spiegelstadium als Bildner der Ichfunktion, In: ders.: Schriften. 1. Hrsg. v. Norbert Haas. Olten/Freiburg: Walter 1973, S. 61-70.

539 Lacan erweiterte Sigmund Freuds Theorie des Unbewussten um die linguistische Ebene. Er bezog sich dabei auf Ferdinand de Saussure und Claude Lévi-Strauss. Für Lacan ist das Unbewusste durch Signifikantenbezüge geprägt, durch die das Subjekt die Realität interpretiert. Bedeutungen sind die Positionierung von Signifikat, der Lautseite zu Signifikant, der Bedeutungsebene. Im Träumen erfahren wir Menschen das Herausfallen, aus der virtuellen Welt der Bedeutungskonstruktionen. Vgl. Lindhoff (2003): Einführung in die Feministische Literaturtheorie, S. 71.

540 Vgl. Lacan (1949): Das Spiegelstadium als Bildner der Ichfunktion. In Teil 3, Kapitel „7. Frauenmarkt: Fetischobjekt Frau“ werde ich an das Spiegelstadium anknüpfen mit der Erläuterung von Narzissmus als fehlender Spiegelung und Anerkennung von Weiblichkeit beziehungsweise von Andersheit.

541 Und dem Realen, das jedoch nicht in Begriffen fassbar ist. Vgl. Žižek, Slavoj (2016): Lacan. Eine Einführung, S. 19 f.

det sich mithilfe des *kleinen Anderen*, der Mutter. Sie wirft als Hohlspiegel ein imaginäres Bild zurück, mithilfe dessen das Kind eine somatische Einheit antizipiert und sich damit identifiziert. In diesem Prozess entsteht der kindliche Narzissmus: Die libidinöse Heftung an das imaginierte Bild der eigenen Einheit. Der *symbolische Vater* wiederum steht für das Sprachliche, das unbewusste *je-symbolique. Moi-imaginaire*, als Ideal-Ich und *je-symbolique*, das Subjekt des unbewussten Begehrens, sind Ausdruck der Spaltung des Subjektes. Das idealisierte Selbstbild kann immens vom unbewussten *Ich* (frz. *je*) abweichen.[542]

Die Geschlechtsspezifik ist durch die unterschiedlichen Rollen gegeben, die die Geschlechter in diesem Prozess einnehmen. Die Mutter spiegelt und wird zum verlorenen Begehrens*objekt klein a*, der Vater ist mit dem symbolischen *großen Anderen* assoziiert. Das Mädchen identifiziert sich mit der Mutter, also mit der spiegelnden Instanz.[543] Der Junge identifiziert sich mit dem Vater, der kulturellen, subjekthaften Instanz. Insofern ist der männliche Narzissmus einer, der sehr viel näher liegt. Er konnte sich immer schon im Hohlspiegel Frau/Mutter spiegeln: Sie wirft innerhalb der Subjektivierung sein idealisiertes Bild zurück.

„Frauen haben seit all diesen Jahrhunderten als Zerrspiegel gedient, in denen die Gestalt des Mannes auf magische und erbauliche Weise in doppelter Lebensgröße erschienen war“, stellte Virginia Woolf in den frühen 20er Jahren des letzten Jahrhunderts fest.[544] Obwohl sich die Art der Herrschaftsvermittlung seitdem radikal verändert hat, ist der männliche Narzissmus und der Status von Weiblichkeit als Spiegel geblieben. Nach wie vor spiegelt die Frau vermeintliche, männliche Großartigkeit als übersteigertes Ideal-Ich des *moi-imaginaire* wider. Damit das Weibliche spiegelt, muss es in der unterlegenen Position gehalten werden: „Denn sobald sie nicht mehr unterläge, würde sie auch [den Mann; H.V.] nicht mehr vergrößern“.[545] Und weil für den Vorgang der Ich-Bildung und der Identifizierung mit demsel-

542 Vgl. Lacan (1949): Das Spiegelstadium als Bildner der Ichfunktion.

543 Wobei es aufgrund der Minderbewertung von Weiblichkeit im Patriarchat auch hier zu Konflikten kommt: Das Mädchen, das vom weiblichen Rollenangebot und der fehlenden Sprache zwischen Mutter und Tochter enttäuscht ist, wendet sich ebenfalls zum Vater hin und von der Mutter ab. Vgl. Soiland (2010): Luce Irigarays Denken der sexuellen Differenz, S. 186.

544 Woolf, Virginia (2020): Ein Zimmer für sich allein. München: Anaconda Verlag, S. 50.

545 Woolf (2020): Ein Zimmer für sich allein, S. 50 f.

ben Geschlecht die Verdrängung des Weiblichen/der Mutterbindung notwendig ist, löst das Weibliche Angst aus und ihr Aufbegehren muss sofort unterbunden werden: Dies „erklärt, warum weibliche Kritik einen Mann in solche Unruhe versetzt […]".[546]

Die Reaktion der Täter ist insofern sehr auffällig: Alle nahmen Weiblichkeit als übermächtig wahr. Rodger bezeichnete Situationen, in denen Frauen ihn nicht anlächelten, als grausam. Das Verhalten seiner Stiefmutter Soumaya Akaaboune bewertete er stets als übermäßig brutal. Schon das pädagogische Durchsetzen von Limits beim Gaming nahm Rodger als streng bestrafend wahr. In einer Situation schickte Soumaya ihn aufs Zimmer, weil er sich der Schwester gegenüber verbal übergriffig verhalten hatte. Nach dieser „grausamen" und „demütigenden" Strafe habe er nie wieder Freunde dorthin eingeladen.

Insgesamt genügten oft kleine Abweisungen von Frauen, damit diese von Rodger als erniedrigend, verletzend und grausam bewertet wurden. In den meisten Fällen erhielt er nicht die Anerkennung als sexuell erfolgreicher Mann, die er scheinbar so dringend für seinen Selbstwert benötigte: „Grausame Behandlung durch Frauen ist zehnmal schlimmer als durch Männer. Ich fühlte mich wie eine unbedeutende, unwürdige kleine Maus. Ich fühlte mich so klein und verletzlich".[547] Wie schon analysiert und aufgeführt, fürchteten auch die anderen Täter die imaginierte weibliche Übermacht sehr. So sehr, dass sie sich psychotisch Frauenverschwörungen einbildeten. Die Attentäter sahen sich der Weiblichkeit gegenüber ohnmächtig ausgeliefert und als von ihr kontrolliert. Incels fühlen die ständige Angst, durch den weiblichen Körper und das auf ihn gerichtete Begehren, manipuliert zu werden. Das drückt sich auch in der von ihnen erfundenen Figur der Stacey aus, deren einziges Ziel im Leben ist, das „Schwanzkarussel" zu reiten und Männer an sich zu binden, um sie auszunutzen.

Hier ist wiederum der Aspekt der Egozentriertheit der Verschwörungsnarrative wichtig, die die Attentäter aufwiesen. Im Zentrum der Welt(verschwörung) stehen sie selbst. Alle Aufmerksamkeit ist auf sie gerichtet. Alles auf der Welt passiert wegen ihnen. Ihre Attentate entstehen schließlich aus dieser Zentrierung auf das narzisstische *moi* der Attentäter und werden daher als gerecht empfunden. Zugleich haben die Täter – gemäß des *Diskurses der Universität* den Eindruck, Frauen existierten allein

546 Woolf (2020): Ein Zimmer für sich allein, S. 51.
547 Vgl. Rodger (2014): My Twisted World, S. 32.

für ihr (sexuelles) Genießen. Aggressiv wurden sie dann, wenn die Frauen sich wie Subjekte verhielten und davon abweichende Ziele lebten.

Ein Incel kann sich ideologisch nicht vorstellen, dass Weiblichkeit einen anderen Zweck hat, als er ihr narzisstisch zuweist. Sie soll die Verkörperung seines Begehrens und seiner Chance auf den scheinbar möglichen Genuss sein. Wir erinnern uns: Der Genuss ist unmöglich, jedoch symbolisiert der Körper der Frau stets das mögliche Erreichen des Genusses. Der Frauenkörper macht daher die *Unfreiwillig Zölibatären* (Incels) und Vertreter der *rechtsautoritären Bewegung* aggressiv, denn sie wollen ihn besitzen.

Bei Rathjen beispielsweise ist die männlich konnotierte, narzisstische Ich-Zentrierung sehr stark ausgeprägt. Denn er ist der Auserwählte, der als einer der einzigen, direkt nach der Geburt, die Anwesenheit der Geheimdienstorganisation durchschaute. Sogar dem Feind konnte er die politische Strategie diktieren, so sehr war er über allem erhaben. Er gab den USA vor, was zu tun sei. Rathjen nahm sich somit als das Weltgeschehen lenkend wahr.

Alle vier Täter haben den Eindruck, ihnen würde aufgrund ihres Mannseins mehr Macht und sonstige Privilegien zustehen. Aufgrund ihrer natürlichen Überlegenheit als (europäische, deutsche, zumindest „halbweiße") Männer, bilden sie sich ein Anrecht auf Frauen, Sex und Macht ein – als Männer stehe ihnen der Besitz der aufgezählten Güter zu. Frauen sind in dieser misogynen Ansicht Besitz, der, wenn er nicht besessen werden kann, vernichtet werden muss. Sie wurden durch die Täter ständig verbal degradiert, beziehungsweise als irrationale Kinder dargestellt. Die Täter brachten ihnen keinerlei Empathie entgegen. Da es sich offensichtlich nicht um gleichwertige Menschen handelt, wurden sie nicht wie solche mit ebenfalls antastbarer Würde, als Menschen, die mit verletzbaren Gefühlen ausgestattet sind, bewertet.

Breivik beispielsweise richtete seine Opfer ohne Mitgefühl und mit Freude hin – einer Freude, die auf den erfolgten Spannungsausgleich (Homöostase) zurückzuführen ist. Zu seinen Opfern gehörten auch Jungen und Männer. Breivik identifiziert in seinem Mannifest die Sozialdemokratie jedoch als vorwiegend weiblich. Es ist zu vermuten, dass er sich vor allem die Frauen und Mädchen als zu bekämpfende Feindinnen ausgesucht hatte, weil sie ihm zufolge mit ihrer „suizidalen" Politik Männer entmannen und den autoritären Staat destabilisieren. [548]

548 Vgl. Berwick (Breivik) (2011): 2083, S. 353.

Balliet degradierte Frauen in dem er sie als tierähnlich darstellt und sie als Objekte, Waren und als Prämie für heroische Männlichkeit beschreibt.

Rodger bereitete es viel Vergnügen seitenlang genüsslich das Abschlachten von Frauen zu beschreiben. Seine Mutter drängte er, einen reichen Mann zu heiraten, damit er gesellschaftlich aufsteigt. Rathjen bestellte bei der Geheimorganisation eine „Blondine“: „Auch die Assistentin beziehungsweise Doktorandin habe ich mir nach ‘bestimmten Äußerlichkeiten’ bestellt (kurze blonde Haare, mit großer Oberweite) … und einige Jahre später tatsächlich auch bekommen“.[549]

Auch die autoritäre Szene insgesamt scheint empathielos, wenn sie Frauen in traditionelle Rollen zurückdrängen will, in denen sie oft Unterdrückung, Zwang und häusliche Gewalt erleben müssen. Die fehlende Empathie kann damit erklärt werden, dass das männliche, narzisstische Selbst es gewohnt ist, durch die Anderen die eigene Großartigkeit gespiegelt zu bekommen und darüber enorme Anerkennung zu erhalten. Sie sind es gewohnt zu empfangen, nicht zu geben. Sie spiegeln jedoch keine Anerkennung zurück. Die narzisstische Liebe ist auf sich selbst, die eigene Männlichkeit gerichtet, nicht auf die Anderen.

Deshalb lesen sich die Mannifeste von Rodger, Rathjen und Breivik auch als Liebeserklärung an sich selbst, beziehungsweise an die Männlichkeit. Rodgers Mannifest hat sogar auf ihn selbst bezogene pornografische Elemente. Die zirkelhaften Steigerungen in seiner Erzählweise, kulminieren im orgastischen Höhepunkt: im Attentat.[550] Balliet scheint sich mit einem *weißen*, „nicht degenerierten“ Terroristen zu identifizieren.[551] Auch wenn er kläglich an diesem Ideal scheiterte, drückt es doch zunächst eine immense Übersteigerung des Selbstwertes und des Ideals der Männlichkeit aus.

Breivik wird nachgesagt, homosexuelles Begehren zu empfinden. Er habe sich einst als „metrosexuell“ beschrieben. In seinem Leben hat er im-

549 Rathjen (2020a): Manifest, S. 16.

550 Für den schon erwähnten PUA Marco Mitrovic sei eine ideale Frau eine, die „aus dir den größten Mann [macht; H.V.], der du sein kannst“. Mitrovic zitiert nach Mari (2020): Ich bin in die Dating Coach Szene eingetaucht und musste fast kotzen – Feminismus oder Schlägerei. Online verfügbar unter https://feminismus-oder-schlaegerei.de/2020/11/07/ich-bin-in-die-datin-coach-szene-eingetaucht-und-musste-fast-kotzen/, zuletzt aktualisiert am 7.11.2020, zuletzt geprüft am 26.11.2021.

551 Vgl. Balliet (2019a): Stream seines Attentats.

mer wieder Männerbünde gesucht, um sich dort nur mit Männern zu umgeben. Die Fotos von sich in seinem Mannifest transportieren eine gesteigerte Selbstliebe. In seinem narzisstischen Wahn stellte er sich als Tempelritter und als Freimaurer dar. Rodger beschrieb sich fortwährend als „herrlich", „intelligent" und fand sonstige lobende Worte für sich. In einem seiner selbstgedrehten Videos filmte er sein Spiegelbild in der Fensterscheibe seines Mercedes. Genussvoll fuhr er sich durch die Haare und lachte: „Oh, seht mal, da bin ich. In all meiner Großartigkeit. Uh, yeah. Elliott Rodger – hahaha. Ich bin so fantastisch".[552] Als er wieder ins Auto stieg, stöhnte er laut. Wie beim von Lacan beschriebenen Kind in der Spiegelphase erkannte sich Rodger hier erneut in einem „jubilatorischen Augenblick" als herrliche Ganzheit. Er schien die narzisstische Phase der Ich-Bildung, die phallische Phase, nicht hinter sich gelassen zu haben.

Auch die anderen Täter fanden männliche Communities, die die eigenen psychotischen Ideen, in Bezug auf das Geschlechterverhältnis, bestätigten und verstärkten. Bei Rathjen waren diesbezüglich keine Informationen vorhanden, allerdings wurde er durch den Vater im gemeinsamen Wahn bekräftigt. Zusätzlich sprach er die Psychose gemeinsam mit dem Arbeitskollegen als Verbündetem aus. In der *autoritären Bewegung* sind Männerbünde weit verbreitet. Auch das Ideal der soldatischen Männlichkeit und des wehrhaften Vaterlandsverteidigers sind Vorbilder, an denen sich diese Männer orientieren. Die Liebe ist sowohl bei den Attentätern als auch in der *autoritären Bewegung* auf sich selbst und auf andere Männer als Gleiche gerichtet. [553] Die patriarchale Kultur ist eine hom(m)oerotische[554]. Nur offene Homosexualität wird abgewehrt und abgewertet, denn diese symbolisiert das Nichtmännliche, Unterlegene – das Weibliche. Breivik war beispielsweise der Meinung, dass die Verweiblichung der Kultur und Erziehung zu Homosexualität und Entmännlichung führe. Hier schien er mittels pathischer Projektion innere Konflikte der sexuellen Orientierung auf das Außen zu projizieren: Männliche Homosexualität ist verweiblicht – Weiblichkeit ist minderwertig, muss also im Inneren und Äußeren vernichtet werden.

---

552 Rodger (2014a). Online verfügbar unter www.youtube.com/watch?v=-okA-StQbGLo. Das Video ist inzwischen nicht mehr abrufbar.

553 In Teil 3, Kapitel „7. Frauenmarkt: Fetischobjekt Frau" wird es um den Frauentausch als Warentausch gehen und der damit vollzogenen Herstellung von Beziehungen zwischen Männern.

554 Vgl. Irigaray (1979): Das Geschlecht, das nicht eins ist, S. 177.

Bei Lacan hat Narzissmus auch einen strukturellen Charakter. Machtverhältnisse seien dort vorhanden, wo sich die Spiegelung als Stütze des Selbst institutionalisiere. Denn Narzissmus bestimmt sich durch die Leugnung der Abhängigkeit und einem Verwiesen sein auf andere – der Verleugnung von Alterität.[555] Da wir durch den Körper von Frauen geboren und genährt werden und später in sozialen Verhältnissen leben, sind wir immer von unseren Mitmenschen abhängig. Kultur ist eigentlich notwendigerweise ein Miteinander, auch wenn der entfremdete Arbeitsprozess und die neoliberale Lebensweise Gegenteiliges suggerieren. Denn selbst in diesen beiden Prozessen sind die Subjekte dadurch eingebunden, dass manche von ihnen die Aussicht auf Macht (Aussicht auf Genuss) erhalten, um gesellschaftlich aufzusteigen.[556]

Insofern spielt hier die genannte Empathielosigkeit eine Rolle: Subjekte bekommen innerhalb der Erziehung und Sozialisation nahegelegt, sich in der Konkurrenz gegen andere durchzusetzen und diese auszustechen. Ein solches Verhältnis zu anderen Subjekten erfordert statt Empathie eher männlich konnotierte Eigenschaften wie Aggression und rationale Durchsetzungsfähigkeit.[557] Um sich in solch konkurrenzhaften Sozialbeziehungen behaupten zu können, muss das Subjekt schon im Vorhinein einen beträchtlichen Selbstwert aufgebaut haben. Und dies kann dadurch geschehen, dass in der Umwelt Spiegel vorhanden sind, die die eigene Großartigkeit zurückspiegeln.

Subjekte dieser Gesellschaft haben unterschiedlich große Chancen, durch ihre Umwelt eine solch positive Spiegelung ihres Ideal-ich zu empfangen. Die Chance auf anerkennungsreiche Spiegelung ist auch davon abhängig, in welchen sozialen Bezügen sich die Subjekte befinden. Ob sie sich beispielsweise als europäischer, *weißer* Mann innerhalb der Familie, auf dem Arbeitsplatz oder an der Universität einer solchen Spiegelung gewiss sein können, weil sich Andere in der Hierarchie unter ihnen befinden. Kein Mensch bringt allein etwas Großartiges zuwege. Allerdings stellt z. B. die Geschichtsschreibung das Werk sog. „großer Männer" so dar, als hätten sie scheinbar im Alleingang Großes geleistet.

Klassenherrschaft an sich beinhaltet, dass sich manche im sozialen Feld oben, manche unten befinden. Auch hier wird ideologisch nahegelegt, die-

555 Mit „Alterität" ist eine gegenseitige Bezogenheit aufeinander und wechselseitige Bedingtheit gemeint.

556 Vgl. Soiland (2010): Luce Irigarays Denken der sexuellen Differenz. S. 186.

557 Vgl. Sigmund-Wild (2000): Anerkennung des Ver-rückten, S. 43.

ses „Oben“ sei auf individueller Leistung aufgebaut und nicht auf Ausbeutung, die Ausdruck eines kapitalistischen Verhältnisses ist. In Bezug auf die Attentäter könnte angenommen werden, dass auch sie sich Einzelmänner als Führer zum Vorbild nahmen. Direkt schrieben sie dies nicht – sich selbst allerdings positionierten sie narzisstisch im Zentrum ihrer Theorie. Machtvoll, griffen sie in die Umwelt ein. Da sie sich im Leben im Grunde als ohnmächtig und handlungsunfähig wahrnahmen, glichen sie diesen Zustand mit der Tat wieder aus.

Rodger beispielsweise lebte nie unabhängig von der Mutter. Er wohnte lange Zeit bei ihr, bis sie ihn hinauswarf. Später regelte sie alle sozialen, finanziellen und wohnungsbezogenen Angelegenheiten für ihn. Wenn Rodger nicht mehr weiterkam und sich depressiv in sein Zimmer zurückzog, rief er weinend Li-Chin Rodger an, um von ihr emotionale Zuwendung, also Sorgearbeit, zu erhalten. Er war ganz und gar von seiner Mutter abhängig. Trotz ihres fortgeschrittenen Alters wohnten auch Balliet und Rathjen bei ihren Müttern bzw. im Elternhaus. Auch Breivik zog vor der Vorbereitung seiner Tat wieder zu Wenche Behring.[558] Vor dem Attentat schien sie seine einzige Bezugsperson gewesen zu sein. Zur Feier, dass die Vorbereitungen so gut gelaufen waren, habe er Wenche Behring in der Woche vor der Tat noch in ein gehobenes Restaurant ausgeführt.[559] Am Tag des Attentats schlief er bei ihr und brach von dort aus auf, um 77 Menschen zu töten.[560]

Sowohl Breivik als auch Rodger berichteten jedoch weder dankbar noch liebevoll von ihren Müttern. In ihren Mannifesten ist keinerlei Empathie für sie vorhanden. Rathjen erwähnt seine Mutter so gut wie gar nicht, tötete sie jedoch zum Schluss.

Bei Balliet ist nicht genug Material vorhanden, um hinreichende Anhaltspunkte für die Beziehung zur Mutter feststellen zu können. Die drei anderen Täter scheinen ihre Mütter nicht als Identifikationsinstanz heranzuziehen, jedenfalls nicht bewusst. Ihr Leben und ihr Sein werden nicht zum Vorbild. Vorbildcharakter haben nur andere Männer. Rodger beschrieb eine Situation mit seinem Vater als sehr bedeutungsvoll. In einem der sehr seltenen Augenblicke, in denen er Zeit mit seinem Vater verbrachte, schauten beide den Film *Alpha Dog* an.[561] In dieser Produktion wird die sexualisierte

558 Vgl. Wagner (2018): Massenerschießungen auf Utøya, S. 33.
559 Vgl. Wagner (2018): Massenerschießungen auf Utøya, S. 40.
560 Vgl. Wagner (2018): Massenerschießungen auf Utøya, S. 37.
561 Vgl. Rodger (2014): My Twisted World, S. 77.

Aneignung weiblicher Körper durch junge Männer dargestellt, die dadurch von der männlichen Ingroup Anerkennung bekommen. Dieser Filmabend und die darin enthaltenen Männlichkeitsrepräsentationen beschäftigten ihn auch danach noch lange.

Vom Hollywoodproduzenten und Freund des Vaters, Dale Launer, bekam er in persönlichen Gesprächen und per E-Mail „Flirtberatung".[562] Launer war unter anderem für die sehr erfolgreichen Produktionen *Blind Date* und *Dirty Rotten* mitverantwortlich. Diese sind überladen mit dominanten, gewalttätigen Männlichkeitsidealen und misogynen Weiblichkeitsstereotypen.

Drei der Täter hielten sich sehr viel im Cyberspace auf. Sie spielten dabei ausnehmend viel *World of Warcraft* und Ego-Shooter-Spiele wie z. B. *Halo*. Rathjen erwähnte mehrere kulturindustrielle Produkte, wie *Vikings* oder *Prison Break* in seinem Mannifest. Er habe sich diese von der Geheimorganisation gewünscht, und ihnen auch „das Grundgerüst" für den Plot geliefert.[563] Die Ideale in *World of Warcraft* und in Ego-Shootern transportieren Selbstermächtigung, Kampf und Vernichtung. Es existiert eine klare Ingroup und äußere Feinde. Das Ziel ist es, diese Feinde zu besiegen, durch Kampf wie auch durch Konsum. Nach dem Erwerb der Spiele, kann „Mann" durch das Hinzukaufen von Extras, zu einem Helden werden, der seinen Status gegenüber den anderen Helden durch stärkere Waffen oder einfach einem anderen Aussehen erhöhen kann. Diesen Männlichkeits-Idealen gemein ist die Abgrenzung und Vernichtung von Anderen. Durch Gewalt und Stärke erhebt sich die Ingroup[564] über *das Andere*. Tötungen bringen ein Mehr an Männlichkeit. Diese wird im Spiel auch durch Rituale wie Levelaufstiege, durch das Erkämpfen und den Besitz von überlegenen Waffen und Fähigkeiten, immer gegen die anderen, hergestellt.

Wie im Gaming verhielten sich die Attentäter auch währen ihrer Tat: Sie rüsteten sich mit Waffen aus, die ihnen als männliche Statussymbole Macht verliehen. Balliet gestaltete sogar ein Begleitheft – nämlich ein Mannifest – zu seinem „Attentatgame" außerhalb des Cyberspaces. Dort listet er die Waffen, als Phallussymbole,[565] mit ihrer jeweilige Stärke, auf. Auch Rodger und Breivik beschrieben ihre Waffen und den durch sie er-

562 Vgl. Rodger (2014): My Twisted World, S. 127.

563 Vgl. Rathjen (2020a): Manifest, S. 18.

564 Z. B. die Gilde bei *World of Warcraft* oder das eigene Team im Ego-Shooter.

565 Mit „Phallussymbol" sind Signifikanten gemeint, die mit männlich konnotierter Macht, fetischistisch aufgeladen sind.

warteten Schaden ausführlich. Nachdem Rodger einen Teil seiner Waffen erworben hatte, schrieb er über ihre phallische Wirkung: „(…) fühlte ich ein neues Gefühl der Macht. Ich war jetzt bewaffnet. *Wer ist jetzt das Alphamännchen* [alpha male], *ihr Schlampen?*“.[566] Die Tat selbst wird später als Ausleben des Narzissmus, als libidinöse Verhaftung an die innere, unbewusste Gottesrepräsentation bewertet.

Gott sei nicht tot, sondern unbewusst, analysierte Lacan.[567] Das westliche Patriarchat gründet auf der unbewussten Gottesrepräsentation, die zugleich für Männlichkeit steht.[568] Diese Männlichkeits-/Göttlichkeitsrepräsentationen sind im Gaming sehr gegenwärtig. In ihren Mannifesten identifizieren sich die Täter zum Teil ganz direkt mit der göttlichen Autorität, die über allen Menschen steht: „Ich bin ihnen allen überlegen. Ich bin Elliot Rodger... großartig , glorreich, erhaben, herausragend... Göttlich! Ich bin das, was einem lebenden Gott am nächsten kommt. […] Am Tag der Vergeltung werde ich wahrlich ein mächtiger Gott sein und jeden bestrafen, den ich für unrein und verdorben halte“.[569]

Breivik identifizierte sich insofern mit Gott, als dass er sich als „Werkzeug“ Gottes bezeichnete. Er sei ein Tempelritter, Teil einer Armee des Papstes. Innerhalb einer männlichen Revolution identifizierte sich Breivik als Teil der auserwählten Männer, um sich für die Autorität und das Kollektiv zu opfern: „Diese ersten beiden Verse sagen uns ausdrücklich, dass Gott ein Mann des Krieges sein kann, wenn es nötig ist, und dass Er tatsächlich dazu gebracht werden kann, für dich in die Schlacht zu ziehen, wenn es nötig ist“.[570] Gott statte seine Krieger mit seiner Macht und Stärke aus. Er ist ein beschützender Vater: „Manchmal wird Gott einfach ein Schutzschild um dich herum errichten, durch den nichts hindurchdringen kann, um dich anzugreifen“.[571]

Rathjen schrieb nicht explizit von Gott – allerdings phantasierte er, selbst göttliche beziehungsweise übersinnliche Fähigkeiten zu besitzen: Mittels eines *Remote Viewing* (Fernwahrnehmung) sei er in der Lage, das

566 Rodger (2014): My Twisted World, S. 117. Hervorhebungen im Original.
567 Vgl. Žižek (2016): Lacan. Eine Einführung, S. 121.
568 Irigaray, Luce (1989): Genealogie der Geschlechter. Deutsche Erstveröffentlichung. Freiburg i. Br.: Kore, S. 20.
569 Rodger (2014): My Twisted World, S. 135.
570 Berwick (Breivik) (2011): 2083, S. 1332.
571 Berwick (Breivik) (2011): 2083, S. 1332.

Weltgeschehen zu beeinflussen.[572] Auch seine Selbstinszenierung ist eine überirdische, göttliche. Er stellte sich vor, dass er allein durch das Aussprechen seiner Wünsche Macht auf den mächtigsten Mann der Welt ausüben zu können. Als Prophet sagt er die Zukunft voraus. Als Held opfert er sich für das Volk: „Aus all den genannten Gründen blieb mir also nichts anderes übrig, so zu handeln, wie ich es getan habe, um die notwendige Aufmerksamkeit zu erlangen. Dieser Krieg ist als Doppelschlag zu verstehen, gegen die Geheimorganisation und gegen die Degeneration unseres Volkes!".[573]

Balliet wollte sich ebenfalls für das Volk opfern. Er inszenierte sich als terroristischer Kämpfer, der wie im Modus eines Ego-Shooters die Festung, hier in Form einer Synagoge, erobern wollte. Seine dafür verwendeten Waffen symbolisieren als Phalli seine männlich konnotierte Macht. Breivik eroberte das Regierungsgebäude und die Insel Utøya. Rodger versuchte die Burg der Frauenverbindung *Alpha Phi* als rächender Gott einzunehmen, beziehungsweise in sie einzudringen.

Die Täter identifizieren sich also mehr oder minder bewusst mit der (göttlichen) Autorität. Warum? Einerseits, weil das westliche Patriarchat mit einer männlichen, schöpfenden und vernichtenden Autorität an der Spitze der Menschheit einhergeht. Andererseits erlebten die Täter ein sehr machtloses Leben. Die Identifikation mit der Ingroup und mit dem Mächtigsten ermöglichte ihnen eine Selbstwertsteigerung. Die Selbstdarstellung schwankte zwischen dem unerträglichen Zustand der Kränkung und dem Versuch sich aus dieser Kränkung herauszuschreiben. In Rodgers Text wird das sehr deutlich. Was zuvor schon als pornografischer Selbstbezug beschrieben wurde, ist die Gebrochenheit des narzisstischen Charakters: einerseits sehr unter Selbstwertkomplexen leidend, anderseits sich durch Größenwahn daraus befreien wollend. Letzteres geschieht bei den Tätern zunächst durch die schriftliche Inszenierung des Größenselbst. Und schließlich durch die Einnahme eines als angemessen empfundenen Platzes, den des bestrafenden Gottes. Das Attentat ist die körperliche Inszenierung des Zustandes, der dem eigenen Größenselbst angemessen erscheint.

Das Weibliche wurde durch die Mutter erlebt, zu der die Täter jeweils eine sehr enge Bindung hatten, die teilweise stark von Konflikten geprägt ist. Der eigene Narzissmus ließ es nicht zu, die Abhängigkeit zur Mutter

572 Vgl. Rathjen, Tobias (2020b): Tobias Rathjen shooting in Hanau Video. Online verfügbar unter https://archive.org/details/hanau/Erkl%C3%A4rung.mp4, zuletzt aktualisiert am 25.11.2021, zuletzt geprüft am 25.11.2021.

573 Rathjen (2020a): Manifest, S. 24.

anzuerkennen und womöglich positiv auszuleben. Oder ihr zumindest einen Subjektstatus zuzusprechen und sie als unabhängigen Menschen zu beschreiben, dem Anerkennung entgegengebracht werden sollte. Stattdessen schien sie Teil des Abwehrkomplexes in Bezug auf Frauen gewesen zu sein.

Rathjen tötete seine Mutter. Der Verlust des Körpers der Mutter in der Kindheit stellt in der männlichen psychosexuellen Entwicklung eine narzisstische Kränkung dar. Die daraus resultierenden Konflikte bezüglich ihrer eigenen sexuellen Orientierung und ihres Umgangs mit Frauen, projizierten die Täter auf das Feindbild „Frau". Der Gott/Mann ist nicht von der Mutter/Natur, überhaupt von Frauen abhängig. Und er vernichtet diejenigen, die sich nicht gemäß seiner Schöpfungsidee verhalten. Der Kampf gegen die weibliche/jüdische/fremde Übermacht ist ein Kampf gegen die Auflösung der männlichen Identität: Psychotisch-narzisstisch wird sie gegen eine vermeintliche Dekonstruktion verteidigt. Der Preis der eigenen Körperauflösung ist nicht zu hoch, um dem männlichen Kollektiv identitätsbasierte Selbstwertsteigerung zu verschaffen.

Allerdings ist der narzisstische Charakter des Neopatriarchats auch sehr zerrissen, in seinen Selbstzweifeln. „Ich bin ein kompletter Verlierer", äußerte der Narzisst Balliet mehrfach in seinem Stream.[574] Rodger wertete sich ebenfalls oft ab. Schon ein Blick von Frauen reichte aus, um sehr starke Affekte bei ihm auszulösen. Rathjen konstruierte eine ganze Weltverschwörung, um zu erklären, warum er niemals „Liebesglück" gehabt habe.[575] Weil narzisstische Männlichkeit unter dem genannten Minderwertigkeitskomplex leidet, ist sie extrem fragil: „Aus diesem Grunde muss der Patriarch, der zu erobern, der zu beherrschen hat, so dringend daran glauben, dass ihm eine große Zahl von Menschen, die halbe Menschheit, um genau zu sein, unterlegen ist".[576] Melancholisch hat der narzisstische Charakter Angst vor der Rückkehr der verdrängten Weiblichkeit: Dies drückte sich bei den Tätern in Angst, Abwehr und Ekel aus.

Männlichkeitsrepräsentationen sind in neopatriarchalen Zeiten widersprüchlich: Während einerseits der Vater oberflächlich an patriarchaler Autorität eingebüßt hat, transportieren Männlichkeitsrepräsentationen im Gaming und in der Pornografie eine vernichtende, männlich/göttliche Autorität. Die Täter haben Angst davor, dass solche Repräsentationen keinen

574 Balliet (2019a): Stream seines Attentats.

575 Vgl. Rathjen (2020a): Manifest, S. 13.

576 Woolf (2020): Ein Zimmer für sich allein, S. 49.

realen Wert haben. Sie haben Angst vor Identitätsverlust: „Kulturmarxisten werden versuchen, meinen Charakter zu ermorden".[577] Denn der Verlust der männlichen, überlegenen Identität wäre gleichzeitig der Verlust von Macht, von Herrschaft sowie eines Gefühls der Höherwertigkeit, das jedoch problematischerweise für das innere Gleichgewicht notwendig ist. Deshalb hat Breivik Angst vor der „Dekonstruktion" der weiblich konnotierten „Kulturmarxisten": Er ängstigt sich vor der Tötung des eigenen, als höherwertig konstruierten, narzisstischen Charakters.

Ebenso wie die anderen Täter, die die narzisstische Kränkung nicht weiter aushalten konnten: „Ich habe mir immer gesagt, dass ich lieber sterben würde, als ein solches Leben zu führen, und ich wusste, dass ich mich, wenn es so weit käme, an der Welt auf die katastrophalste Weise rächen würde. Zumindest könnte ich dann in dem Wissen sterben, dass ich mich gegen die Ungerechtigkeit, die mir angetan wurde, gewehrt habe".[578] Der Wahn diente dem Selbstschutz: er suggerierte den Tätern, sie seien die Angehörigen der Ingroup, und sorgte für die lebenserhaltende Selbstwertsteigerung.

Rodger starb mit 22 Jahren an verletztem Ego. Balliet wollte eigentlich heldenhaft im Kampf sterben – „versagte" dabei allerdings. Seine Inszenierung insgesamt wurde den eigenen Maßstäben, Göttliches zu vollbringen, nicht gerecht. Breivik lebt weiter seinen Heldenstatus in der Inhaftierung. Die erhoffte Selbstwertsteigerung erhielt er durch die immense Anerkennung, die andere Männer ihm dafür zollten. Rathjen sah sich gezwungen, scheinbar Rechtmäßiges zu vollbringen. Allesamt kämpften sie gegen den Verlust der inneren männlichen Autorität, die ihnen selbst in die imaginierte Herrscherposition verhalf. Die Abhängigkeit von der Mutter und von Frauen insgesamt musste dafür gekappt werden.

Am Beispiel der Attentäter sehen wir, warum das Neopatriarchat nach wie vor vernichtende Wünsche in Bezug auf die *Anderen* produziert: „Das Andere erscheint im Patriarchat als Hass auf das Andere".[579] Und weil die *Unmöglichkeit zu Genießen* an den Körper der Mutter gebunden ist, richtet sich der Hass deutlich auf Frauen und auf alles Weibliche, Nichtmännliche und als fremd konnotierte. Der „Große Austausch" und die Verweiblichung der Kultur werden als Identitätsverlust bekämpft. Der Angst vor Frauen wird mit der Einrichtung von Bollwerken gegen sie begegnet: In

577 Vgl. Berwick (Breivik) (2011): 2083, S. 1381.

578 Vgl. Rodger (2014): My Twisted World, S. 101.

579 Irigaray (1991): Ethik der sexuellen Differenz, S. 134.

der Propagierung der patriarchalen Kleinfamilie, in Breiviks Fall durch die Einrichtung von Sexzonen und in Rodgers Fall durch die Errichtung von Konzentrationslagern für Frauen, in denen sie zum Sex und zur Reproduktion gezwungen werden.

Die rechtskonservative Bewegung ist sich in diesem Punkt einig: Es braucht wieder die offensichtliche, männliche Autorität in der Kernfamilie und die staatliche Regulierung von Geburt – und damit die Kontrolle über Frauenkörper und ihre Indienststellung im Sinne des patriarchalen Staates. Die bei den Tätern und in den Strömungen, in denen sie bewegungspolitisch verortet wurden, ausgeprägte Emotion Neid resultiert aus Besitzansprüchen. Die narzisstische Männlichkeit spürt nur deshalb Neid, weil sie unbewusst einen Anspruch auf den weiblichen/mütterlichen Körper postuliert. Die Abweisung aktualisiert die verdrängte narzisstische Kränkung des postödipalen Verlustes des Körpers der Mutter. So ist es erklärbar, dass die Incels sich Emotionen des Neids auf den *Chad* und auf seine vermeintliche Verfügungsmacht über den Körper der Frau teilen.

In diesem Kapitel wurden die Shootings sowohl als Akte der Herstellung einer heldenhaften Männlichkeit als auch als (Wieder)Herstellung männlich-narzisstischer Überlegenheit gedeutet. Da die patriarchale Herrschaft auf der Ungleichheit von *sexuierten* und *rassifizierten* Identitäten[580] basiert, ist der Kampf um die Reproduktion der Herrschaft einer gegen die vermeintliche Dekonstruktion narzisstischer und männlicher Überlegenheit. Weil die Herrschaft mit dem Genuss der eigenen Subjekthaftigkeit einhergeht, muss diese in der hierarchischen Konstruktion aufrechterhalten werden. Immer müssen patriarchale Identifikationsmöglichkeiten gegeben sein, die diese Männlichkeit in ihrer eigenen Höherwertigkeit bestätigen.

Da die neopatriarchale Herrschaft inzwischen so ungreifbar im Unbewussten verortet ist, scheinen die Täter nicht mehr genug nichtinszenierte Repräsentation zu finden, die ihren Selbstwert stabilisiert. Die teilweise Auflösung der rigiden Männlichkeits- und Weiblichkeitskategorie führt nicht zur „Freiheit“, zur Auflösung von Geschlecht und damit zum Abbau männlicher Überlegenheit. Dies scheinen die Täter jedoch nicht zu bemer-

580 Viele menschliche Merkmale dienen dem Neopatriarchat als diskriminierungsrelevante Markierungen: Menschen mit diesen spezifischen Eigenschaften werden in besonderer Weise ausgebeutet und abgewertet, weil sie sich gesellschaftlich in einer vulnerablen, nicht abgesicherten Position befinden. Alter und Behinderung sind weitere Beispiele für dieses aus der Konkurrenz resultierende Prinzip.

ken. Für sie und für die *autoritäre Bewegung* scheint die Angst vor Identitätsauflösung, Kränkung und Machtverlust eine sehr bedrohliche Realität zu sein. So bedrohlich, dass sie sich wünschen diejenigen zu vernichten, die den eigenen Herrschaftsanspruch und das dazugehörige Selbstbild infrage stellen: „Entdomestiziere dich“, rief Balliet die Männlichkeit an, die er durch sein Attentat zu weiteren solcher Taten anstiften wollte.[581]

5. Der Muttermord und die Sehnsucht nach männlicher Autorität

„Die weibliche Genealogie muß ausgelöscht werden – zugunsten der Vater-Sohn-Beziehung, der Idealisierung des Vaters und des Ehemannes als Patriarchen“.[582] Und deshalb, so Irigaray, stehe am Anfang der patriarchalen Kultur notwendigerweise die symbolische Tötung der Mutter.

In diesem Kapitel werden die familialen Patchwork- und Alleinerziehenden-Arrangements, wie sie im Neopatriarchat häufig geworden sind, auf ihren misogynen Charakter hin untersucht. Es könnte angenommen werden, dass durch den im letzten Kapitel beschriebenen Abbau des traditionellen Patriarchats inzwischen die Mutter als Autorität auftritt, beziehungsweise als eine solche Identifikation wahrgenommen wird. Nun ist allerdings dessen grundlegende Komponente, die Kastration, nicht überwunden und wird weiterhin strukturell reproduziert. Die Mutter wird weiterhin symbolisch ermordet. Die Frau, als verdrängte Komponente der Subjektivierung, löst somit nach wie vor Angst und Schuldgefühle aus.[583]

Um dies zu argumentieren, wird das Verhältnis der Täter zu Mutter und Vater analysiert. Besonders aufschlussreich sind hier die Narrative Rodgers. Hier geht es auf der einen Seite um seine Angst, dass der Vater sterben könnte, wie an seinen wiederkehrenden Träumen zu erkennen ist. Andererseits hat er Angst, den Vater versehentlich zu ermorden. Zunächst komme ich auf die These zurück, dass die Täter männliche Autorität vermissen.

In der psychotischen Wahrnehmung der Täter waren die Massaker Notwendigkeiten im Kampf gegen unnatürliche Andersheit. Den wünschenswerten Zustand sahen die Attentäter in der männlichen, europäischen Herr-

581 Balliet (2019a): Mannifest.

582 Irigaray (1991): Ethik der sexuellen Differenz, S. 1340.

583 Dies habe ich in Teil 3, Kapitel „4. Neopatriarchale männliche Subjektivierung“ bereits ausführlicher dargelegt.

schaft. Und diese koppelten sie mehr oder minder deutlich an die fehlende Vaterautorität: „Ich frage mich manchmal, ob man den modernen Westen und insbesondere Westeuropa als 'vaterlose Zivilisation' bezeichnen sollte. Die Väter sind zu einer Karikatur geworden und die traditionellen männlichen Werte werden verteufelt. Jede Person, die versucht, Regeln und Autorität durchzusetzen, als traditionelle männliche Domäne, wird als Faschist angesehen und lächerlich gemacht, angefangen beim Gottvater".[584]

Breivik schrieb, dass Mütter ohne Väter ihre Kinder vernachlässigten.[585] In Bezug auf die Abwesenheit des Vaters gleicht Breiviks Biografie der vieler anderer in der westlichen Welt. Denn Scheidung ist dort seit dem Ende des letzten Jahrhunderts möglich und Frauen sind damit, zumindest auf der juridischen Ebene, nicht mehr im Familien- und Eherecht eingeschlossen. Sie werden zumindest formal vom patriarchalen Staat als mündige Bürgerinnen anerkannt. Dies ist für diejenigen, die sich sowohl den autoritären Vater in der Familie als auch den autoritären Gesamtvater des faschistischen Staates herbeiwünschen, ein Problem. Die AfD beispielsweise fordert die Wiedereinführung des Schuldprinzips bei Scheidungen, nebst umfangreicher „Väterrechte" am Kind.[586]

Gemeinsam ist den Autoritären die Sehnsucht nach der Vaterautorität. Sie soll die Lösung sein für Überfremdung, den „Großen Austausch" und die Tötung der männlichen, narzisstischen Autorität. Rodger gab mit seinem Mannifest und dem Videomaterial umfassenden Einblick in das Verhältnis zu seinem Vater, beziehungsweise seine Interpretation des Verhältnisses. Seltene Augenblicke, in denen sie Zeit miteinander verbrachten, schätzte Rodger sehr. Er hob dabei drei Aktivitäten besonders hervor, die eine autoritäre Vater-Sohn-Beziehung erkennen lassen.

Gleich zu Beginn seines Mannifests erinnert sich Rodger daran, dass ihm der Vater in der als heil dargestellten Kindheit, als die Eltern noch eine Ehe führten, das Schaukeln beigebracht habe. Auch beim Drachen steigen lassen, war Peter Rodger sein Lehrer. Rodger erzählt die Zeit, in der die Familie eine rechtliche Einheit bildete, als behütet, sicher, wundervoll: „Die Erinnerungen, die ich an diese Zeit habe, sind nur Erinnerungen an Glück und Glückseligkeit".[587] Als er sieben Jahre alt war, ließen sich die Eltern

584 Berwick (Breivik) (2011): 2083, S. 368.
585 Vgl. Berwick (Breivik) (2011): 2083, S. 368.
586 AfD: Wahlprogramm 2021, S. 110 f.
587 Rodger (2014): My Twisted World, S. 2.

scheiden: „Ich war absolut schockiert, empört und vor allem überwältigt. Dies war ein großes, lebensveränderndes Ereignis".[588]

Die Stiefmutter Soumaya Akaaboune akzeptierte er nie als Autorität. Ihre Beziehung war stark konfliktbehaftet. Als Soumaya Elliott Rodger mit 18 Jahren nach einem Streit aus dem Haus warf, wertete er die Zustimmung des Vaters als großen Verrat: „Vater sagte ständig, dass das Haus genauso ihr Haus sei wie es seines sei, und dass sie das Recht habe, mich rauszuschmeißen. NEIN! *Ich bin der älteste Sohn! Dieses Haus sollte MEIN Haus sein, noch bevor es ihres ist!* Das führte dazu, dass jeder Respekt, den ich noch vor meinem Vater hatte, vollständig verschwand. Das war ein solcher Verrat, seine zweite Frau über seinen ältesten Sohn zu stellen. Was für ein Vater würde so etwas tun? *Die Schlampe muss wirklich gut zu ihm im Bett sein*, dachte ich mir. *Was für ein schwacher Mann.*" [Hervorh. i. O.; H.V.][589] Hier stellte Rodger die Autorität in einen Kontext mit Männlichkeit, in Abgrenzung zu Weiblichkeit. Weil der Vater nicht „Mann genug" sei, habe er keinen Mut, sich machtvoll gegen die weibliche Dominanz im Haus durchzusetzen, um dem erstgeborenen Mann den Platz im Haus zu verteidigen.

Wenn Soumaya Akaaboune pädagogische Grenzen setzte, akzeptierte Rodger diese nicht.[590] Eigentlich habe er vorgehabt, sowohl Soumaya Akaaboune als auch Jazz Rodger am „Tag der Vergeltung" zu töten. Soumaya zu töten, bezeichnete er als „easy": „Das wird leicht sein. Ich muss nur an all die verletzenden Dinge denken, die sie in der Vergangenheit zu mir gesagt hat, während ich ihr mein Messer in den Hals stoße".[591] In Bezug auf den Vater war Rodger sehr ängstlich: Er machte sich Gedanken darüber, wie er den Vater schützen könne. Denn wenn dieser ihn von der Tötung von Soumaya Akaaboune und Jazz Rodger abhalten würde – „*Müsste ich ihn auch töten?* Das wäre zu viel",[592] bewertet er dies selbst und schildert im Anschluss, dass er als Kind öfter vom Sterben seines Vaters geträumt habe. Als er die Male weinend davon aufwachte, tröstete die Mutter ihn mit den Worten, dass dies nur ein Traum gewesen sei, er also keinen Grund zum Weinen habe.

588 Rodger (2014): My Twisted World, S. 9.
589 Rodger (2014): My Twisted World, S. 62.
590 Vgl. Vgl. Rodger (2014): My Twisted World, S. 20.
591 Vgl. Rodger (2014): My Twisted World, S. 128.
592 Vgl. Rodger (2014): My Twisted World, S. 128.

Gibt uns nun aber genau dieser Traum Auskunft über Rodgers eigentliches, unbewusstes Begehren? Er beschloss das Attentat zu einer Zeit zu verüben, in der der Vater sicher wäre: „Ich kam zu dem Schluss, dass ich den Tag der Vergeltung in eine Zeit legen muss, in der mein Vater auf einer seiner Geschäftsreisen außer Landes ist. Es wäre zu riskant, zu versuchen, ihn zu töten. Ich könnte in letzter Sekunde zögern.“[593] Zwei Formulierungen sind dabei von Gewicht: Einerseits schrieb er „zu viel“, um zu beschreiben, wie er selbst die Tötung seines Vaters bewerten würde. Andererseits sei es „zu riskant“, ihn eventuell doch töten zu wollen. Diese Sätze suggerieren, dass Rodger Angst hat, sich eventuell nicht unter Kontrolle zu haben und den Vater im Zweifel doch aus Versehen zu töten. Als müsse er vor sich selbst geschützt werden.

Gleichzeitig berichtete Rodger von seiner Angst vor dem Tod seines Vaters, die er seit Kindertagen gehabt habe. Nachdem Rodger von seinen Befürchtungen berichtet, der Vater könne ebenfalls Opfer seines Attentats werden, thematisiert er sein Unwohlsein in Bezug auf die geplante Tat: „Wie konnte es in meinem Leben so weit kommen, dass ich derjenige sein würde, der seinen eigenen Vater tötet? Ich fühlte mich richtig elend“.[594]

Während des orgastischen Anstauens von Vernichtungslust erwähnte Rodger keine negativen Affekte. Hier war die Beschreibung der massenhaften Vernichtung von Frauen und männlichen Konkurrenten sehr lustvoll und intensiv auf die Spitze getrieben. Auch die Tötung von Soumaya Akaboune beschrieb er lustvoll und aggressiv. Die von Jazz Rodger erzählte er ebenfalls wütend, jedoch mehr ins Pragmatische tendierend. Nur der Tod des Vaters ängstigte ihn. Er traute sich selbst wohl auch nicht recht, diesen nicht vielleicht aus Versehen zu töten. Dies wäre „zu viel“. *Zu viel* von was? Im klassischen ödipalen Konflikt tötet der Sohn den Vater, um ihn um seine Autorität zu beerben.

In der hier beschriebenen Konstellation ist ein anderes Narrativ enthalten: der Sohn wünscht sich nicht den Vater zu töten, sondern hat vielmehr Angst vor dessen Tod – sich selbst dabei misstrauend. Der Vater muss geschützt sein vor dem Sohn, der aus Versehen den Vater töten könnte. Es ist nicht das Ziel den Vater zu töten, der Sohn muss vielmehr erstens Angst vor dessen Versterben haben und zweitens, ihn sogar in Sicherheit, außer Landes, wissen. Gemeint ist mit der Bewertung als „zu viel“ dementsprechend ein Zuviel an Aggression gegen die Vaterautorität. Auffällig ist auch, dass

593 Rodger (2014): My Twisted World, S. 128.

594 Rodger (2014): My Twisted World, S. 128.

Rodger weder seine Mutter noch seine Schwester Georgina töten will. Der Mordwunsch richtet sich auf die Stiefmutter und den Stiefbruder.

Rodger erzählt die Trennung der Familie als den Scheidepunkt in seinem Leben. Seine gesamte Kindheit ist nun durch Hin- und Herwechseln zwischen den Häusern der Eltern geprägt. Wenn er im Haus des Vaters war, war dieser die meiste Zeit abwesend. Gegen die Stiefmutter opponierte er, sie bewertete er als Konkurrenz um die Macht im Haus.[595]

Wie schon beschrieben, hatte Rodger auch zu seinem Bruder Jazz eine konkurrenzgeprägte Machtbeziehung. Rodger beschreibt, er habe zunächst stets eine gute Beziehung zu seinem Halbbruder gehabt, weil er ihn aufgrund des Alters dominieren konnte und über die eigenen sozialen Errungenschaften log: „Er war einer der wenigen Menschen, die mich mit Bewunderung behandelten, und das gab mir zumindest ein kleines Gefühl von Selbstwert".[596]

In einer Szene beobachtete Rodger den 13 Jahre jüngeren Bruder auf dem Spielplatz und fühlte sich an sich selbst erinnert. Er dachte an sein jüngeres Selbst zurück und konstatierte, dass beide sehr unterschiedlich seien: „Während ich schüchtern, klein und körperlich schwach war, war Jazz groß für sein Alter und sehr sozial. Er hatte kein Problem damit, auf dem Spielplatz auf andere Jungen zuzugehen und sofort Freunde zu finden", um die Sequenz abschließend zu beurteilen: „Er wird einer meiner Feinde werden".[597] Diese Beobachtung bedeutete das endgültige Urteil für Jazz: „Das war der Tag, an dem ich beschloss, dass ich ihn am Tag der Vergeltung töten musste. Ich werde nicht zulassen, dass der Junge mich in allem übertrifft, dass er das Leben lebt, das ich mir immer gewünscht habe. Es ist nicht fair, dass er die Chance hat, ein angenehmes Leben zu führen, während es mir verwehrt wurde".[598] Und wenn er Jazz Rodger töten wollte, müsste er ebenfalls Soumaya Akaaboune ermorden, was er wie dargestellt, lustvoll beschrieb.

Den Anstoß zu dieser Konkurrenz sieht Rodger im Verhalten der Stiefmutter: „Soumaya sagte mir, dass er nie Probleme mit Mädchen haben wird und seine Jungfräulichkeit verlieren wird, solange er jung ist. Ich musste mir von dieser Schlampe anhören, dass mein kleiner Bruder das Leben genießen wird, nach dem ich mich immer gesehnt habe, das mir aber verwehrt

---

595 Vgl. Rodger (2014): My Twisted World, S. 62.
596 Rodger (2014): My Twisted World, S. 116.
597 Rodger (2014): My Twisted World, S. 116.
598 Rodger (2014): My Twisted World, S. 127.

blieb".[599] Um zu erklären, warum er den besseren Bruder töten muss, zieht er Soumaya Akaabounes Anerkennung ihres Sohnes – seines Stiefbruders – heran. Er bekam weibliche/mütterliche Anerkennung, Rodger nicht.

Rodger wollte nicht unbedingt Anerkennung von Soumaya Akaaboune: Mit ihr stritt er sich oft, sie akzeptierte er nicht als Autorität. Zudem setzte er sich in Konkurrenz zu ihr als ältester Sohn, der im Haus *seines* Vaters mehr Macht haben und zu dem der Vater eher solidarisch sein sollte. Was für ein Vater ist der Vater, wenn er in seinem Haushalt nicht die Macht hat, den richtigen Sohn zu verteidigen, ihm seinen rechten Platz sichern zu können? In diesem Drama will der Sohn den Vater nicht töten, weil dieser keine richtige Autorität für ihn ist. Die Autorität, gegen die er rebelliert, ist, im Unterschied zur traditionellen patriarchalen Erziehung, eindeutig Soumaya. Sie muss in ständigen Konflikten bekämpft, am Ende des Dramas lustvoll zerstört werden. Der Vater hingegen ist schwach, weil er seinen Sohn nicht anerkennt und sich nicht gegen die neue Frau in seinem Oikos durchsetzt, die einen neuen Sohn in die Familie brachte. Trotzdem gibt es Konkurrenz um die Zeit mit dem Vater, da dieser so oft abwesend ist.

In dieser Patchwork-Familienkonstellation scheint die Konkurrenz zwischen den männlichen Geschwistern und zwischen neuer Familie und alter Familie ausgeprägt zu sein. Rodger konkurriert sowohl mit Jazz als auch mit Soumaya um die Stellung als dominanter Mann im Haus. Auf die Unterstützung des Vaters konnte er nicht hoffen, denn dieser solidarisierte sich laut seines Narratives mit der „neuen" Frau. Die neue Frau und der neue Bruder müssen beide getötet werden, um die eigene Stellung in der Familie zu verteidigen. Auf der einen Seite geht es um die Anerkennung des Vaters, auf der anderen Seite empfand Rodger den Vater nicht als angemessen autoritär. Wenn er da war, richtete der Vater sich, für seinen Geschmack, zu sehr nach dem Willen Soumaya Akaabounes.

Rodgers Angst vor dem Sterben des Vaters ist die Angst vor dem Verlust männlicher Autorität: Ihm selbst fehlte die autoritäre Vaterfigur zur Identifikation. Seine eigene Mutter hatte zwar sehr viel Macht über ihn, ihre Fürsorge für ihn wertete er allerdings ab, indem er sie als etwas betrachtet, das ihm natürlicherweise und als Sohn selbstverständlich zustünde und zustehen muss. Daran wird sichtbar, dass Rodger Frauen niemals in „gerechtfertigten" Autoritätsposition sieht, denn dies entspricht nicht seinen Narrativen in Bezug auf das verdinglichte Geschlechterverhältnis. Der

599 Rodger (2014): My Twisted World, S. 126.

Vater ist nicht autoritär genug, die Mutter sollte gemäß seiner Interpretation von Kultur nicht autoritär sein.

Rodger sehnte sich nach einer Vaterautorität, von der er anerkannt wird – an der er sich orientieren kann. Er orientierte sich stattdessen an Männern aus der *Manosphere*, die ähnliche Konflikte mit ihrer Männlichkeit haben wie er: Sie scheiterten am Ideal des Frauenkörper akkumulierenden, potenten, mächtigen Mannes. Und eben nicht, und das ist das Entscheidende, an der weiblichen Autorität in der Familie. Vielmehr muss die Stiefmutter sterben, die den Konkurrenten gebar und als Stiefmutter[600] die Familie sprengte.

Rodger wollte durch die geplanten Tötungen die echte Kernfamilie symbolisch wieder zusammenführen. Rodger spielte, wie analysiert, extrem viel *World of Warcraft* und Ego-Shooter: Hier ist anzunehmen, dass er sich mit den Helden oder Antihelden identifizierte – schließlich ist die Inszenierung an Rollenspielszenarien angelehnt. Die Festung der Feindinnen „attraktive, bedrohliche Frauen" musste durch den Helden der patriarchalen Geschichte erobert werden. Am Schluss setzte sich Rodger in seiner narzisstischen Wahnhaftigkeit als göttlich-männliche Autorität ein. Die erlebte Machtlosigkeit als Mann ohne Identifikationsvorbilder, die den Selbstwert steigern würden, glich er durch die machtvollste Position im Patriarchat überhaupt aus: Rodgers patriarchale Revolution machte er als der Gottvater selbst.

Breivik war der Ansicht, dass Frauen, die Kinder ohne Väter aufziehen, die Kinder „verweichlichen" und zur „Homosexualität" erzögen.[601] Um die inzwischen verweiblichte Kultur vor der Eroberung anderer, männlicher Autoritäten zu retten, müsse das christliche Patriarchat eingeführt, beziehungsweise Frauenkörper innerhalb von Sexzonen reguliert werden. In Jedem Fall sollten sie nach seinem Geschmack männlich-faschistisch kontrolliert und autoritär beherrscht werden. Bei ihm war der Vater ebenfalls abwesend.

Während er bis zu seinem zwölften Lebensjahr noch sporadisch Kontakt zu ihm hatte, verlor sich dieser danach allmählich. Breivik schrieb später, dass dies am Vater gelegen habe, der zu all seinen verlassenen Kindern keinen Kontakt gehalten habe. Wenige Jahre vor seiner Tat nahm Breivik

600 Der Hass gegen und Verachtung für die Stiefmutter ist ein altes, patriarchales Narrativ. In Märchen wie „Hänsel und Gretel" ist die Stiefmutter z. B. diejenige, die sich der Stiefkinder durch List und Verführung des Vaters entledigt.

601 Berwick (Breivik) (2011): 2083, S. 200.

noch einmal Kontakt zum Vater auf. Dieser habe mit der Begründung abgewehrt, er sei nicht in der entsprechenden, emotionalen Verfassung für einen Besuch.[602] Breivik wurde durch den abwesenden Vater im Stich gelassen. Auch er hatte keine Identifikation mit der männlichen Autorität. Und auch er identifizierte sich nicht bewusst mit der Mutter, beziehungsweise der älteren Schwester, die große Teile seiner Erziehung übernommen hatte. Stattdessen identifizierte sich Breivik mit autoritären Männern aus der rechtsautoritären Fortschrittspartei.

Bei allen vier Tätern bleibt Weiblichkeit auffällig unerwähnt: Rodger thematisiert sie ausschließlich als seine Mutter oder als „girls", das Leben der Mutter koppelt er in seiner Erzählung narzisstisch an seine Erziehung. Keine zärtlichen Gefühle oder anerkennenden Worte war sie ihm dadurch wert. Breivik schrieb sehr abwertend über die beiden Frauen, die für ihn sorgten. Frauen haben in seiner Erzählung, wie bei Rodger, keine Eigenschaften außer denjenigen, die für Männer nützlich oder Begehren entfachend sind. Balliet beschrieb Frauen als Tiere. Sie kommen nur als Gefäß vor, als Umhüllungen, die Männlichkeit konstruieren, und zwar entweder als gefährliche Gebärmütter oder als Gegenstände, die von anderen Männern gebraucht/verbraucht und weggenommen werden können: Denn die „Ausländer nehmen uns unsere Frauen weg", wie Balliet aggressiv phantasierte.[603]

Rathjen hält Frauen ebenfalls für Objekte, die „bestellt" werden können. Dies gilt beispielsweise für die bereits erwähnte Assistentin: „Auch die Assistentin beziehungsweise Doktorandin habe ich mir nach 'bestimmten Äußerlichkeiten' bestellt (kurze blonde Haare, mit großer Oberweite)… und einige Jahre später tatsächlich auch bekommen".[604] Ansonsten erwähnte er Frauen nicht. Sogar seine eigene Mutter erwähnte er nicht, während er den Vater mit seiner Unfähigkeit beschrieb, die Familie durch Lohnarbeit zu versorgen und die Hypothek des Hauses abzubezahlen.

Bei den Tätern findet sich auf der einen Seite ein „Wegschreiben" – ein symbolisches Auslöschen der Frauen durch Nichterwähnung – auf der anderen Seite die Lust, sie zu töten. Getötet werden die Frauen, da sie als Lust auslösende Objekte und als dominant interpretierte Mütter wahrgenommen werden. Rathjen tötete seine Mutter. Breivik versuchte Gro Harlem Brundtland als *Landesmutter* zu töten – die womöglich Anteile seiner

602 Vgl. Vgl. Berwick (Breivik) (2011): 2083, S. 1387.

603 Gesellmann (2021): Warum ich als Mann über Feminismus schreibe.

604 Vgl. Rathjen (2020a): Manifest, S. 16.

feministischen Stiefmutter Tove Overmo verkörperte. Rodger schrieb sehr lustvoll und ausführlich über seinen Plan seine Stiefmutter Soumaya Akaboune zu töten. Er tat dies wahrscheinlich nur aufgrund einer ungeplanten Veränderung im Tatablauf nicht. Balliet tötete die Frau, die ihn kritisierte: „Das Schwein".[605]

Irigaray analysierte, dass am Anfang der westlichen Kultur der Muttermord stehe. Die Beziehung zwischen Mutter und Kind muss im Ödipuskomplex aufgegeben, verdrängt werden. Das verbotene Begehren des Kindes wird in unserer Kultur auf den Körper der Mutter zurückgeführt.[606] Das Begehren, das verdrängt werden und sich auf den Mann/Vater richten muss, bedingt eine gesamtgesellschaftliche Abwertung und melancholische Angst vor Weiblichkeit. Und weil es verdrängt ist, kann keine Trauer darüber empfunden werden. Der Körper der Mutter, ihr Begehren und ihre Erziehung werden innerhalb eines patriarchalen Framings zur Naturressource erklärt.[607] Der Ödipuskomplex sorgt für die Produktion von männlichem Begehren, das, da es sich nicht auf den Körper der Mutter richten kann, das Leben lang von Ersatzobjekt zu Ersatzobjekt zieht. Die Nichtrepräsentanz der mütterlichen Gabe löst Schuld aus. Dieser Mord an der Wichtigkeit der Mutter ist eine patriarchale affektgeleitete Umdeutung. Denn der Wert des Schöpfens von Leben wird in der patriarchalen Gesellschaft radikal abgewertet und unter die männlich konnotierte Produktionssphäre subsumiert.[608] Dieses Verhältnis gilt es stetig, gesellschaftlich herzustellen.

Die schöpferische Tätigkeit der Frau wird also negiert und für ihre Arbeit gibt es keine Repräsentation, die Sprache ist eine männlich konnotierte. Statt der Göttin regiert der patriarchale Gott im Unbewussten: Er bleibt „in einer Herr-Knecht-Dialektik befangen. Gegebenenfalls als Knecht eines Gottes, dem er die Eigenschaften eines absoluten Herrn verleiht. Insgeheim als Knecht der Macht des Mütterlich-Weiblichen, das er herabzusetzen oder auszulöschen sucht".[609]

Alle vier Attentäter hatten eine enge Bindung zu ihren Müttern. Im Falle von Rathjen und Balliet gab es leider keine spezifischeren Angaben. Hier

605 Balliet (2019): Stream seines Attentats.
606 Vgl. Irigaray (1991): Ethik der sexuellen Differenz, S. 122.
607 Vgl. Irigaray (1991): Ethik der sexuellen Differenz, S. 126.
608 InTeil 3, Kapitel „7. Frauenmarkt: Fetischobjekt Frau" werde ich diese Umkehrung weiter ausführen. Hier gehe ich der Frage nach, was Frauen für eine Rolle in dieser Konstellation spielen.
609 Vgl. Irigaray (1991): Ethik der sexuellen Differenz, S. 17 f.

ist auffällig, dass Rathjen seine Mutter tötete, jedoch in seinem Mannifest nie erwähnte. Insgesamt tauchen Frauen in seiner Erzählung nicht als Subjekte auf. Bei Balliet ist die räumliche Nähe zur Mutter auffällig – er wohnte mit 28 noch in ihrem Haus. Rodger und Breivik allerdings beschrieben ihre jeweiligen Beziehungen selbst und im Falle von Breivik liegt auch eine Kommunikation mit dem Jugendamt vor. Wollte Breivik symbolisch die Stiefmutter Tove Overmo töten? Sie war immerhin eine „der Radikalfeministinnen", die seinen Charakter töten. Dass Rodger seine Stiefmutter töten wollte, ist gewiss. Die eigene Mutter als private Sorge-Arbeiterin ausbeutend, setzte er sich zur „neuen" Frau seines Vaters in Konkurrenz. Kritik von ihr nahm er als unerträgliche Kränkungen wahr, pädagogische Grenzen als vermessen. Der Sohn, den sie gebar, ist trotz des Altersunterschieds sein Konkurrent. Beide müssen der Konkurrenz wegen vernichtet werden. Um was wird konkurriert?

Während Rodger im Haus der Mutter Li-Chin Rodger mit dem Partner der Schwester um ihre Aufmerksamkeit konkurriert, geht es im Haus des Vaters um dessen Aufmerksamkeit, besonders weil sie so ein knappes Gut ist. Der Vater beteiligt sich nicht an der Erziehung, er ist abwesend – die bereits erwähnten Momente, in denen Rodger mit seinem Vater schaukelte, einen Drachens steigen ließ oder mit ihm den Film *Alpha Dog* ansah, beschrieb er sehr ausführlich. Obwohl es nur wenige gemeinsame Erlebnisse sind, sind sie sehr bedeutsam. Oder eher: Gerade, weil sie so rar sind, ist die Konkurrenz um die Anerkennung des Vaters für Rodger größer.

Aber warum konkurrierte Rodger um die Anerkennung des Vaters, wo ihm die Fürsorge der Mutter doch so selbstverständlich und vollumfänglich gegeben wird? Weil er sich mit dem Vater und nicht mit der Mutter identifizierte. Was seinen Selbstwert als Subjekt angeht, muss er sich die typisch männlichen Eigenschaften aneignen, um in der Konkurrenz zu anderen Männern gut abzuschneiden. Und diese lernt der Sohn vom autoritären Vater. Wenn nun der Vater, wie bei drei der anderen Täter auch, abwesend ist und auch die autoritäre Rolle in der neuen Beziehung nicht ausfüllt, so fehlt dem Sohn die selbstwertsteigernde Identifikation. Sein Hass gilt dann der Stiefmutter, die den Vater wegnahm und vermeintlich dominiert. Der Vater darf aus Rodgers Perspektive nicht „aus Versehen" umgebracht werden, sondern muss geschützt werden. Der Vatermord kommt also wegen der patriarchalen Beschützerrolle des Vaters nicht in Frage.

Rodgers Tat ist in der Familienaufstellung als Familienzusammenführung konzipiert: Die Stiefmutter und der „bessere" Sohn, der schon mit neun Jahren Potential zur Überlegenheit zeigte, werden in seiner Phantasie im Mannifest symbolisch getötet. Der Vater ist sicher. Die Mutter und die Schwester, deren Gefühle oder Subjektstatus nie thematisiert wurden, bleiben am Leben. Wenngleich nicht genug Interpretationsmaterial vorliegt, die Beziehung von allen Tätern zu ihren Müttern und Vätern zu analysieren, so kann doch wenigstens festgestellt werden, dass alle ihre Mütter so wenig als Subjekt erwähnten, dass es einem symbolischen „Wegschreiben" gleicht. Die Macht der Mütter schien immer nur unbewusst erfahren und niemals konkret bestätigt zu werden. Mütter werden nie als Identifikationsmöglichkeiten erwähnt. Das Schweigen über sie und die überspitze Objektifizierung ist die Tötung des Charakters der Frauen: Werden sie ausschließlich als zu begehrte Objekte beschrieben, so werden sie als Subjekte verneint und in der Logik zum *Anderen* des Mannes gemacht.

Die androzentrische Abwertung der Konstruktion der Frau ist die Voraussetzung des Patriarchats. Dies bedeutet, dass Kultur mit einem einzigen wahren Subjekt, dem Männlichen, auskommt. Es bedeutet ebenso, dass die Sprache diesen Umstand ständig reproduziert. So sind die Erzählungen erklärbar, die ohne die Eigenschaften von Frauen auskommen, außer denen, die im männlichen Subjekt Begehren symbolisieren. Die Wahrnehmung der Welt ist dementsprechend besitzergreifend: Frauen werden in autoritären Narrativen als besitzbare Objekte dargestellt: Als Mutter ausbeutbar, als Mädchen am besten tugendhaft. Beide sind innerhalb des patriarchalen Hauses Besitz des Mannes.

Die Täter lebten in einer anderen Realität, als dieses traditionelle Familienideal verspricht. In erzieherischer, und damit autoritätsbezogener Hinsicht, waren sie den Müttern näher. Dazu kommt, dass die Täter nicht aus christlichen Haushalten stammen. Bei keinem der Täter gab es einen nennenswerten Bezug zum christlichen Gottvater, der verbietend und urteilend Männlichkeit vermitteln könnte. Es gibt keinen König, keinen faschistischen Führer, der eindeutig propagieren würde: Männlichkeit kann direkt in zwischenmenschlichen Beziehungen machtvoll dominieren. Tatsächlich ist es die kulturindustrielle Männlichkeit, an der sich die Täter orientierten. Sicherlich wird es auch Pornografie gewesen sein – so zumindest offen angesprochen in Rodgers Fall.

Sowohl den von mir untersuchten Tätern als auch vielen anderen autoritär Bewegten fehlen Männlichkeitsrepräsentationen, die Schutz vor der durch das Unbewusste ausgelösten Angst vor Weiblichkeit sein könnten. Das Ehe- und Familienrecht schließt Frauen nicht mehr juridisch in die Privatsphäre ein und der traditionelle Vater hat als Regelgeber an Autorität eingebüßt. Jedoch wird die Misogynie weiterhin durch die patriarchale

Subjektivierung reproduziert. Und dies bedingt den aktuellen Wunsch nach männlichen Autoritäten. Von Männern als Identifikationsfiguren, die Macht und Gewalt ausüben und dafür nicht sanktioniert werden. Donald Trump ist ein gutes Beispiel: Er ist der verkörperte Wunsch nach dominanter Männlichkeit. Gleich, wie kontrafaktisch seine Regierungstechnik angelegt war, er wurde wegen seiner Subjektivität gewählt. Da sich das Begehren an weiblichen Körpern entzündet, ist es für die Attentäter eine narzisstische Zurückweisung, wenn diese die vermeintlich zustehende Anerkennung verweigerten. Mütter/Frauen wurden und werden durch die Attentäter und die *autoritäre Bewegung* stets abgewertet und objektifiziert, da sie wiederkehrende Angst und Bedrohung bedeuten.

Das Attentat ist somit die höchste Form des Aufgehens im Kollektiv. Das Selbst ist nach der eigenen Tötung nicht mehr an einen Körper gebunden, es verbindet sich mit der neopatriarchalen Ideologie. Die Taten und Anleitungen werden zur Reproduktion misogyn-faschistischer Ideologie und Praxis. Das Aufgehen im Kollektiv entsprach der Identifikation mit der männlichen/göttlichen Autorität. Frauen jagen Angst ein und müssen weiterhin kontrolliert werden.

Die sich aktuell ausbreitende Patchwork-Familienkonstellation oder Alleinerziehendenschaft führt nicht zur Anerkennung der Mutter als Schöpferin des Lebens. Männlichkeit wird fragiler und aggressiver. Deshalb ist es die Mission des bereits erwähnten *Pick-Up-Artist* und Maskulinisten Maximilian Pütz „diesen Männern [den Käufern seiner Seminare; H.V.] auf ihrem Weg zu einer starken, männlichen Persönlichkeit und einem glücklichen und erfüllten Leben zu verhelfen. Vorbilder dafür fehlen heute leider in den meisten Familien. Dreh- und Angelpunkt meiner Arbeit ist der Erfolg bei Frauen, es ist aber eine Arbeit, die alle Bereich des Lebens beeinflusst.“[610] Er will die Männer dazu ausbilden, aggressive und missbräuchliche Beziehungen zu Frauen zu führen und auf diese Weise eine ideale Männlichkeit konstruieren.

610 Pütz, Maximilian (o.J.): Casanova Coaching, online unter https://www.casanovacoaching.de/about-maximilian-puetz/ zuletzt geprüft am 6.7.2023.

6. Pflichtschuldiges Genießen: Es ist verboten, nicht zu genießen

Im vorangegangenen Kapitel untersuchte ich die Bezugnahme auf die Autorität. Fazit der Analyse ist, dass Männer einen starken Wunsch nach männlicher Autorität – ihrer eigenen Privilegiertheit im Genusskampf – haben und Weiblichkeit mitnichten als Autorität in der Familie und Partner:innenschaft akzeptiert wird. Der in der Einleitung zitierte Ruf nach Autorität wird hier reflektiert: Die untersuchten Männer rechnen Mutterschaft der Natur zu, hier wird keine Autorität gewünscht. Vaterschaft wiederum, unbewusst als sprechende Instanz interpretiert und der Kultur zugerechnet, soll wieder klarer vom Gesetz als überlegen begünstigt werden. Der Patriarch soll wieder die mächtigste Position in der Familie und der Gesellschaft einnehmen. Und das eben nicht nur implizit, wie es aktuell der Fall ist, sondern explizit, durch Gesetze, die Männlichkeit als machtvoll benennen. Das wird beispielsweise im schon erwähnten AFD-Wahlversprechen einer Stärkung der Väterrechte sichtbar.

Zwei der Täter hätten sich gerne an einem solchen Vater orientiert. Obwohl die traditionelle, väterliche Autorität nicht mehr verkörpert im Oikos das Recht spricht, ist sie weiterhin wirksam. Besonders männliche Subjekte haben immer noch den Wunsch, sich männlichen Autoritäten unterzuordnen und sich selbst auflösend für die Ingroup zu opfern. Sowohl als Soldatensöhne des *Führerlosen Widerstands*, als auch eingebunden in die *autoritäre Bewegung* mit ihren faschistischen Vätern. Im nächsten Kapitel analysiere ich diesen Autoritätswunsch und argumentiere dafür mit dem Bedürfnis nach narzisstischer Selbstwertsteigerung. Hier wird es zunächst um die Lacansche und Zupančičsche Zeitdiagnose gehen, der zufolge, das Subjekt zum Konsum und zur Selbstverwirklichung angehalten wird, beziehungsweise sich selbst dazu diszipliniert. Dieser Diagnose folgend wird analysiert, inwiefern die Täter sich als von diesem Druck betroffen beschrieben. Was bedeutet es für sie, sich als Männer optimieren zu müssen?

Lacan widersprach der *Kritischen Theorie* der *Frankfurter Schule*, wenn er diagnostizierte, dass die kapitalistische Lebensweise durch Konsum versüßt würde. Adorno analysierte hier einst den Fetischcharakter von (Kultur)Waren. Der Konsum werde vom Subjekt als Entschädigung für in der Lohnarbeit verlorene Lebenszeit wahrgenommen.[611] Lacan wiederum

611 Kellermann, Arne (2020): Adornos Kritik der angestellten Versöhnung im Konsum, In: Kritiknetz – Zeitschrift für Kritische Theorie, S. 4.

interpretierte den postfordistischen Konsum ganz im Gegenteil als soziale Pflicht.

Die 68er haben nach dieser Lesart nicht den *Genuss* befreit, sondern sind Ausdruck einer Notwendigkeit der Kapitalreproduktion: „Jouir sans entrave" (dt. „Genießen ohne Grenzen") sei die Losung gewesen.[612]

Das Kapitalverhältnis ist Lacan zufolge an das *Objekt klein a*[613] gebunden. So, wie es auf der ökonomischen Ebene Mehrwert produziert, so produziert der Diskurs auf der symbolischen Ebene das *Mehrgenießen* (*plus de jouir*). Er schließt an das menschliche Unbewusste als Wunschproduktion an.[614] Da der Eintritt in die Sprache immer auch die *Unmöglichkeit zu Genießen* bedeutet, wird diese Unmöglichkeit *ex post* phantasmatisch eingekleidet. Diese Einkleidung als Erzählung wandelt sich je nach Entwicklungsphase der Menschheit. Wie schon im letzten Kapitel dargelegt, ist die aktuelle neopatriarchale Einkleidung an den Körper der Mutter gebunden. Das *Objekt klein a*, als Trägerin des realen Restes an *Genießen* ist also verweiblicht.

Eine das Kapital reproduzierende Regierungsweise kann aufgrund des subjektiven Genusswunsches an dieses *Mehrgenießen biopolitisch* anknüpfen. Wie geschieht das? Einerseits suggeriert der *Diskurs der Universität* die Abschaffung von Herrschaft, und damit die scheinbare Möglichkeit eines demokratischen *Genießens*. Andererseits, ist das Intersubjektive nicht frei von Herrschaft. Die patriarchale, *symbolische Kastration* sorgt weiterhin für Autoritätshörigkeit, soziale Ungleichheit und Barbarei. Der *Diskurs des Herrn* habe im *Diskurs der Universität* zu seiner eigentlichen Form gefunden. *Über-Ich*-Impulse orientieren sich am vormals Verbotenen. „Genieße!" lautet der aktuelle *Über-Ich*-Befehl.[615]

Alenka Zupančič analysierte dabei mit Rückgriff auf Immanuel Kant den Fortbestand vormoderner moralischer Vorstellungen der „guten Seele".

612 Vgl. Soiland, Tove (2022): Genießen als Faktor des Politischen, S. 16.

613 Das *Objekt klein a* ist das, was die Befriedigung der *Jouissance* hervorruft. Es wird in der patriarchalen Subjektivierung an den Körper der Mutter/Frau gebunden. Vgl. Lacan, Jacques (2015): Encore. Das Seminar, Buch XX (1972-1973). [3. Auflage]. Hg. v. Jacques-Alain Miller. Wien, Berlin: Turia + Kant (Das Seminar von Jacques Lacan / Text erstellt durch Jacques-Alain Miller, Buch 20), S. 136.

614 Vgl. Soiland (2013): Lacan und Marx: das Subjekt und die Ideologie, S. 141.

615 Vgl. Zupančič, Alenka (2001): Das Reale einer Illusion. Kant und Lacan. Originalausg., 1. Aufl. Frankfurt am Main: Suhrkamp (Suhrkamp-Taschenbuch Wissenschaft), S. 16.

Verbindet sich der daraus resultierende Wunsch nach gütiger Entsagung mit neopatriarchaler Selbstdisziplinierung und zweckrationalem Hedonismus, so wird der *Genuss zum Genießen ohne Genuss* – sozusagen zum alkoholfreien Bier. [616] Weil sie nun unbewusst ist, ist die Herrschaft dadurch nicht zu bezeichnen. Während das Subjekt den Eindruck bekommt, sich „frei" zu entfalten und die eigene Subjektivität zu genießen, ist es doch eigentlich in Zwängen gefangen. Das Freiheitsversprechen prallt hart auf die tatsächliche Annullierung von Freiheit und Individualität, da es sich bei diesen Versprechen größtenteils um Werbeslogans handelt. Und somit formt das Kapital selbst das Subjekt. Es darf nicht konsumieren – es muss. Und es muss nicht, weil der Vater es gebietet, es muss, weil das eigene Gewissen es sonst schuldig spricht. Schuldig an verpassten Genusschancen und schuldig am eigenen Scheitern daran, glücklich, „frei" und erfolgreich zu sein.[617]

Konsum und scheinbar freie Selbstverwirklichung bringen das Subjekt zur ständigen Arbeit am eigenen Körper und der eigenen Identität, im Sinne eines grenzenlosen, persönlichen Wachstums. Und dies alles, damit er sich auf das Verwertbarste in die gesellschaftlichen Strukturen eingliedert. Nun übt ein solches Genussideal einen enormen Druck auf das Subjekt aus. Idealisierte Repräsentationen der Kulturindustrie machen vor, was kinderleicht sein soll: selbstdiszipliniert, autonom, erfolgreich und überglücklich das Leben in vollen Zügen genießen – während und nach und für die Lohnarbeit.

Der sich ausweitende Niedriglohnsektor und arbeitsamtlicher Lohnarbeitszwang ist für viele Europäer:innen die tatsächliche Erfahrung. Wird diese an dem *Genuss*ideal orientiert, so erscheint das Scheitern daran als individuell. Das Subjekt schreibt sich selbst die Schuld für das Versagen in diesen Gesellschaften zu. Gesellschaften, die strukturell für die Meisten auf ein Scheitern an den eigenen Idealen angelegt sind. Meine These ist nun, dass dieses Scheitern und die Schuldzuschreibung geschlechtsspezifisch funktionieren. Zunächst einmal müssen wir uns das Scheitern der Täter anschauen. An was genau scheiterten sie?

---

616 Zupančič, Alenka (2001): Das Reale einer Illusion. Kant und Lacan, S. 171.

617 Zupančič, Alenka (2006): When Surplus Enjoyment Meets Surplus Value, In: Justin Clemens und Russell Grigg (Hg.): Jacques Lacan and the Other Side of Jacques Lacan and the Other Side of Psychoanalysis. Reflections on Seminar XVII. London: Durham, S. 17.

Um das zu verstehen, ist es am besten, das Pferd von hinten aufzuzäumen. Denn die Tat ist eine Selbstinszenierung, in der die Täter ihre Hauptrolle haben. Sie spielen ihr *moi-imaginaire*, das narzisstische Bild, auf das sich ihre Liebe richtet. Dieses habe ich in den vorangegangenen Kapiteln bereits analysiert und kam zum Schluss, dass die Täter sich als Helden und Götter im Kampf vorstellten. Sie setzten sich jeweils selbst als männliche Autoritäten ein – sie inszenierten den scheinbar abwesenden Vater. Und sie bestraften die, die sich nicht vermeintlich der symbolischen Vaterautorität unterwerfen für dieses Verhalten. Das taten sie, weil sie ein antreibendes Strafbedürfnis entwickelten. Es resultiert aus dem inneren Konflikt, dem Ideal von Männlichkeit zu entsprechen, das das unbewusste *Genießen* hervorruft.

Rodger scheiterte daran, ein Mann zu werden. Er konnte keiner Frau habhaft werden und sich zudem nicht von der schützenden Mutter trennen. Sowohl im Studium als auch in der Lohnarbeit scheiterte er kläglich. Er war nicht in der Lage, sich soziales Kapital in Form von freundschaftlichen Netzwerken aufzubauen.[618] Breivik vollzog ebenso nie die Trennung von der Mutter, obwohl er offensichtlich einen großen Hass auf sie empfand. Er übertrug die inneren, familienbedingten Konflikte auf die Gesamtfrau. Zudem scheiterte er am Vorhaben, eine glücksversprechende Partner:innenschaft zu leben. Anscheinend *genoss* er seine Subjektivität wenig und scheiterte womöglich auch daran, die eigene sexuelle Orientierung zu akzeptieren. Die fehlende Partner:innenschaft, das „Mädchen kaufen" und der enorme Hass auf Frauen sprechen dafür.

Auch Balliet scheiterte in all den genannten Lebensbereichen. Mit 28 Jahren, wohnten sowohl er als auch Breivik wieder im Kinderzimmer bei der Mutter. Er befand sich in keinem Lohnarbeitsverhältnis und sein soziales Kapital beschränkte sich auf den digitalen Raum, was als „Nerdtum" negativ konnotiert ist. Rathjen befand sich in derselben Situation. Auch er wohnte lohnarbeitslos im Kinderzimmer im Keller des Elternhauses. Balliet sprach im Stream seinen Selbsthass deutlich aus: „Einmal Verlierer, immer Verlierer" – „und dann sterbe ich wie der Verlierer, der ich bin".[619]

618 Im Neopatriarchat werden freundschaftliche Bindungen von der ökonomischen Nutzenseite her beurteilt. Obwohl es sehr wohl Ansätze gibt, emanzipatorische Beziehungen, z. B. innerhalb von alternativen Wohn- und Lebenszusammenhängen zu verwirklichen.

619 Balliet (2019): Stream seines Attentats.

Die anderen drei Täter wählten als Gegensatz die narzisstische Selbstüberhöhung: „Ich bin der perfekte, großartigste Gentleman".[620] Ihr Selbsthass erzeugendes Scheitern projizierten sie auf die imaginierten *Anderen* – „die Frauen", „die Ausländer" und „die Juden". Denn Scham und Schuld waren nicht auszuhalten. Warum sprachen die Attentäter „die Frauen" schuldig? Warum konstruierten sie eine globale Verschwörung mit dem *moi-imaginaire* im Mittelpunkt der Erzählung? Weil, wie schon dargelegt, das *Objekt klein a* mit dem Körper der Mutter verbunden ist. Männlichkeit konstruiert sich aus dem Verfügen über Frauenkörper: dem Verfügen über die Sorgearbeit der Mutter sowie dem Verfügen über die Sorgearbeit und die Sexualität der Partnerin.

Um neopatriarchale Männlichkeit beispielhaft zu beschreiben, komme ich noch einmal auf Donald Trump zurück – er eignet sich angesichts seiner skurrilen Clownhaftigkeit ganz prächtig zur Analyse. Trump ist das Stereotyp eines sich selbst als Gott eingesetzt habenden Mannes in neopatriarchalen Zeiten.

Die Ehefrau und die Tochter objektifiziert er bei jeder Gelegenheit: denn als echter Patriarch sind beide sein Besitz. Immer wieder fiel Trump mit sexualisierenden, besitzergreifenden Aussagen gegenüber Ivanka Trump, der Tochter, auf. So schreibt ein ehemaliger Regierungsbeamter z. B. in seinem Buch, dass Trump über „Ivanka Trumps Brüste, ihren Hintern und darüber gesprochen [habe; H.V.], wie es wäre, mit ihr Sex zu haben".[621] Diese Erzählung reit sich in weitere Vorkommnisse ein, die nahelegen, dass Trump Ivanka Trump als ihm zur Verfügung stehendes Sexobjekt interpretiert. In einem Radiointerview sagte Trump beispielsweise: „Sie war schon immer sehr kurvig. Eine unglaubliche Schönheit. Wenn ich nicht glücklich verheiratet und sie nicht meine Tochter wäre…".[622]

Eine von 25 öffentlichen Vorwürfe wegen Vergewaltigung stammt von Ivankas Mutter, Ivana Trump. Sie gab an, dass ihr damaliger Ehemann sie

620 Vgl. Rodger (2014): My Twisted World, S. 133.

621 Vgl. Dillmann, Daniel (2023): Neues Enthüllungsbuch: Donald Trump erzählt von seinen Fantasien mit Tochter Ivanka, online verfügbar unter https://www.fr.de/politik/enthuellungsbuch-donald-trump-ivanka-trump-sexismus-kommentare-neues-zr-92370251.html, zuletzt geprüft am 4.7.2023.

622 Vgl. Ward, Sandra (2022): Zerbricht Trumps innige Beziehung zu Ivanka jetzt? "Er wird sie alle verraten", online verfügbar unterhttps://www.focus.de/panorama/eine-verstoerende-beziehung-zerbricht-trumps-innige-beziehung-zu-ivanka-jetzt-er-wird-sie-alle-verraten_id_35071861.html, zuletzt geprüft am 4.7.2023.

„aus Wut" vergewaltigt habe. Der damalige Anwalt Trumps, Michael Cohen, argumentierte 2015 entgegen aller von Frauen erkämpften Rechte, dies könne gar nicht sein, da „man seinen eigenen Ehepartner nicht vergewaltigen kann".[623] Es scheint, als würden beide Männer Frauen als besitzbar begreifen. Trump lebt als Autorität vor, dass das *Genießen* möglich, oder gar eine Pflicht ist. Er muss nicht wie frühere Vorbilder der Lust entsagen, ganz im Gegenteil, wird er gerade wegen seiner (sexuellen) Aktivitäten und Amoralität von seinen Anhängern gefeiert. *Genossen* wird durch den Körper von Frauen und Töchtern. Der frühere Patriarch missbrauchte „seine" Töchter noch heimlich und sprach darüber ein Tabu aus. Aktuell scheint auch das Phantasieren darüber, seine eigene Tochter zu missbrauchen, keine Äußerung mehr zu sein, die gegen eine Wählbarkeit Trumps sprechen würde, sie ist vielleicht sogar ein Wahlargument.

Das *Genießen* baut also auf geschlechtsspezifischer sozialer Ungleichheit auf, die durch Trumps Politik vorangetrieben wird. Soziale Ungleichheit ist sein Wahlprogramm, gewählt haben ihn genau deshalb sehr viele Männer und Frauen, die in dieser Konstruktion von Männlichkeit „von Natur aus" begünstigt sind oder als Frauen ebenso unbewusst oder bewusst misogyn sind.[624] An der Spitze dieser Intersubjektivität steht heutzutage weniger der christliche Gott mit seiner lustfeindlichen Verbotskultur. Er wurde durch den im Kapitalismus *genießenden Mann* ersetzt, der zugleich androzentrisch den *Menschen an sich* symbolisiert. Die neue autoritäre Formel scheint nicht mehr von oben nach unten Göttlichkeit = Männlichkeit = Menschlichkeit zu lauten, sondern strebt im Gegenteil von unten nach oben und lautet Menschlichkeit = Männlichkeit = Göttlichkeit. Das Männlichkeitsideal ist eine kapitalistische Genusspflicht, innerhalb derer pflichtbewusst Frauenkörper *genossen* werden müssen. Erst durch diesen *Genuss* wird er männlich.

---

623 Vgl. Rohkar, Lisa (2020): Sexuelle Übergriffe und Fehlverhalten: Diese Frauen erheben schwere Vorwürfe gegen Trump, online verfügbar unter https://www.focus.de/politik/ausland/alle-anschuldigungen-gegen-trump_id_12443041.html, zuletzt geprüft am 4.7.2023.

624 Studien zufolge wählten auch viele schwarze Männer die Vaterautorität Trump, obwohl seine Politik auch auf Rassismus aufgebaut ist. Haas, Simon (2020): Bei diesen Wählergruppen konnte Trump punkten, In: Politik, 4.11.2020. Online verfügbar unter www.zdf.de/nachrichten/politik/us-wahl-trump-waehler-gruppen-themen-100.html, zuletzt geprüft am 26.11.2021.

Die Täter scheiterten allesamt an den beschriebenen Widersprüchen des neopatriarchalen Männlichkeitsideals: Einerseits autonom und ökonomisch erfolgreich, andererseits Frauenkörper akkumulierend und benutzend. Frauen auf der einen Seite begehrend und ihrer habhaft werden wollend – und andererseits voller Angst vor ihnen und sie bis zur Vernichtung hassend und sie bestrafen wollend.

Im Weiteren analysiere ich diesen geschlechtsspezifischen Umgang mit unbewussten Konflikten als Verwertung weiblicher Körper.

7. Frauenmarkt: Fetischobjekt Frau

Die Täter scheiterten also daran, dem patriarchalen Ideal des Mannes zu entsprechen. Die Verantwortung des Scheiterns projizierten sie auf die *Anderen*, besonders „die Frauen“. Sie waren nicht in der Lage, über Frauenkörper zu verfügen und durch sie pflichtmäßig zu *genießen*. Dies ließ sie in der Konkurrenz mit anderen Männern als Unterlegene das „Schlachtfeld“ verlassen, nur um später eine Schlacht zu konstruieren, die ihnen die Möglichkeit gab, als Gott obsiegen zu können. Warum stellt die Verfügung über Frauenkörper ein so wichtiges Element in der Männlichkeitskonstruktion dar?

„Das Wahre“, so Lacan, handelt von der Abhängigkeit der Menschen. Durch Geburt und Sterben sind Subjekte in geschlechtsspezifische Alteritätsstrukturen, in Abhängigkeitsstrukturen, die sprachlich vermittelt sind, eingebunden.[625] Wir werden durch Frauen geboren und sind von menschlicher Fürsorge abhängig. Sprachliche Strukturen sind Anerkennung und Ausdruck dieser Abhängigkeit. Luce Irigaray zufolge sorge die narzisstische Struktur des sprachlichen Austausches allerdings für die Unbewusstmachung dieser Alterität. Innerhalb der „Ökonomie des *Selben*“ löse sich jedes Individuelle im abstrahierten *Selben* wieder auf. Die patriarchale symbolische Ordnung habe zum Ziel, die Unfähigkeit des Mannes zu gebären zu kompensieren. Diese Ordnung folge einer männlichen Abstammungslinie.[626] Narzisstisch spiegelt sich das männliche Subjekt so in der eigenen Weltauffassung.

625 Vgl. Soiland (2010): Luce Irigarays Denken der sexuellen Differenz. Eine dritte Position im Streit zwischen Lacan und den Historisten, S. 186.

626 Vgl. Irigaray (1979): Das Geschlecht, das nicht eins ist, S. 165.

Was bei Lacan als Machttheorie schon vorhanden ist – allerdings von ihm nicht zur Genüge als überwindenswert beurteilt wird – führt Irigaray zur Konsequenz: Wenn alles westliche Denken narzisstisch selbstbezüglich ist, muss gefragt werden, welche Subjektpositionen aus dieser Überlegung entstehen. Lacan behauptete, die *symbolische Kastration* sei eine Grundvoraussetzung von Kultur. Irigaray stellt diese Behauptung zur Disposition und betont, dass es sehr wohl eine nichtpatriarchale *symbolische Ordnung* geben könnte.

Um die Reproduktion dieses narzisstischen Denkens zu erfahren, analysierte Irigaray die westliche Ideenlehre. Ihrer Platonlektüre zufolge sei diese darauf angelegt, die Welt auf die immer schon vorhandenen, selben Kategorien zurückzuführen. Die Systeme der Repräsentationen produzierten so nur ein einziges Geschlecht: Das Männliche. Patriarchale Subjektivierung verursacht daher eine implizite Männlichkeit. Und diese ist auf ein *Anderes*, als vom *Selben* unterschiedenes angewiesen. Ständig wiederholt sich das Männliche und benutzt dafür das Weibliche als sein *Anderes*. Das *Andere* ist so nie unabhängig – kann keine Emanzipation erleben, da es fremdbestimmt konzipiert ist.

In dieser Subjektkonstruktion ist das *Andere*, Weibliche auch immer das „Nicht-Richtige", das Minderwertige. Die positive, männliche Seite wird durch die geanderten Frauen gespiegelt und es erfährt so Selbstbestätigung und Anerkennung. Und da Sprache historisch ist, dauert diese Subjektlosigkeit von Frauen bis zum heutigen Tag an.[627]

Irigaray untersuchte in Lyon sprachliche Konstruktionen von Frauen und Männern. Die Ergebnisse zeigen deutlich die männliche Selbstbezogenheit und die weibliche Bezogenheit auf das Männliche. Frauen fragten zweifelnd: Liebst du mich? Männer hingegen, sprachen mit sich selbst. Ihre Worte waren an sie selbst gerichtet und nicht an das Andere. Hier waren typische Sätze: „Ich frage mich, ob ich geliebt werde" oder „ich sage mir, dass ich vielleicht geliebt werde".[628]

Halten wir also fest: Die patriarchale, symbolische „Ökonomie des *Selben*" ist ein Denksystem, das Männlichkeit reproduziert und so eine männliche Abstammungslinie ermöglicht. Reproduziert wird narzisstisch immer nur das *Selbe* – welches das *Andere*, Weibliche, als Negativ benötigt. Das *Andere* wird allerdings im neopatriarchalen Regime zum Ähnlichen-Minderwertigen. Es existiert nach wie vor keine unabhängige Subjektposition

627 Vgl. Irigaray (1979): Das Geschlecht, das nicht eins ist, S. 157.
628 Irigaray (1991): Ethik der sexuellen Differenz, S. 158.

„Frau“, sie sind der Spiegel des narzisstischen, männlichen *Selben.* Nur sind sie nicht unbedingt das Negative, sondern werden neopatriarchal sukzessive zum „fast Männlichen“, dem „Ähnlich, aber Minderwertigen“, zu einem Beige unter satten Farben.

Die Täter sind aufgrund ihrer unbewussten Misogynie und aufgrund des Strebens nach Männlichkeit durch den Konsum von Frauenkörpern der festen Überzeugung, dass ihnen Frauen zustünden: „Ich verdiene die Liebe von Mädchen“.[629] Diesem narzisstischen Denken folgend, stellten sich die Täter in den Mittelpunkt der Welt. Geschehnisse können nur mythologisch ins Selbe zurückgeführt werden. Wenn die *Anderen* sich nicht gemäß ihrer natürlichen Position unterordneten und symbolisch wie materiell ausbeuten ließen, so mussten sie vernichtet werden. Die Liebe der Täter richtet sich weder auf die Mutter noch auf eine andere Frau, sie ist auf sich selbst gerichtet: „Mich treibt meine Liebe zu Europa,[630] der europäischen Kultur und allen Europäern an“.[631] Und damit meint Breivik die Liebe zur eigenen, männlichen Suprematie, die immer nur dann eine ist, wenn sie *Andere* dominieren und zu besitzen im Stande ist.

Deshalb wollen er und die anderen Täter sowie die *autoritäre Bewegung* so unbedingt die männlich-dominante Identität beschützen. Sie wird als bedroht erfahren. Breivik schreibt: „Die Ideologie, die Westeuropa in Beschlag genommen hat, trägt meist den Namen politische Korrektheit. Manche betrachten sie als einen Scherz. Sie ist es nicht. Sie ist todernst. Sie sucht nahezu alle Regeln, formell und informell, die den Umgang der Menschen und Institutionen beherrschen, abzuändern. Verhalten, Gedanken und die Wörter, die wir benutzen, sollen abgeändert werden“.[632] Die Bedrohung ist weiblich. Autoritäres Denken führt zur Verdinglichung von sozialer Ungleichheit. Gibt es nicht Gott, so doch die Herrschaft des patriarchalen Begriffs und das daraus resultierende, unbewusste Begehren.

Viele Männer, die Täter insbesondere, nutzen Frauen also zur Selbstwertsteigerung. Je kleiner das *Andere*, desto größer das *Selbe.* Bis hin zur Vernichtung des *Anderen* – um es so klein wie möglich zu machen. Wie kommt diese männliche Selbstwertsteigerung durch Abwertung und Ver-

---

629 Vgl. Rodger (2014): My Twisted World, S. 81.

630 Bei Balliet und Rathjen ist es die deutsche Nation. Bei Rodger ist es, ganz unverblümt, die Männlichkeit an sich.

631 Vgl. Berwick (Breivik) (2011): 2083, S. 1381.

632 Berwick (Breivik) (2011): 2083, S. 19.

nutzung des *Anderen*, Weiblichen zustande? Und was bedeutet es für die *Anderen*?

Lacans „Ökonomie des *Selben*" wurde von Irigaray zur „selbstwertsteigernden Ökonomie" extrapoliert.[633] Dazu führte sie Karl Marx' *Werttheorie* mit Claude Lévi-Strauss' *Zeichentausch als Frauentausch* und mit Lacans *symbolischer Ordnung* zusammen. Daraus resultierte ihre Erkenntnis, dass Frauenkörper wie Waren fetischistisch aufgeladen sind. Beim Konzept *Frau* handele es sich um ein Fetischobjekt, das in der patriarchalen Gesellschaft getauscht wird und (Selbst)Wert generiert.

Der Ethnologe Lévi-Strauss legte die patriarchale Endogamieregel als Inzesttabu, als „Frauentausch"[634] aus. Sprachtheoretisch analysierte er das symbolische Zeichensystem als Verwandtschaftsbeziehungen. Wie Lacan später, hypostasierte Lévi-Strauss diese Ordnung und bewertete das Patriarchat als Voraussetzung von Kultur. Irigaray hingegen kritisierte jene Annahme als ideologisch. Es existiere schließlich eine präödipale Phase in der kindlichen Entwicklung, die sehr wohl in eine emanzipatorische Subjektivierung münden könne.

Die aktuelle westliche Subjektivierung ist auf die Reproduktion eines männlich konnotierten Subjektkonzeptes, der männlichen Abstammungslinie und homosexueller gesellschaftlicher Bindungen ausgerichtet: „Immer wieder bringt A, der Sohn als Vater, B, sich selbst als Sohn, mittels C, der Mutter hervor".[635] Mutter und Tochter sind nur Mittel, die für diese Reproduktion vernutzt werden. Mutterschaft an sich wird patriarchal ausgebeutet. Lacan ordnete dies als unbewusstes Wettmachen der männlichen Unfähigkeit zu gebären ein.[636] Auffällig ist, dass Lacan dies nicht als überwindenswert kritisierte.

Frauen stellen als konsumierbare und kommunizierbare Zeichen ein gesellschaftliches Band zwischen Männern her, sie sind für den Mann eine „knappe Ware".[637] Wie Waren zirkulieren Frauen durch die patriarchalen „Beziehungsmärkte" und stellen dabei die gesellschaftliche Austauschbe-

633 Vgl. Irigaray (1979): Das Geschlecht, das nicht eins ist, S. 144.

634 Vgl. Soiland (2010): Luce Irigarays Denken der sexuellen Differenz. Eine dritte Position im Streit zwischen Lacan und den Historisten, S. 141.

635 Vgl. Treusch-Dieter, Gerburg (2005). Luce Irigaray: Speculum. Spiegel des anderen Geschlechts, In: Löw, M., Mathes, B. Schlüsselwerke der Geschlechterforschung. Wiesbaden: VS Verlag für Sozialwissenschaften, S. 18.

636 Vgl. Irigaray (1979): Das Geschlecht, das nicht eins ist, S. 165.

637 Irigaray (1979): Das Geschlecht, das nicht eins ist, S. 177.

ziehung unter Männern sicher: „Um Handel/es zu treiben, benutzen die Männer sie, aber Tauschverkehr mit ihnen haben sie nicht".[638] Die patriarchale Gesellschaft ist demnach eine „Hom(m)oerotische". [639]

Marx analysierte den Wert als Verhältnis zwischen Menschen, das sich in Waren materialisiert. Diese Analyse bezog Irigaray auf das „Fetischobjekt" Frau. Und dieses existiere nur dort, wo durch mindestens zwei Männer Frauen getauscht würden. Ihr gesellschaftlicher Wert erscheint nur durch die Beziehung der tauschenden Männer untereinander, die Frauen stellen durch ihre Tätigkeit das gesellschaftliche Band her. Begehren steuert diesen unbewussten Vorgang. Strukturell ist er als Inzesttabu gefasst. „Der Charakter der Frau als Fetischobjekt entspringt männschlichen Bedürfnis-Wünschen".[640] Dies bedingt die metaphysische Aufladung ihrer Körper. Wegen des aus dem männlichen Begehren geborenen Wunsches nach Austauschbeziehungen haben sie in der patriarchalen Gesellschaft einen Gebrauchswert und einen Tauschwert: „Als Waren sind die Frauen zweierlei zugleich: Gebrauchsgegenstände und Wertträger".[641] Die Mutter repräsentiert in dieser „Genussökonomie" den Gebrauchswert als reproduzierende Natur. Die „Jungfrau" wiederum repräsentiert den Tauschwert und damit die Bedürfniswünsche von Männern.

Wenn Irigaray postuliert, dass Frauen in dieser Gesellschaft keinen Ort haben, dann meint sie, dass Frauen die Umhüllung der männlichen Subjektivität sind. Sie haben keinen Ort, sie *sind* der Ort. Frauen sind „im Tausch Darstellung und Zirkulation der Macht des Phallus".[642] Damit ihr Wert gemessen werden kann, werden sie wie andere Dinge verallgemeinert und abstrahiert. Von der Individualität einer Frau muss abgesehen werden, ihr Wert erscheint nur durch den Vergleich mit anderen Frauen. Die „Ökonomie des *Selben*" schließt hier wieder Kategorien durch Bezeichnungen: „Sie ist nichts als die Möglichkeit, der Ort, das Zeichen der Beziehung unter Männern. An und für sich existiert sie nicht".[643]

Diese Subjektlosigkeit von Frauen bedingt, dass sie als abstrakte Frau nur drei Rollen verkörpern kann, und zwar: „Mutter, Jungfrau,

638 Irigaray (1979): Das Geschlecht, das nicht eins ist, S. 179.

639 Im Französischen bedeutet das Wort „Homme" Mann. Vgl. Irigaray (1979): Das Geschlecht, das nicht eins ist, S. 179.

640 Irigaray (1979): Das Geschlecht, das nicht eins ist, S. 187.

641 Irigaray (1979): Das Geschlecht, das nicht eins ist, S. 132.

642 Irigaray (1979): Das Geschlecht, das nicht eins ist, S. 190.

643 Irigaray (1979): Das Geschlecht, das nicht eins ist, S. 192.

Prostituierte".[644] Das eigentlich hom(m)oerotische Beziehungsgefüge tut so, als sei es heterosexuell. Und zwischen Frau und Mann „kommt es zu Attraktion, Begierde, Besitznahme, Konsumption, Abscheu usw. Aber nicht zu dieser Verwunderung, die das, was sie anschaut, immer ein erstes Mal anschaut und die den anderen nie als ihr Objekt begreift".[645] Der beschriebene symbolische Tauschprozess stellt eine Verdinglichung dar: Frauen erscheinen als Waren, die den Selbstwert von Männern steigern und deren Beziehung realisieren.

Rodgers Narrativ und das der Incels allgemein ist die Reinform phantasmatischer Einkleidung genau dieser Analyse. Denn sie abstrahieren vom Wert der Einen und universalisieren diesen Wert. Das sich aus der Vereinnahmung des *Pareto Prinzips* entwickelte Narrativ der Incels, stellt eine patriarchale Formelabstraktion des verdinglichten Geschlechterverhältnisses dar: 20 Prozent der attraktivsten Männer bekommen 80 Prozent der zur Verfügung stehenden „Frauenware". Ein User im *Pickup Forum* kleidet sein exemplarisches Begehren, „Frauenware" zu besitzen, in eine vermännlichte Evolutionsgeschichte: „Wieso 20 Prozent der besten Männchen sich mit 80 Prozent der Weibchen paart? Weil das Pareto Prinzip in der Biologie gilt. Zumindest bei der Verteilung im Singlemarkt. Warum gilt das Pareto Prinzip? Weil Männer und Frauen unterschiedliche Fortpflanzungsstrategien haben. Frauen haben eine Eizelle pro Jahr. Müssen deswegen den allerbesten Partner für ihr Kind aussuchen".[646]

Wie schon in Teil 3, Kapitel „4.Neopatriarchale männliche Subjektivierung" analysiert, sind wieder einerseits die Ebene der imaginierten Übermacht der Frauen, und andererseits die vernichtende Verdinglichung relevant: Die Frauen, die vom Aussehen her nicht der *Stacey* entsprechen, „werden in ihrer Jugend solange sie noch gut aussehen von einem 20Prozentler zum nächsten weitergereicht, sie fahren das Karussell. Viele von denen, die das Pareto Prinzip nicht checken, fragen sich warum sie den 20Prozentler nicht binden können".[647] Ansonsten tauchen Frauen tatsäch-

644 Irigaray (1979): Das Geschlecht, das nicht eins ist, S. 193.

645 Irigaray (1991): Ethik der sexuellen Differenz, S. 21.

646 KREAPY-KUKU (2018): Paretoprinzip im PU. Pick Up Forum - The Pickup Artist Community. Online verfügbar unter www.pickupforum.de/topic/138933-paretoprinzip-im-pu/, zuletzt aktualisiert Sept. 2018, zuletzt geprüft am 26.11.2021.

647 KREAPY-KUKU (2018): Paretoprinzip im PU.

lich wie Waren mit Produkteigenschaften bei den Tätern auf. Sie nehmen sie nicht wie Individuen mit Charaktereigenschaften wahr.

Balliet abstrahiert Frauen auf *Waifus* oder erniedrigt sie zu Tieren. Bei Rodger haben die „girls" nur die Eigenschaften „blond", „heiß" und „schön". Die Mutter vernutzte er empathielos für eigene Zwecke. Gegen die Stiefmutter konkurrierte er, weil sie nicht in die Elterntriade gehörte. Rathjen „bestellte" sich „eine Blondine" mit großer „Oberweite". Breivik kaufte sich Zugang zu Kindfrauen – also zu „noch-nicht" Frauen. Als habe er sich absichern müssen, dass sie in jedem Fall unterlegen sind und nicht (sexuell) aktiv die Beziehung mitgestalten. Sexuelle Aktivität bei Frauen wird abgewertet, weil sie einen Kontrollverlust bedeuten würde.

Bei Rodger taucht das Slutshaming auf und auch bei Breivik. Letzterer nahm sexuell aktive Frauen als krankhaft und unrein wahr. Regulierende Bereiche, in denen Sex stattfindet – bei Rodger Konzentrationslager – müssten geschaffen werden, um den Körper von Frauen als Ware zu kontrollieren. Während der Stiefvater, obwohl er ein „primitives Sexualtier" sei, trotzdem ein „guter Kerl" ist, so müssen sexuell aktive Frauen dafür bestraft werden, wenn sie selbst über ihren Körper bestimmen wollen.

Einer der *social skills counsellors* von Rodger war eine Frau. Insgesamt hat man den Eindruck, dass Rodger die Treffen nicht als Training im Umgang mit Menschen wahrnahm, sondern sie sexualisierte und die Frau als „Einkauf" für ihn betrachtete, der seinen eigenen Wert steigern sollte. Er berichtete von einem „girl", das „war eine ziemlich hübsche Blondine. Ich konnte die Gelegenheit nicht ausschlagen, mit einer Blondine herumzuhängen, obwohl sie eine angeheuerte Freundin war".[648] Nachdem sie weggezogen war, entschloss er sich, keine weiblichen *social skills counsellor* mehr haben zu wollen. Er begründete dies folgendermaßen: „Ich kann mir vorstellen, dass es den gleichen Effekt hat, wie das Anheuern einer Prostituierten. Für den Moment fühlt es sich gut an, aber danach fühlt man sich wie ein erbärmlicher Verlierer, weil man ein Mädchen anheuern muss, während andere Männer diese Erfahrung kostenlos machen können."[649] Diese Szene zeigt, dass Rodger nicht an der Nähe eines individuellen Menschen, mit individuellen Gesprächsthemen interessiert war.

Der Vater, Peter Rodger, scheint seinerseits ein recht narzisstischer Mann zu sein. 2015, ein Jahr nach dem Attentat seines Sohnes, antwortete er in einem Interview auf die Frage, was ihn an Soumaya Akaaboune am

648 Vgl. Rodger (2014): My Twisted World, S. 120.
649 Vgl. Rodger (2014): My Twisted World, S. 120.

meisten anspreche: „Ich lache. Sie bringt mich zum Lachen, das ist sehr wichtig. Sie ist auch schön, also, elle est très belle“. Die Sequenz, also Frage und Antwort, umfasst sieben Sekunden. Auf die gleiche Frage antwortet Soumaya Akaaboune ausführlich und erklärt, dass sie sehr schnell eine Verbindung zu ihm gespürt habe, sie ihn als Künstler bewundere, ihn mögen würde, dass sie einen gemeinsamen Humor und Kunstgeschmack teilten und er außerdem sehr großzügig und gutaussehend sei. Diese Sequenz hingegen umfasst 43 Sekunden.[650]

An den unterschiedlichen Beschreibungen der Beziehung können wir exemplarisch die Subjekthaftigkeit des narzisstischen Mannes und seine konsumorientierte Aneignung der Frau sowie seine Weigerung ablesen, ihre Subjekthaftigkeit anzuerkennen. Ihr Dasein ist ihm nützlich, bringt ihn zum Lachen, ihre Schönheit bereitet ihm Lust und spiegelt seine Macht. Er interpretiert sie als Mittel für seinen Genuss und liebt sich selbst in ihr als Ort. Sie hingegen, benennt seine Eigenschaften und Fähigkeiten und interpretiert sich als mit ihm verbunden. Das Interview wird in französischer Sprache geführt – die Familie Soumayas stammt aus Marokko – Rodger antwortet in englischer Sprache. Nur sein „elle est très belle“ spricht er, in säuselndem Ton an sie gerichtet, in ihrer Sprache aus. Peter Rodger stellt sich so als charmanter Gentleman dar. Er hat sich wohl auch in all den Jahren der gemeinsamen Ehe nicht die Mühe bereitet, wenigstens rudimentär die Sprache „seiner“ „schönen“ Ehefrau zu erlernen. Sie geht im „Künstler“ und „Gönner“ auf – muss dafür unbewusst auf ihre eigene Subjektivität verzichten.

Der narzisstische Mann braucht nichtsubjektive Frauen, die ihn bewundern und so größer zurückspiegeln. Nun war Peter Rodger für Elliot Rodger eine großes Vorbild nach dem er Sehnsucht empfand und dem er als „überlegener Gentleman“ nacheifern wollte: „Ich bin Elliot Rodger... großartig , glorreich, erhaben, herausragend... Göttlich!“[651] So ist der Narzissmus womöglich besonders bei Männern ausgeprägt, die narzisstische Vaterfiguren in der Primärfamilie haben, die unbewusst als Ideal zur Identifikation dienen. Bei Rathjen beispielsweise gibt es durch den gemeinsamen Wahn mit seinem Vater ebenfalls Hinweise darauf.

650 Vgl. Lofficielmaroc (2015): Interview exclu avec Soumaya Akaaboune & Peter Rodger – L'Officiel Maroc. https://www.youtube.com/watch?v=n8EPnWK-sxg.

651 Rodger (2014): My Twisted World, S. 135.

Der symbolische Frauentausch muss phantasmatisch verdeckt sein, durch eine vermeintlich freie Wahl. Der Alpha-Mann der oberen 20 Prozent kann potenziell alle 80 Prozent der „Ware Frau" akkumulieren. Der Incel, als in der Männlichkeitskonkurrenz Unterlegene, ist nicht dazu in der Lage. Da hilft es auch nicht, dass die Eltern die Ware mit Geld kaufen: Denn es geht nicht um die Frau als Individuum. Es geht darum, Mann mit Selbstwert zu sein. Dieses Ziel kann der Incel nur durch Selbstwertsteigerung durch eine spiegelnde Frau erreichen, der Kauf muss phantasmatisch eingekleidet sein. Frauen ganz direkt und nicht einmal mit eigenem Geld zu kaufen, hieße zu schummeln.

Für Incels, so auch für Elliot Rodger, ist jede Frau eine Prostituierte – jede Frau ist käuflich. Die Währung ist ökonomisches Kapital, Prestige und insgesamt die soziale Position. Das ist auch der Grund, warum Rodger so dringend durch Lotteriespiel zum Millionär werden wollte. Balliet denkt Jungfrauen auch als Belohnung für erfolgreiche Männlichkeit: „Werde ein Techno-Barbar und bekomme ein Katzenmädchen geschenkt".[652]

Rathjen beschreibt die Folgen seines fehlenden „Liebesglücks" als „freude- und leistungshemmend". Insgesamt sei er ja sehr wählerisch, was die „Frauenware" betreffe. Er nähme nicht alles, „da mir vom 'Äußeren' nur sehr wenige gefielen beziehungsweise ich besonders hohe Ansprüche hatte".[653] Nur eine blonde Frau im Studium entsprach seinen *Genuss*-Bedürfnissen.

Auch Rathjen scheiterte an der Pflicht, durch Frauenkörper zu *genießen*, sie zu akkumulieren, um im Männlichkeitswettbewerb zu obsiegen. Männlichkeit ist Konstruktionsarbeit – Frauen sind das Werkzeug und der Rohstoff. Diese Weiblichkeitsdarstellungen entsprechen der Funktion der symbolischen Gesamtfrau, nämlich die der Jungfrau. Männlichkeit als Arbeit, als pflichtmäßiges *Genießen* der eigenen Identität, bedeutet dazu fähig zu sein, Frauenkörper akkumulieren zu können.

Breivik beispielsweise trainierte hart, bevor er männlich genug war, das Attentat zu begehen. Medienberichten zufolge habe er immense Mengen Steroide konsumiert, um seine 80 kg Kampfgewicht zu erreichen. Um sich zu motivieren, habe er dabei stets faschistischen Rock angehört. Wie schon analysiert, konsumierte Rodger sehr viele Waren und Dienstleistungen, um seine Männlichkeit auszuleben. Und dies führt uns wieder zu Lacans Anschlussstelle im Subjekt, an der *Biopolitik* anknüpfen kann. Die neopatri-

652 Balliet (2019a): Mannifest.

653 Vgl. Rathjen (2020a): Manifest, S. 13.

archale Struktur eignet sich das *Mehrgenießen* als Bedürfnis an und sorgt für dessen Reproduktion. Durch die Körper und ihr unbewusstes Begehren, wird die Zustimmung zum Kapitalverhältnis generiert, dadurch, dass das Subjekt sich scheinbar freiwillig als Konsument:in einfügt. Der Mann wird dazu angehalten, Männlichkeit konsumhaft als vermeintlichen *Genuss* zu performen – durch die Ware Frauenkörper.

Resultat ist eine fragile Identität. Einerseits sind viele Männer auf Frauen als Spiegel ihres Selbst angewiesen und andererseits wollen sie sie als Dinge vernutzen, was im Extremfall zur Vernichtung der Frauen führt. Es liegt also nicht fern, dass aus PUAs Incels werden. PUAs erniedrigen Frauen und wollen sie konsumieren. Sind sie in dieser Identitätskonstruktion in der Konkurrenz erfolgreich, so schaffen sie es, die „Ökonomie des *Selben*" aufrecht zu erhalten und innerhalb dieses Tauschverkehrs Anerkennung und Selbstwert zu generieren. Scheitern sie in der Männlichkeitskonkurrenz, so projizieren sie ihr Versagen auf die Frauen und beschuldigen diese. Aus PUAs werden Incels: Die Dinge haben sich nicht so verhalten, wie sie erwartet hätten und ihre Konkurrenten es erwarten. Sie haben ihren Nutzen nicht erfüllt, Männlichkeit hergestellt und später in der Partner:innenschaft durch Kinder reproduziert. Die Ehefrau/feste Partnerin ist dann nämlich die zweite Seite der Frau: die Mutter. Diese Frau hat ihre natürliche Funktion erfüllt und ist der Tauschökonomie dadurch entzogen. Im Falle des „supreme gentleman" haben sich die Objekte nicht wie solche verhalten. Schon Rodgers Selbstbezeichnung transportiert die Hierarchie, die er immens statisch denkt: Er ist in dieser dichotomen Hierarchie „gentleman"/„girl" der Liebesakt spendende Überlegene „gentleman". „Die girls" sind diejenigen, die sich seine Liebe wünschen sollen. Verhalten sich die Frauenkörper nicht wie seine Projektion, so werden sie von ihm bestraft, nicht „richtig" zu sein. Rodger war einer dieser selbstherrlichen Männlichkeiten in Reinform. Nun kommen seine Vorstellungen nicht von Ungefähr: Ideale und kulturindustrielle Repräsentationen transportieren diese misogynen Imaginationen eines hierarchischen Verhältnisses zwischen Frau und Mann. Wenn nun manche Männer im Akkumulieren von Frauenkörpern nicht erfolgreich sind, reagieren sie mit Aggressionen und weiteren Projektionen auf Frauen – der PUA wird zum Incel. Beide sind Seiten einer Medaille.

Gleichzeitig, verstricken sich hier Männer in unbewusste, innere Widersprüche. Denn der drängende Genusswunsch fordert die Vernutzung von mehr als einer Frau. Treue und lebenslange Ehe ist im Neopatriarchat nicht mehr in der Form angesagt. Der Prozess des *Mehrgenießens* führt zum Wunsch, auch durch mehr als eine Frau *genießen* zu können. Trump ist gerade deshalb so ideal, weil er eine Modellehefrau, Melanie Trump, besitzt, sich aber gleichzeitig ständig neue Frauenwaren gönnt, sie sich offenbar zum Teil gewaltvoll aneignet. Trump besitzt die Mutter, als eine Seite der Frau, und die Tochter, als die andere. Er ist so männlich-machtvoll, dass er problemlos alle kaufen und dem Kreislauf wieder zuführen kann: „Wenn du ein Star bist, lassen sie dich alles tun. Du kannst alles tun [...] Ihnen an die Muschi greifen. Du kannst alles tun."[654] Der erfolgreiche fordistische Ehemann war zumindest moralisch zur Treue verpflichtet. Der erfolgreiche neopatriarchale Ehemann/"Freund" genießt Frauenkörper non stop, um sich selbst zu verwirklichen. Donald Trump beispielsweise propagiert öffentlich sexualisierte Gewalt als legitimes Mittel des Frauengenusses – und wird dafür verehrt.

Breivik kaufte sich ebenfalls blonde Frauen, beziehungsweise Mädchen aus der Ukraine mit blauen Augen.[655] Doch verhielt er sich ihnen gegenüber so misogyn, dass eine ihn ablehnte, obwohl sie auf sein Geld angewiesen war. Bei Breivik ist die Homosexualität weniger phantasmatisch eingekleidet. Er schien Männerkörper ganz direkt zu begehren. Dass die Polizei nach der Tat in der Osloer Schwulenszene nach Zeugen fahnden ließ, spricht neben den schon aufgeführten Hinweisen dafür. Homosexuelle Männer genießen die Nähe von Männern. Deshalb ist es eine übliche Praxis, als Männergruppen, z. B. nach Feierabend oder beim Junggesellenabschied, in Bordellen Frauenkörper zu konsumieren.[656] Die Frauen werden gemeinsam benutzt, sie sind der weibliche, patriarchale Puffer zwischen dem verbotenen homosexuellen Verkehr.

Rodger erwartete im Männerbund eine mobbingfreie Umgebung. Er bettelte seine Eltern an, die katholische Jungenschule *Crespi Carmelite High School* zu besuchen, weil er die „Grausamkeit" der Frauen auf

---

654 Drewello, Marc (2013): Trump verteidigt in Prozess wegen Vergewaltigungsvorwurf „Grab 'em by the pussy"-Aussage, online verfügbar unter https://www.stern.de/politik/ausland/donald-trump-rechtfertigt-beruechtigte--grab--em-by-the-pussy--aussage-33439424.html, zuletzt geprüft am 6.7.2023.

655 Vgl. Wagner 2018, S. 77. Die Wareneigenschaften „blond" und „blauäugig" entsprechen einer von der Rassenideologie des Nationalsozialismus geprägten Wahrnehmung. Auch Rodger beneidete und bewunderte blonde Menschen und bevorzugte blonde unter den von ihm erträumten „hot girls". Rathjens Begehren war es, sich „eine Blondine" mit großer Oberweite zu bestellen.

656 Vgl. Schon, Manuela (2020): Prostitution als Teil männlicher Herrschaft, In: Feministisches Bündnis Heidelberg (Hg.): Was kostet eine Frau? Eine Kritik der Prostitution. Erste Auflage. Aschaffenburg: Alibri Verlag, S. 60.

der Highschool nicht aushalten wollte. Das Phantasma ließ ihn denken, es seien Frauen, die ihm das Leben schwer machten, nicht die Männer, gegen die er eigentlich gezwungen war, zu konkurrieren. Die Realität holte ihn bereits nach einem Tag „Männerbundschule" ein: „Gleich in der ersten Woche machte ich meine erste Erfahrung mit echtem Mobbing, nicht nur mit den Hänseleien, die ich in Pinecrest erlebt hatte. Einige furchtbare Zwölftklässler sahen mich als Zielscheibe, weil ich wie eine Zehnjährige aussah und körperlich schwach war. Sie warfen während der Mittagspause und nach der Schule mit Essen nach mir".[657] Denn gerade unter Männern ist die Konkurrenz und Aggressivität groß, ebenso wie die Anziehung, die allerdings aufgrund der patriarchalen Misogynie verboten ist zu empfinden und auszuleben.

Theweleit analysierte, dass viele soldatische Männer die Schwestern ihrer engsten Freunde heirateten: Dies ist die hom(m)oerotische Verkehrung in die Hom(m)ophobie: Ein Zirkelwitz, der für viele Frauen tödlich ausgeht, weil sie deshalb von männlicher Gewalt betroffen sind.[658] Die *Manosphere*, Freimaurer, Tempelritter, *Fortschrittspartei* und Rathjens Verbrüderung mit dem „Kollegen aus der Banklehre"[659] sind Beispiele für das *Genießen* von männlicher Nähe – zueinander und zu sich selbst. Hier lebten die Attentäter im Innenraum ihre narzisstische Liebe zum *Selben* aus. Den Hass gegenüber dem *Anderen* inszenierten sie im Außenraum auf der Straße. Sie stellten sich ihrer Angst den Frauen gegenüber erst, als der Wahn als so real empfunden wurde, dass sie sich als Götter/Autoritäten überlegen fühlten. Aus melancholischer Angst wurde rächender Hass.

Diese Angst vor der verdrängten Weiblichkeit äußert sich im Wunsch nach Kontrolle über Frauen. Wenn Frauen keine Sorgearbeit leisten, ist das eine narzisstische Kränkung und wird als widernatürliches Aufbegehren gegen die Geschlechterrolle und damit Pflicht gewertet. Also ist es das Ziel der *autoritären Bewegung*, das „Muttertier"[660] im patriarchalen Oikos ein-

---

657 Rodger (2014): My Twisted World, S. 45.

658 Jeden dritten Tag tötet ein Mann in Deutschland „seine" Frau. Vgl. Terre des Femmes (2018): Horror hinter geschlossen Türen: Erschreckende Zahlen zur Partnerschaftsgewalt in Deutschland. Online verfügbar unter www.frauenrechte.de/unserearbeit/themen/haeusliche-und-sexualisierte-gewalt/aktuelles/4154-der-horror-hinter-geschlossen-tueren-erschreckende-zahlen-zur-partnerschaftsgewalt-in-deutschland, zuletzt aktualisiert am 24.11.2021.

659 Rathjen (2020a): Manifest, S. 4.

660 Kelle (2017): Muttertier.

zuschließen. Zu Beginn dieser Arbeit wurde das Parteiprogramm der AfD zum Ausbau von Väterrechten und zur Verhinderung von selbstbestimmten Scheidungen zitiert. Auch die fehlende Möglichkeit des selbstbestimmten Schwangerschaftsabbruches, soll die Frau an Männlichkeit binden. Der patriarchale Staat soll als autoritärer Gesamtvater den Körper der Warenfrau wieder umfassender für seine völkische *Biopolitik* nutzen: „Wir setzen uns ein für eine Willkommenskultur für Kinder und fordern ein Recht auf Leben, statt ein Recht auf Abtreibung".[661]

Wenn Frauen Dinge sind,[662] ist es nur konsequent zweckrational, ihren Eigensinn zu unterbinden, um sie gewinnbringend zu vernutzen. Auf der affektiven Ebene entspricht dieses Verhalten der Eifersucht.[663] Während sich der männliche Neid auf den (vermeintlichen) Besitz an Frauenkörpern bezieht, entspricht der Affekt in Bezug auf Frauen und Mädchen dem der Eifersucht. Da ihr Subjektstatus in dieser Begehrenskonstellation nicht anerkannt wird, empfindet der patriarchal denkende Rodger Neid in Bezug auf Jungs, weil sie als Subjekte etwas besitzen, dass er selbst gerne besitzen würde. Das „Etwas" sind in dieser Logik die „girls" – also Frauen. In Bezug auf sie wird kein Neid, sondern Eifersucht empfunden. „Eifersucht bezeichnet Gedanken oder Gefühle von Unsicherheit, Angst und Besorgnis

661 Kuhns, Joachim: Joachim Kuhs: Herzschlag-Gesetz in Texas – Jede Abtreibung ist eine Tragödie! AfD. Online verfügbar unter www.AfD.de/joachim-kuhs-herzschlag-gesetz-in-texas-jede-abtreibung-ist-eine-tragoedie/.

662 Das heißt nicht, dass es nicht auch genussvolle, emanzipierte heterosexuelle Beziehungen geben kann. Diese Deutung entspricht der abstrakten Ebene des Geschlechterverhältnisses, die mehr oder minder Beziehungen in Richtung Machtgefälle und Dominanz eines Partners prägt. Es gibt durchaus auch heterosexuelle Beziehungen, in denen die Frau eine dominante Position einnimmt. In der Struktur allerdings führt die symbolische Minderbewertung der Frau als Ding zu immens viel (sexualisierter) Gewalt und Leid auf Frauenseite.

663 Eifersucht ist Studien gemäß das häufigste Motiv für die Tötung der (Ex)Partnerin. Wenn Frauen sich trennen und eine neue Partner:innenschaft eingehen, vernichten besonders viele Männer in Deutschland „ihre" Exfrau. Brückner, Margrit (2009): Gewalt im Geschlechterverhältnis – Möglichkeiten und Grenzen eines geschlechtertheoretischen Ansatzes zur Analyse „häuslicher Gewalt". Vgl. Brückner, Margrit (2009): Gewalt im Geschlechterverhältnis – Möglichkeiten und Grenzen eines geschlechtertheoretischen Ansatzes zur Analyse „häuslicher Gewalt", S. 7 f.

über einen relativen Mangel an Besitz oder Sicherheit“ – so bei Wikipedia zusammengefasst.[664]

In dieser Konstellation wird in Bezug auf die Frauen und Mädchen deshalb Eifersucht statt Neid empfunden, weil sie der gewünschte Besitz sind und nicht der Konkurrent auf Augenhöhe, mit dem um den Besitz konkurriert wird. Eifersucht ist Studien gemäß das häufigste Motiv für die Tötung der (Ex)Partnerin. Wenn Frauen sich trennen und eine neue Partner:innenschaft eingehen, vernichten besonders viele Männer in Deutschland „ihre“ Exfrau.[665] Einer will das besitzen, was der andere hat. Viele Männer sind eifersüchtig aufeinander. Sie sind auf die Männlichkeit eifersüchtig, die nicht ohne den Besitz von „Frauenware“ auskommt.

Rodger konnte nicht mehr in den öffentlichen Raum gehen, weil ihn Paare und „girls“ so sehr mit seinem eigenen Scheitern konfrontierten: „Als ich vom Observatorium den Hügel hinunterfuhr, sah ich noch mehr junge Paare herumlaufen, und ich hatte das Verlangen, sie als süße Rache mit dem Mercedes zu überfahren. Ich hatte bereits geplant, den Mercedes SUV am Tag der Vergeltung als eine meiner Waffen zu benutzen“.[666] Das Auto entspricht, genauso wie die Waffen der anderen Täter auch, Phallussymbolen. Es handelt sich dabei um Dinge, die fetischistisch mit männlich konnotierter Macht aufgeladen sind. Die Attentate waren dann ein Teil der dringend benötigten Selbstwertsteigerung.

Die Männer unterwerfen im Krieg die Anderen und verweisen sie dadurch auf ihren natürlichen Platz: „Die Ablehnung der Frauen mir gegenüber ist eine Kriegserklärung, und wenn sie Krieg wollen, dann sollen sie Krieg bekommen. Es wird ein Krieg sein, der zu ihrer vollständigen und totalen Vernichtung führen wird“.[667] Die Incels haben die Theorie, dass Frauen während des „Incel Uprising“ Erregung empfinden würden, wegen der Männlichkeit und Macht, die dadurch symbolisiert werde.[668] Sie projizieren ihre eigenen Bedürfnisse nach Unterwerfung auf die Warenspiegel Frauen und bekommen das eigene moi-imaginaire als überlegener Mann

664 Wikipedia, online verfügbar unter: https://de.wikipedia.org/wiki/Eifersucht, zuletzt geprüft am 6.7.2023.

665 Brückner, Margrit (2009): Gewalt im Geschlechterverhältnis – Möglichkeiten und Grenzen eines geschlechtertheoretischen Ansatzes zur Analyse „häuslicher Gewalt“, S. 7 f.

666 Rodger (2014): My Twisted World, S. 126.

667 Rodger (2014): My Twisted World, S. 131.

668 Vgl. Kracher (2020): Incels.

im Attentat wieder zurückgespiegelt. Deshalb sind die Täter Role Models solcher Reichweite: Viele Männer entwickeln den Wunsch, das eigene Größenselbst durch die Vernichtung oder Unterwerfung der Anderen zu imaginieren.

Autoritäre machen der Gesamtfrau unbewusst den Vorwurf, nicht mehr nur Besitz zu sein und Eigensinn zu entwickeln. Die scheinbar gelungene Emanzipation aus dem heterosexuellen Begehrensverhältnis stellt eine narzisstische Kränkung dar. Genau wie der Verlust des Liebes„objektes", der Körper der Mutter eine Kränkung war, die unbewusst das Verhältnis zu Frauen strukturiert. Das Begehren, das Männer und Jungen später in Bezug auf die Frau empfinden, erinnert an diese Kränkung. Können dann die begehrten Körper nicht besessen werden, reagieren manche Männer mit Aggressionen und Gewalt.

Diese ist nicht zwingend immer nur auf Frauen gerichtet. Sie kann ebenso auf „die Ausländer" oder „die Juden" gerichtet sein, die in den jeweiligen Narrativen für die fehlende Unterordnung des anderen Weiblichen mitverantwortlich gemacht werden: „Hallo, mein Name ist Anon und ich glaube der Holocaust hat nie stattgefunden. Feminismus ist schuld an der sinkenden Geburtenrate im Westen, die die Ursache für die Masseneinmigration ist – und die Wurzel dieser Probleme ist der Jude."[669]
Balliet sprach als Anon für eine Männerschaft mit Vernichtungswunsch. Die psychotischen Verschwörungsnarrative sind phantasmatische Einkleidungen der *Unmöglichkeit, patriarchal zu genießen*. Die Mutter muss auch im Neopatriarchat für die Männlichkeit geopfert werden. Rathjen fand man tot auf dem Körper seiner Mutter, die er erschossen hatte.

8. Motiv Attentat: Herstellung von Männlichkeit und Beziehung zur Autorität

Einer der beiden Columbine-Attentäter äußerte: „Frauen, ihr werdet immer unter den Männern bleiben. Dafür hat die Natur gesorgt".[670] Danach tötete er 1999 mit seinem besten Freund 13 Menschen sowie sich selbst.[671] Diese

669 Balliet (2019): Stream seines Attentats.

670 Zitiert nach Kaiser (2020): Politische Männlichkeit, S. 17.

671 Stein, Hannes (2019): Columbine High School: Er rief „Kuckuck" und schoss ihr mit einer Schrotflinte mitten ins Gesicht, WELT, 20.4.2019, online verfügbar unter www.welt.de/geschichte/article192139211/Columbine-High-

mass shootings resultieren aus den Widersprüchen der neopatriarchalen Subjektivierung. Deren Reproduktion verläuft nicht linear: Einerseits werden im 19. Jahrhundert beginnend die familialen Sorgebeziehungen zugunsten der Atomisierung der Gesellschaft zersetzt. Andererseits bleibt das *Objekt klein a* an den Körper der Frau gebunden und sorgt für patriarchale Besitzansprüche. Männlichkeit ist an das spiegelnde Minderwertig-Weibliche gebunden. Weibliche Emanzipation und weiblicher Eigenwille produzieren männlich konnotierte Aggression, so dass die Attentate Verdichtungen des Wunsches nach Herrschaft und symbolisch-ökonomischer Selbstwertsteigerung sind. Als solche sind sie als Akte der Revolution zur Wiederherstellung väterlicher Autorität angelegt, eine Autorität, die *genießt* und nicht nur verbietet, bzw. den Nichtgenuss verbietet (als neues autoritäres Gebot). Das *Selbe* soll im größeren *Selben* eine Möglichkeit zur selbstwertsteigernden Identifikation bekommen und ein *führerloser Widerstand* soll zum einheitlich-männlichen Volkskörper führen. In dieser Hinsicht radikal denkende Männer wollen unbewusst im *führerlosen Widerstand* den einheitlich-männlichen Volkskörper herstellen.

Das Patriarchat ist also identitäre Herrschaft, die auf begehrensbezogener Anerkennung und Unterwerfung basiert. Der Mann bleibt „in einer Herr-Knecht-Dialektik befangen – gegebenenfalls als Knecht eines Gottes, dem er die Eigenschaften eines absoluten Herrn verleiht. Insgeheim aber als Knecht der Macht des Mütterlich-Weiblichen, das er herabzusetzen oder auszulöschen sucht“.[672]

Wie Breivik, Rodger und Balliet *genossen* auch die Columbine-Attentäter das Töten sehr: „Sie lachten, sagten ‘großartig’ oder riefen ‘Juhu!’, wenn ihre Kugeln ein Ziel fanden und hatten überhaupt sehr viel Spaß“.[673] Die Täter amüsierten sich deshalb so prächtig, weil die Vernichtung dem innerpsychischen Spannungsausgleich diente: der Homöostase. Rathjen unterschied sich hierbei von den anderen Attentätern. Er war sehr konzentriert und ruhig und seine Sprache strotzte vor Kälte und deutscher Effizienz. Auch er identifizierte sich mit männlicher Autorität und Macht, allerdings scheint sein Verhältnis zum *Genießen* ein anderes zu sein. Womöglich spielt hier die Anwesenheit des Vaters im Haus eine Rolle. Ein Hinweis auf

School-Er-rief-Kuckuck-und-schoss-ihr-mit-einer-Schrotflinte-mitten-ins-Gesicht.html, zuletzt geprüft am 26.11.2021.

672 Irigaray (1991): Ethik der sexuellen Differenz, S. 17.

673 Stein (2019): Columbine High School: Er rief „Kuckuck“ und schoss ihr mit einer Schrotflinte mitten ins Gesicht.

eine vaterautoritäre Erziehung gibt der gemeinsame Wahn: Womöglich litt Rathjen nicht an der fehlenden Autorität und der Unmöglichkeit der Identifikation und er könnte sogar stellvertretend für den Vater gehandelt haben.

Rathjen und die anderen Täter sehnten sich jedenfalls alle nach gesellschaftlichen Vaterautoritäten. Sie wollten die Auflösung der männlichen, gegebenenfalls *weißen* Identität bekämpfen und dies durch Abwertung des *Anderen* als Kampf um Männlichkeit im *Genuss*-Wettbewerb gegen andere Männer. Die Vernichtung entspricht dabei einer Selbstwertsteigerung. Männliche Identitätskonstruktion heißt im Falle der Attentäter nicht nur Abwertung des Weiblichen/*Anderen*, sondern die Vernichtung als höchste Stufe der Abwertung. Bezogen auf die *autoritäre Bewegung* ist die Abwertung häufig eine besondere Ausbeutung, z. B. in der Lohnarbeit und der Familie. Zudem bedeutet sie die Festschreibung auf eine als minderwertig konnotierte Position in der *symbolischen Ordnung*.

Fazit
Narzisstisch gekränkte Männer entwickeln den Wunsch nach Vernichtung

Wir haben gesehen, dass das heute herrschende Neopatriarchat die Gesellschaft hierarchisch ordnet, indem es nicht-migrantisierten Männern eine machtvolle Position und Selbstwert verleiht. Kulturindustrielle Männlichkeitsrepräsentationen vermitteln, dass es kinderleicht sei, Frauenkörper zu akkumulieren und *Andere* zu unterwerfen – sich also als *Mann* vollumfänglich zu *genießen*. Die Täter waren damit im Cyberspace, in der Pornografie und in Filmproduktionen wie *Alpha Dog* konfrontiert. Im realen Leben allerdings fiel es ihnen eben keineswegs kinderleicht, hierarchische Männlichkeit erfolgreich zu performen. Sie scheiterten daran, im Genusswettkampf gegen andere Männer siegreich vom Schlachtfeld zu ziehen.

Die neopatriarchale Herrschaft produziert Männlichkeit, deren Selbstwert sie wieder an die Struktur zurückbindet. In ihrem Begehren sind viele männliche Subjekte in dem Sinne Unterworfene, als dass sie jungfräuliche Frauen konsumieren (müssen), um vor sich selbst und anderen Männern richtig Mann zu sein. *Biopolitische* Herrschaft heißt in diesem Kontext, dass der Wunsch aus dem Unbewussten kommt und so nicht als aus Strukturen resultierend erkannt werden kann. Die Herrschaft ist im Unbewussten abgelagert und tritt als Begehren aus dem Körper – sorgt so für das gesellschaftliche Band zwischen vermännlichten Körpern.

Männlichkeit ist unbewusstes Konstruktionshandeln. Der zupančičschen Theorie zufolge eine Männlichkeit, die pflichtmäßig durch *Über-Ich*-Befehle herbeigeführt wird. Scheitert der Mann daran, durch Genusspflicht männliche Identität herzustellen, können im Extremfall Vernichtungswünsche entstehen, die eine Projektion innerer Selbstwertkonflikte sind. Sie werden auf das *Andere* projiziert, das den Aufstieg des narzisstische *Selben* in der Hierarchie der Männlichkeitsökonomie verhindert. Es vielleicht sogar infrage stellt und so den Selbstwertkonflikt verstärkt.

Unfähig von der narzisstischen Liebe zu sich selbst und den eigenen Vorstellungen von Männlichkeit Abstand zu nehmen, war es den Tätern nicht möglich, innere Konflikte zu reflektieren. Vielleicht hatten sie keinen Zugang zu herrschaftskritischem Wissen – wahrscheinlich verhinderte ihr narzisstischer Hochmut ein sich Einlassen auf Gedanken und Analysen der verhassten, minderwertigen *Anderen.* Wie es in einer herrschaftsförmigen Gesellschaft Praxis ist, wehrten sie jede Kritik aus einer Richtung ab, die von ihnen als „Opferseite" markiert wird. Empathielos reduzierten sie die *Anderen* auf Dinge oder Tiere. Die *Anderen* wurden in der „Ökonomie des *Selben*" nie unabhängig vom eigenen narzisstischen Standpunkt thematisiert.

Es war für sie selbstverständlich, dass das Dasein von Frauen in ihrer Rolle als Mutter aus Sorge- und Reproduktionsarbeit zu bestehen hat. Ebenso selbstverständlich war für sie, dass die Frau ohne Kinder – von den Incels als „blond", „heiß" und ohne eigenes Wesen phantasiert – allein für Sex und Anerkennung da zu sein hat. Der am Ideal gescheiterte, gekränkte autoritätssehnsüchtige Mann phantasiert, dass schon etwas „ganz Großes im Gange" sein müsse, wenn die *Anderen* einen Eigensinn entwickeln. Verschwörungsideologisch konstruiert die subjektive, narzisstische Wahrnehmung das Geschlechter-„Verhältnis" nach den eigenen Wünschen, Bedürfnissen und Projektionen. Die Anderen haben gefälligst so zu sein, wie die machtvoll angelegte Wunschmaschine Psyche das durch das Unbewusste herstellt. Ideologie wirkt durch unreflektierte Körper hindurch die Teil von Macht- und Herrschaftskonstellationen sind. Wahlweise die verweiblichten, jüdisch konnotierten „Kulturmarxisten" oder „die Frauen", ganz allgemein. Und weil das Strafbedürfnis des gekränkten autoritätssehnsüchtigen Mannes so ungeheuer groß ist, ist die Lust während des Bestrafens umso befriedigender. Der Attentäter, der die Mutter/Frau/"Ausländer" ermordet, freut sich, er jubelt sogar. Durch die Vernichtungstat verweist der Attentäter die *Anderen* auf ihren „natürlichen" Platz unter ihm.

Die Gewissheit über die Rechtmäßigkeit dieser Gewalt erhielten die Täter von der *autoritären Bewegung* und der Kulturindustrie. Deshalb zitierten sie auch angeblich wissenschaftliche Studien, die jedoch pseudowissenschaftliche Erzählungen sind, die darauf abzielen, soziale Ungleichheit zu verdinglichen. Neopatriarchale Herrschaft bedeutet auch, dass *Genuss* nicht demokratisch verteilt werden kann und es deshalb immer einen Konkurrenzkampf um Genusschancen geben muss. Phantasmatisch wird die *Unmöglichkeit zu Genießen* mit der Verdinglichung von Mutterschaft begründet. Der Körper der Mutter ist phantasmatisch mit Verlust und Nichtgenießen gekoppelt und löst so Besitzwünsche aus, die in Beziehungen zu Frauen ausgelebt werden. Dies führt zur Reproduktion männlich-identitärer Überlegenheit und in Folge bei manchen Männern zur Vorstellung, dass sie mehr als Andere Privilegien verdient hätten. So entwickelt sich männliche Angst vor und Aggression gegen diejenigen, die nun vermeintlich überprivilegiert sind. Innere Selbstwertkonflikte werden auf sie projiziert.

Verhalten sich aber nun Frauen beispielsweise gar nicht wie willenlose Ware, so bekommen sie den Zorn der narzisstisch Verletzten mit voller Wucht zu spüren. Gleiches gilt bei migrantisierten Menschen, die es beispielsweise wagen miteinander einen schönen Abend an einem Ort wie der *Arena Bar* in Hanau, zu genießen. Sie dienen dann als Sündenböcke innerhalb einer Struktur, die die Subjekte gegeneinander aufwiegelt und die immerfort für Konkurrenz, Leid und Verelendung sorgt.

Eigentlich sind wir Menschen voneinander abhängig. Sprache könnte Anerkennung dieser Alteritätsstrukturen bedeuten. Allerdings sorgt die patriarchale, sprachbasierte Subjektivierung für die Unsichtbarmachung und Unbewusstmachung dieser Alterität – die in einer emanzipierten Gesellschaft durchaus positiv und solidarisch gestaltet sein könnte.

Der sich historisch entwickelte Frauentausch und die sich daraus entwickelte patriarchale, koloniale Wirtschafts- und Lebensweise führt allerdings auch im aktuellen Neopatriarchat zu einer grotesken Überbewertung von Dingen: Die Produktion von Waren wird als wichtiger erachtet als die Reproduktion des menschlichen Lebens. Schlimmer noch: Für die Produktion von Waren werden Menschenleben in großem Stil geopfert. Und so kommt es, dass Frauen weiterhin als Fetischobjekte dem Mann zum *Genuss* dienen sollen. Der Wert des Lebens und der Mütterlichkeit wird unter die vermännlichte Produktionssphäre subsumiert.

Angewiesen ist die Subjektivierung dabei auf die symbolische Ermordung der Mutter – um die unbewusste Vaterautorität/Gott zu reproduzieren. Dieser Prozess lässt vor allem in männlichen Bewusstseinen die Sehnsucht nach männlichen Vaterautoritäten entstehen. Dies in Kombination mit dem unbewussten Wunsch, sich mit ihnen identifizieren zu können, um so eine Selbstwertsteigerung zu erleben, die den eigenen Narzissmus befriedigt.

Wie schon in der Einleitung angesprochen, leben wir aktuell in Zeiten, in denen die *rechtsautoritäre Bewegung* in der westlichen Welt erstarkt. Narzisstische Verschwörungstheorien gewinnen an Einfluss. In manchen europäischen Staaten sind autoritäre Parteien im Parlament oder sogar in Regierungsverantwortung. In Polen und Ungarn schlossen sich die patriarchalen Kirchen mit rechtsautoritären Parteien und politischen Gruppierungen zusammen und wurden dadurch sehr machtvoll.

Diese Entwicklung sollte noch viel mehr Gegenbewegung auslösen, als es aktuell der Fall ist. Es gilt, sich emanzipatorischen Projekten zu widmen. Es gilt, in solidarischer und reflexiver Zwischenmenschlichkeit Orte zu schaffen, an denen über emanzipative Kultur nachgedacht und sie praktisch erarbeitet wird. Von hier aus sollten sich Theorie und Praxis auf die komplizierte Frage richten, wie kulturelle Zusammenhänge gelebt werden können, die Hierarchie und Unterwerfung überwinden und somit lebensbejahend sind.

Wie sieht Zwischenmenschlichkeit aus, wenn sie nicht auf die Produktion von Dingen, der Ausbeutung von Mensch und Natur und die Ermöglichung eines global vernichtenden Wertverhältnisses gerichtet ist? Wie können wir eine Gleichheit und zugleich plurale Differenz zwischen Menschen und eine demokratische Verteilung von *Genuss*chancen erreichen? Es geht darum, antipatriarchale Kulturen zu wagen und auch darum, ein anerkennungsorientiertes, zwischenweibliches Miteinander zu probieren, das auf Solidarität, Liebe, Anerkennung von Differenz und Gleichwertigkeit aufgebaut ist. Darüber hinaus sind beispielsweise in pädagogischer Hinsicht Konzepte zu entwickeln, wie mit neopatriarchalen Identifikationsprozessen umzugehen ist. Hier sollten die Bewusstseine von Jungen und jungen Männern untersucht werden und ihr Begehren nach Macht und dem Ausleben von Aggressionen kritisiert werden. Was kann die Alternative zur Identifikation mit Incels, *Pick-up Artists* und Rechtsautoritären sein? Und vor allem: Wie schützen wir betroffene Personen in einer so gewaltvollen Sprech- und Umgangsweise in unserer patriarchalen Kultur?

Abb. 1

Der Chad ist ein Stereotyp, das in Memeform in der Incelcommunity geteilt wird. Er steht für ihre ideale Männlichkeit.

Abb. 2

Screenshot aus dem Mannifest Stephan Balliets. Für ein erfolgreiches „Uprising“, bekomme der Attentäterheld ein Katzenmädchen geschenkt. Das Bild steht für die entmenschlichende Stereotypisierung von Frauen, die diese Attentäter mit der rechtsfundamentalistischen Bewegung teilen.

Literaturverzeichnis

Achtelik, Kirsten (2020): Das zehnte Opfer nicht vergessen. Online verfügbar unter https://jungle.world/artikel/2020/10/das-zehnte-opfer-nicht-vergessen, zuletzt aktualisiert am 25.11.2021, zuletzt geprüft am 25.11.2021.

Adorno, Theodor W. (2019): Aspekte des neuen Rechtsradikalismus. Ein Vortrag. Berlin: Suhrkamp.

Adorno, Theodor W. (2020): Studien zum autoritären Charakter. 12. Auflage 2020. Frankfurt am Main: Suhrkamp (Suhrkamp-Taschenbuch Wissenschaft, 1182).

Adorno, Theodor W.; Horkheimer, Max (2020): Dialektik der Aufklärung. Philosophische Fragmente, 25. Aufl., 1. Aufl. 1944, Frankfurt/Main: Fischer.

Adorno, Theodor W. (1966): Erziehung nach Ausschwitz, Kadelbach, Gerd (Hg.), In: Erziehung zur Mündigkeit, Vorträge und Gespräche mit Hellmuth Becker 1959–1969, S. 1.

Adorno, Theodor W. (1955): Schuld und Abwehr. Eine qualitative Analyse zum Gruppenexperiment. Gesammelte Schriften. Bd. 9.2.

AfD: Wahlprogramm 2021. Online verfügbar unter https://cdn.AfD.tools/wp-content/uploads/sites/111/2021/05/2021-05-20-_-AfD-Bundestagswahlprogramm-2021.pdf, zuletzt geprüft am 24.11.2021.

Agnioli, Johannes (1995): Der Staat des Kapitals und weitere Schriften zur Kritik der Politik, Freiburg: ça ira.

Agnoli, Johannes (1998). Der Markt, der Staat und das Ende der Geschichte. In: Saage, R., Berg, G. (eds) Zwischen Triumph und Krise. Wiesbaden: Verlag für Sozialwissenschaften, online verfügbar unter https://doi.org/10.1007/978-3-322-97375-7_4, zuletzt geprüft am 20.6.2022.

Alternative für Deutschland (2020): FAMILIE & KINDER – Alternative für Deutschland. Online verfügbar unter https://www.AfD.de/wahlprogramm-familie-kinder/, zuletzt aktualisiert am 27.8.2021, zuletzt geprüft am 24.11.2021.

Amadeu Antonio Stiftung (o .J.): Begriffe, Trends und Dauerbrenner der Verschwörungsideologien. Online verfügbar unter https://www.amadeu-antonio-stiftung.de/verschwoerungsmythen-und-antisemitismus/begriffe-trends-und-dauerbrenner-der-verschwoerungsideologien/, zuletzt aktualisiert am 10.5.2021, zuletzt geprüft am 25.11.2021.

Amlinger, Carolin (2018): Ideologie. In: Kopp, J., Steinbach, A. (eds) Grundbegriffe der Soziologie. Springer VS, Wiesbaden. https://doi.org/10.1007/978-3-658-20978-0_37.

Angelina, Carina; Piasecki, Stefan; Schurian-Bremecker, Christiane (Hg.) (2018): Prostitution heute. Befunde und Perspektiven aus Gesellschaftswissenschaften und Sozialer Arbeit. Baden-Baden: Tectum Verlag. Online verfügbar unter https://ebookcentral.proquest.com/lib/kxp/detail.action?docID=5525955.

Anwar, André (2012): Anders Breivik ließ sich eine „arische Nase" machen. In: Derwesten.de, 29.5.2012. Online verfügbar unter https://www.derwesten.de/panorama/anders-breivik-liess-sich-eine-arische-nase-machen-id6709900.html, zuletzt geprüft am 26.11.2021.

Arne, Kellermann (2020): Adornos Kritik der angestellten Versöhnung im Konsum. In: Kritiknetz – Zeitschrift für Kritische Theorie.

Backes, Uwe (2020): Rechtsextremistische und rechtsterroristische Gewalt in Europa | bpb. In: Bundeszentrale für politische Bildung, 22.12.2020. Online verfügbar unter https://www.bpb.de/politik/extremismus/rechtsextremismus/324955/rechtsterrorismus-in-europa, zuletzt geprüft am 26.11.2021.

Balliet, Stephan (2019): Mannifest. Online verfügbar unter https://dailystormer.su/ultimo-weebnat-failstreamer-apparently-wrote-weird-Mannifesto-saying-he-didnt-have-a-plan/.

Balliet, Stephan (2019a): Stream Attentat.

Bannenberg, Britta (2014): Entwicklung schwerer Gewalt aus kriminologischer Sicht. In: Zeitschrift für Internationale Strafrechtsdogmatik (9). Online verfügbar unter https://www.zis-online.com/dat/artikel/2014_9_850.pdf, zuletzt geprüft am 24.11.2021.

Baumann, Hans (1935): „Es zittern die morschen Knochen", 3. Strophe.

BBC (2014): How I tried to help Elliot Rodger. In: BBC News, 9.7.2014. Online verfügbar unter https://www.bbc.com/news/magazine-28197785, zuletzt geprüft am 24.11.2021.

Becker, Andreas (2020): Bluttat: Todesschütze von Hanau war Bundesanwaltschaft bekannt | Nordkurier.de. Online verfügbar unter https://www.nordkurier.de/aus-aller-welt/todesschuetze-von-hanau-war-bundesanwaltschaft-bekannt-2138487602.html, zuletzt aktualisiert am 15.10.2020, zuletzt geprüft am 25.11.2021.

Becker-Schmidt, Regina; Busch, Charlotte; Kaszta, Mira (2018): Der Riss durchs Geschlecht. Feministische Beiträge zur Psychoanalyse. Originalausgabe. Hg. v. Charlotte Busch, Britta Dobben, Max Rudel und Tom David Uhlig. Gießen: Psychosozial-Verlag (Forum Psychosozial).

Benoist, Alain de; Böhm, Michael; Mohler, Armin (2017): Kulturrevolution von rechts. La nouvelle Droite. 1. Auflage. Dresden: Jungeuropa Verlag (Theorie I).

Bertolaso, Marco (2019): Nachgefragt – Der Attentäter und die Verschwörungstheorie vom „Großen Austausch". Online verfügbar unter https://www.deutschlandfunk.de/nachgefragt-der-attentaeter-und-die-verschwoerungstheorie-100.html, zuletzt aktualisiert am 25.11.2021, zuletzt geprüft am 25.11.2021.

Berwick, Andrew (Breivik) (2011): 2083. A European Declaration of Independence.

Bierl, Peter (2022): Antisemiten im Aufwind, online verfügbar unter https://jungle.world/artikel/2022/06/antisemiten-im-aufwind, zuletzt geprüft am 20.6.2022.

BILD (2014): Wieso hat niemand den Amok-Killer gestoppt? Das Minuten-Protokoll einer angekündigten Katastrophe! In: BILD, 26.5.2014. Online verfügbar unter https://www.bild.de/news/ausland/amoklauf/protokoll-amoklauf-santa-barbara-36134026.bild.html, zuletzt geprüft am 24.11.2021.

BILD (2020): Hanau: Spioniert Terrorist Tobias Rathjen hier mögliche Anschlagsziele aus? In: BILD, 21.2.2020. Online verfügbar unter https://www.bild.de/politik/inland/politik-inland/hanau-spioniert-terrorist-tobias-rathjen-hier-moegliche-anschlagsziele-aus-68935002.bild.html, zuletzt geprüft am 25.11.2021.

Borda, Boris (2017): Studie zeigt: Diese Videospiel-Genres spielen Frauen am meisten. In: PC GAMES, 21.1.2017. Online verfügbar unter https://www.pcgames.de/Studie-Thema-208650/News/Diese-Videospiel-Genres-spielen-Frauen-am-meisten-1218782/, zuletzt geprüft am 24.11.2021.

Breivik (2011). Online verfügbar unter https://www.dailymotion.com/video/xk41xw, zuletzt geprüft am 24.11.2021.

Brückner, Margrit (2009): Gewalt im Geschlechterverhältnis – Möglichkeiten und Grenzen eines geschlechtertheoretischen Ansatzes zur Analyse „häuslicher Gewalt“.

Camus, Renaud (2017): Revolte gegen den Großen Austausch. 2. Auflage. Schnellroda: Verlag Antaios.

Chołuj, Bożena (2017): „Gender-Ideologie“ – ein Schlüsselbegriff des polnischen Anti-Genderismus. In: Sabine Hark und Paula-Irene Villa (Hg.): Anti-Genderismus. Sexualität und Geschlecht als Schauplätze aktueller politischer Auseinandersetzungen. 2., unveränderte Auflage. Bielefeld: transcript (Gender studies), S. 219-238.

Clemens, Justin; Grigg, Russell (Hg.) (2006): Jacques Lacan and the Other Side of Jacques Lacan and the Other Side of Psychoanalysis. Reflections on Seminar XVII. London: Durham.

Das Gupta, Oliver (2020): Prozess gegen Halle-Attentäter – Etappen zur Tat. In: Süddeutsche Zeitung, 29.7.2020. Online verfügbar unter https://www.sueddeutsche.de/politik/halle-antisemitismus-attentaeter-synagoge-1.4982887, zuletzt geprüft am 24.11.2021.

Der rechte Rand (Hg.): IFS Faschist*innen des 21. Jahrhunderts. Einblicke in 20 Jahre „Institut für Staatspolitik“: Der Rechte Rand.

Der Westen (2020): Hanau: Detektiv geschockt: „Ich saß mit dem Attentäter am Tisch“ – DAS forderte er. Online verfügbar unter https://www.derwesten.de/panorama/vermischtes/attentat-terror-hanau-tobias-rathjen-mittaeter-angela-merkel-id228496557.html, zuletzt geprüft am 24.11.2021.

Deutsches Ärzteblatt (2020): „Verschwörer machen Bill Gates für die Pandemie verantwortlich“. Online verfügbar unter https://www.aerzteblatt.de/nachrichten/117772/Verschwoerer-machen-Bill-Gates-fuer-die-Pandemie-verantwortlich, zuletzt aktualisiert am 25.11.2021, zuletzt geprüft am 25.11.2021.

Ditfurth, Jutta (2019): Haltung und Widerstand: Eine epische Schlacht um Werte und Weltbilder. Hamburg: Osburg Verlag.

Egg White (2018): Alek Minassian. Online verfügbar unter https://www.youtube.com/watch?v=VLpJOndGztw.

Elsässer, Jürgen (2019): Das Monster von Halle – eine Analyse von Jürgen Elsässer. In: COMPACT, 10.10.2019. Online verfügbar unter https://www.compact-online.de/das-monster-von-halle/, zuletzt geprüft am 25.11.2021.

Enderwitz, Ulrich (2019): Der postfaschistische Sozialpakt, In: Grigat, Stephan (Hrsg.): Postnazismus revisited, Freiburg: ça ira.

Farley, Melissa; Cotton, Ann; Lynne, Jacqueline; Zumbeck, Sybille; Spiwak, Frida; Reyes, Maria E.; Alvarez, Dinorah; Sezgin, Ufuk: Prostitution and Trafficking in Nine Countries: An Update on Violence and Posttraumatic Stress Disorder. 2003, in: Journal of Trauma Practice. 2(3/4): 33-74.

Federici, Silvia Beatriz (2018): Caliban und die Hexe. Frauen, der Körper und die ursprüngliche Akkumulation. 3., erweiterte Auflage. Hg. v. Martin Birkner. Wien: Mandelbaum (Kritik & Utopie).

Feministisches Bündnis Heidelberg (Hg.) (2020): Was kostet eine Frau? Eine Kritik der Prostitution. Feministisches Bündnis. Erste Auflage. Aschaffenburg: Alibri Verlag.

Firestone, Shulamith (1975): Frauenbefreiung und sexuelle Revolution. 2. Aufl. Frankfurt am Main: Fischer Taschenbuch Verlag.

Focus Online (2013): Make-Up und Nasen-OP: Metrosexueller Breivik eiferte David Beckham nach. In: FOCUS Online, 2013. Online verfügbar unter https://www.focus.de/politik/ausland/terror-in-norwegen/metrosexueller-breivik-eiferte-david-beckham-nach-make-up-und-nasen-op_id_2024748.html, zuletzt geprüft am 24.11.2021.

Freud, Sigmund (1924): Internationale Zeitschrift für Psychoanalyse, Bd. 10, In: Gesammelte Werke, Bd. 13, S. 390.

Friedrich, Sebastian (2021): Hanau – Ein Jahr nach dem rassistischen Terroranschlag – Der letzte Tag. Online verfügbar unter https://www.hoerspielundfeature.de/hanau-ein-jahr-nach-dem-rassistischen-terroranschlag-der-100.html, zuletzt aktualisiert am 24.11.2021, zuletzt geprüft am 24.11.2021.

Frisse, Juliane (2015): Philosophie-Seminar für Frauenhasser. Das Reddit-Forum „The Red Pill“. Puls, zuletzt geprüft am 24.11.2021.

Ganz, Kathrin; Meßmer, Anna-Katharina (2017): Anti-Genderismus im Internet. Digitale Öffentlichkeit als Labor eines neuen Kulturkampfes. In: Sabine Hark und Paula-Irene Villa (Hg.): Anti-Genderismus. Sexualität und Geschlecht als

Schauplätze aktueller politischer Auseinandersetzungen. 2., unveränderte Auflage. Bielefeld: Transcript (Gender Studies), S. 59-78.

Gesellmann, Christian (2021): Warum ich als Mann über Feminismus schreibe. In: Krautreporter eG, 9.4.2021. Online verfügbar unter https://krautreporter.de/3780-warum-ich-als-mann-uber-feminismus-schreibe, zuletzt geprüft am 26.11.2021.

Gezer, Özlem; Neshitov, Timofey (2020): Anschlag in Hanau: Vater des Attentäters stellt rassistische Anzeigen – und fordert Tatwaffen zurück. In: DER SPIEGEL, 15.12.2020. Online verfügbar unter https://www.spiegel.de/panorama/justiz/hanau-attentat-vater-fordert-tatwaffen-zurueck-a-f2223a81-26a2-45fb-b8b4-aa30651896d8, zuletzt geprüft am 25.11.2021.

Gerhard, Ute (2018): Frauenbewegung und Feminismus. Eine Geschichte nach 1789. München

Goddemeier, Christoph (2007): Medizingeschichte: Zu den Wurzeln „entarteter" Kunst. Deutsches Ärzteblatt. Online verfügbar unter https://www.aerzteblatt.de/archiv/57124/Medizingeschichte-Zu-den-Wurzeln-entarteter-Kunst, zuletzt aktualisiert am 25.11.2021, zuletzt geprüft am 25.11.2021.

Gramsci, Antonio; Borchmann, Klaus (Hg.), (1999): Gefängnishefte Bd. 1. Hamburg: Argument.

Gulatti, Vansh (2020): Top 20 Anime Waifus, von denen du dir wünschst, sie wären echt! In: Epic Dope, 18.9.2020. Online verfügbar unter https://de.epicdope.com/Top-20-Anime-Waifus,-die-Sie-sich-w%C3%BCnschen,-waren-echt/?utm_source=internal&utm_medium=46972&utm_campaign=related-post, zuletzt geprüft am 26.11.2021.

Grigat, Stephan (o.J.): Nationalsozialismus: Zur Aktualität der negativen Aufhebung des Kapitals, online verfügbar unter https://www.youtube.com/watch?v=_IY-cREG-_0, zuletzt geprüft am 22.6.2022.

Grigat, Stephan (2019): Transformation der postnazistischen Demokratie und Postfaschismus als Begriff der Kritik, In: Grigat, Stephan (Hrsg.): Postnazismus revisited, Freiburg: ça ira.

Grigat, Stephan (2019): Postnazismus in Zeiten des Djihad. Modernisierte Vergangenheitspolitik, die Konkurrenz der Antisemiten und die FPÖ nach Jörg Haider. In: Grigat, Stephan (Hrsg.): Postnazismus revisited. Das Nachleben des Nationalsozialismus im 21. Jahrhundert, Freiburg: ça ira.

Haas, Simon (2020): Bei diesen Wählergruppen konnte Trump punkten. In: Politik, 4.11.2020. Online verfügbar unter https://www.zdf.de/nachrichten/politik/us-wahl-trump-waehler-gruppen-themen-100.html, zuletzt geprüft am 26.11.2021.

Haller, Lisa Yashodhara (2018): Kapital – Staat – Geschlecht. Eine theoretische Analyse der Vermittlungszusammenhänge. In: Friederike Beier, Lisa Yashodhara Haller und Lisa Haneberg (Hg.): materializing FEMINISM. Positionierungen zu Ökonomie, Staat und Identität. Münster: Unrast, S. 69-99.

Hark, Sabine; Villa, Paula-Irene (Hg.) (2017): Anti-Genderismus. Sexualität und Geschlecht als Schauplätze aktueller politischer Auseinandersetzungen. 2., unveränderte Auflage. Bielefeld: transcript (Gender studies).

hatr.org (2021). Online verfügbar unter http://hatr.org/, zuletzt geprüft am 24.11.2021.

Haupt, Marlies; Zoscht, Wolfgang: Ein Reemtsma-Institut von rechts? Vor zehn Jahren wurde das „Institut für Staatspolitik" gegründet. In: Der rechte Rand (Hg.): IFS Faschist*innen des 21. Jahrhunderts. Einblicke in 20 Jahre „Institut für Staatspolitik": Der Rechte Rand, S. 83-87.

Heil, Christiane (2014): Amoklauf mit Ansage. In: Frankfurter Allgemeine Zeitung, 26.5.2014. Online verfügbar unter https://www.faz.net/aktuell/gesellschaft/kriminalitaet/elliot-rodger-amoklauf-mit-ansage-12959428.html, zuletzt geprüft am 24.11.2021.

Hell, Peter; Raasch, Annika (2021): Das Grauen von Utøya: BILD-Doku über Breiviks Todeszug 2011. In: BILD, 28.7.2021. Online verfügbar unter https://www.bild.de/news/ausland/news-ausland/breiviks-amoklauf-vor-zehn-jahren-exklusive-bild-doku-77111982.bild.html, zuletzt geprüft am 26.11.2021.

Hempel, Klaus (2021): Bundesanwaltschaft nach dem Krieg: Von Alt-Nazis geprägt. In: tagesschau.de, 18.11.2021. Online verfügbar unter https://www.tagesschau.de/inland/gesellschaft/bundesanwaltschaft-ns-vergangenheit-101.html, zuletzt geprüft am 24.11.2021.

Hepp, Andreas (2009): Schlüsselwerke der Cultural Studies. Hg. v. Friedrich Krotz und Tanja Thomas. Wiesbaden: VS Verlag für Sozialwissenschaften (Springer Link Bücher). Online verfügbar unter http://swbplus.bsz-bw.de/bsz31120628x-cov.htm.

Hepp, Andreas; Krotz, Friedrich; Thomas, Tanja (Hg.) (2013): Schlüsselwerke der Cultural studies. 1. Aufl., Softcover. Wiesbaden: VS Verl. für Sozialwissenschaften (Medien – Kultur – Kommunikation).

Herrmann, Gunnar (2012): Mein Freund, der Massenmörder. In: Süddeutsche Zeitung, 29.5.2012. Online verfügbar unter https://www.sueddeutsche.de/panorama/prozess-gegen-norwegen-attentaeter-breivik-mein-freund-der-massenmoerder-1.1369355, zuletzt geprüft am 25.11.2021.

Hinrichs, Per (2020): Stephan Balliet: Zum Schluss noch einmal Hass. In: WELT, 9.12.2020. Online verfügbar unter https://www.welt.de/politik/deutschland/article222127524/Stephan-Balliet-Zum-Schluss-noch-einmal-Hass.html, zuletzt geprüft am 24.11.2021.

Horvath, Sylvia (1987): Reorganisation der Geschlechterverhältnisse. In: Neue Gesellschaft für bildende Kunst (nGbK) (Hrsg.): Inszenierung der Macht. Berlin, S. 129-142.

IB Deutschland (2021): Telegramgruppe Identitäre Deutschland.

Irigaray, Luce (1979): Das Geschlecht, das nicht eins ist. Berlin: Merve Verlag (Merve-Titel, 82).

Irigaray, Luce (1980): Speculum, Spiegel des anderen Geschlechts. [1. Aufl., 6. Nachdr.]. Frankfurt am Main: Suhrkamp (edition suhrkamp, 946).

Irigaray, Luce (1989): Genealogie der Geschlechter. Deutsche Erstveröffentlichung. Freiburg i.Br.: Kore.

Irigaray, Luce (1991): Ethik der sexuellen Differenz. Dt. Erstausg., 1. Aufl., [Nachdr.]. Frankfurt am Main: Suhrkamp (edition suhrkamp, 1362 = N.F., 362).

Iskadar, Katharina (2021): Auch ein Jahr danach bleibt viel Leere. In: Frankfurter Allgemeine Zeitung, 8.2.2021. Online verfügbar unter https://www.faz.net/aktuell/rhein-main/das-trauma-von-hanau-17187358.html, zuletzt geprüft am 26.11.2021.

Jürgs, Alexander (2020): Auch ein Jahr danach bleibt viel Leere. In: Frankfurter Allgemeine Zeitung, 8.2.2020. Online verfügbar unter https://www.faz.net/aktuell/rhein-main/das-trauma-von-hanau-17187358.html, zuletzt geprüft am 25.11.2021.

Kaiser, Susanne (2020): Politische Männlichkeit. Wie Incels, Fundamentalisten und Autoritäre für das Patriarchat mobilmachen. Berlin: Suhrkamp (edition suhrkamp, 2765).

Kelle, Birgit (2017): Muttertier. Eine Ansage, Fontis: Lüdenscheid.

Kuner, Lisa (2021): „Brasilien über allem, Gott über allen“: Wie viel Einfluss haben Evangelikale in Bolsonaros Land? https://www.merkur.de/politik/brasilien-bolsonaro-evangelikale-kirchen-christen-suedamerika-90253997.html, zuletzt geprüft am 20.6.2022.

Köhler, Daniel (2019): The Halle, Germany, Synagogue Attack and the Evolution of the Far-Right Terror Threat. In: Combating Terrorism Center at West Point, 18.12.2019. Online verfügbar unter https://ctc.usma.edu/halle-germany-synagogue-attack-evolution-far-right-terror-threat/, zuletzt geprüft am 24.11.2021.

Kotlar, Kerstin (2020): Incel. Hg. v. Emma & Fritz. Online verfügbar unter http://emafrie.de/audio-wahnhafte-incels/.

Kotlar, Kerstin; Kreisel, Kristina (2019): Stephan B.: „Paranoider Eigenbrötler“ – Psychogramm des Killers von Halle. In: FOCUS Online, 11.10.2019. Online verfügbar unter https://www.focus.de/gesundheit/ratgeber/psychologie/paranoider-und-labiler-eigenbroetler-das-psychogramm-des-neonazi-killers-von-halle_id_11225938.html, zuletzt geprüft am 26.11.2021.

Kracher, Veronika (2020): Incels. Geschichte, Sprache und Ideologie eines Online-Kults. Mainz: Ventil Verlag.

KREAPY-KUKU (2018): Paretoprinzip im PU. Pick Up Forum – The Pick-up Artist Community. Online verfügbar unter https://www.pickupforum.de/topic/138933-paretoprinzip-im-pu/, zuletzt aktualisiert am 2018.9, zuletzt geprüft am 26.11.2021.

Kubitschek, Götz (2017): Selbstverharmlosung. Verlag Antaios. Online verfügbar unter https://sezession.de/wp-content/uploads/2018/10/Sez76-Selbstverharmlosung.pdf, zuletzt geprüft am 24.11.2021.

Kuhns, Joachim: Joachim Kuhs: Herzschlag-Gesetz in Texas – Jede Abtreibung ist eine Tragödie! AfD. Online verfügbar unter https://www.AfD.de/joachim-kuhs-herzschlag-gesetz-in-texas-jede-abtreibung-ist-eine-tragoedie/.

Lacan, Jacques (1949): Das Spiegelstadium als Bildner der Ichfunktion. Wie sie und in der psychoanalytischen Erfahrung erscheint. Online verfügbar unter file:///C:/Users/Dell/Documents/Madamthesis/Literaur/Lacan/Lacan_Schriften_Spiegelstadium-als-Bildner-der-Ichfunktion.pdf, zuletzt geprüft am 24.11.2021.

Lacan, Jacques (Hg.) (1991): Das Werk von Jacques Lacan. 3., korrigierte Aufl. Weinheim: Quadriga.

Lacan, Jacques (1997): Buch III (1955-1956): Die Psychosen. Weinheim: Quadriga (Das Seminar von Jacques Lacan, 3).

Lacan, Jacques (2015): Das Seminar von Jacques Lacan. Hg. v. Jacques-Alain Miller. Wien, Berlin: Turia + Kant.

Lacan, Jacques (2015): Encore. Das Seminar, Buch XX (1972-1973). [3. Auflage]. Hg. v. Jacques-Alain Miller. Wien, Berlin: Turia + Kant (Das Seminar von Jacques Lacan / Text erstellt durch Jacques-Alain Miller, Buch 20).

Landes, Marie Kristin (2020): Vierter Tag im Prozess zum Halle-Attentat: Einblicke ins Privatleben. Online verfügbar unter https://www.mdr.de/nachrichten/sachsen-anhalt/magdeburg/magdeburg/reportage-vierter-prozesstag-privatleben-stephan-b-100.html, zuletzt aktualisiert am 26.11.2021, zuletzt geprüft am 26.11.2021.

Lang, Juliane (2017): Familie und Vaterland in der Krise. Der extrem rechte Diskurs um Gender. In: Sabine Hark und Paula-Irene Villa (Hg.): Anti-Genderismus. Sexualität und Geschlecht als Schauplätze aktueller politischer Auseinandersetzungen. 2., unveränderte Auflage. Bielefeld: transcript (Gender studies), S. 167-182.

Langemeyer, Ines (2009): Antonio Gramsci: Hegemonie, Politik des Kulturellen, geschichtlicher Block. In: Andreas Hepp: Schlüsselwerke der Cultural Studies. Hg. v. Friedrich Krotz und Tanja Thomas. Wiesbaden: VS Verlag für Sozialwissenschaften (Springer Link Bücher), S. 72-82.

Lehming, Malte (2014): SPD und Linke in Thüringen: Vorwärts und stets vergessen – Meinung – Tagesspiegel. Tagesspiegel. Online verfügbar unter https://www.tagesspiegel.de/meinung/spd-und-linke-in-thueringen-vorwaerts-und-stets-vergessen/10944086.html, zuletzt aktualisiert am 24.11.2021, zuletzt geprüft am 24.11.2021.

Lindhoff, Lena (2003): Einführung in die Feministische Literaturtheorie. 2nd ed. Stuttgart: J. B. Metzler'sche Verlagsbuchhandlung & Carl Ernst Poeschel GmbH (Sammlung Metzler). Online verfügbar unter https://ebookcentral.proquest.com/lib/kxp/detail.action?docID=6303556.

Louis, Chantal (2018): Wie wurde Breivik zum Massenmörder? https://www.emma.de/artikel/einer-von-uns-frauenhasser-breivik-335539, zuletzt geprüft am 24.11.2021.

Luzerner Zeitung (2019): Terror in Christchurch – Attentäter Tarrant nahm sich den norwegischen Massenmörder Breivik zum Vorbild, 16.3.2019. Online verfügbar unter https://www.luzernerzeitung.ch/international/attentater-tarrant-nahm-sich-den-norwegischen-massenmorder-breivik-zum-vorbild-ld.1351303, zuletzt geprüft am 24.11.2021.

Manne, Kate (2020): Down girl. The logic of misogyny. London: Penguin Books.

Maget-Scherney, Ingrid (1995): Die Entwicklung der Matriarchatsdebatte im deutschsprachigen Raum. Ein Beitrag zur Bestandsaufnahme. In: Österreichische Zeitschrift für Geisteswissenschaften, H. 6, S. 201-217.

Marcus, Dorothea (2021): Phänomen QAnon – Verschwörung als großes Spiel. Deutschlandfunk. Online verfügbar unter https://www.deutschlandfunk.de/phaenomen-qanon-verschwoerung-als-grosses-spiel-100.html, zuletzt aktualisiert am 24.11.2021, zuletzt geprüft am 24.11.2021.

Mari (2020): Ich bin in die Dating Coach Szene eingetaucht und musste fast kotzen – Feminismus oder Schlägerei. Feminismus oder Schlägerei. Online verfügbar unter https://feminismus-oder-schlaegerei.de/2020/11/07/ich-bin-in-die-datin-coach-szene-eingetaucht-und-musste-fast-kotzen/, zuletzt aktualisiert am 7.11.2020, zuletzt geprüft am 26.11.2021.

Mattis, Mirja (2018): „Faschisten der Zukunft". Yahoo!nachrichten. Online verfügbar unter https://de.nachrichten.yahoo.com/us-politiker-verbreitet-falsches-churchill-zitat-110319648.html?guce_referrer=aHR0cHM6Ly93d3cuYmluZy5jb20v&guce_referrer_sig=AQAAAKJCrfWlKXbxB5bLWSIPXK67-0djZgNy5wiCjx_Ydo4GtVNpuAxf2hFSPOopLtQZt_5M5TyiIpiraArRghzk_merGmv1SfaC7FyZGNNleqVoRCjww5qXnDiVldAQD040Rs46p_Bqd0166yXJ4xuWO7QYVkoq67bEkEOLeXqXDgpO&guccounter=2, zuletzt geprüft am 24.11.2021.

MDR (2020): Halle-Attentat: Gamer-Kontakte von Stephan B. nicht ausreichend ermittelt | MDR.DE. Online verfügbar unter https://www.mdr.de/nachrichten/deutschland/politik/halle-attentaeter-stephan-b-ego-shooter-bfv-verfolgte-steam-kontakte-nicht-100.html, zuletzt aktualisiert am 24.11.2021, zuletzt geprüft am 24.11.2021.

Nicole Rosenbach, Per Quast; Steinhäuser, Marc (2021): Ermittlungen gegen Kinderpsychiater Winterhoff. In: wdr.de, 16.9.2021. Online verfügbar unter https://www1.wdr.de/nachrichten/landespolitik/winterhoff-vorwuerfe-jugendamt100.html, zuletzt geprüft am 26.11.2021.365Z.

NSU Watch (2018): NSU-Watch: „Dieses Urteil ist ein Schlag ins Gesicht für die Angehörigen der vom NSU Ermordeten und die Überlebenden des NSU-Terrors." – Pressemitteilung vom 11.7.2018 | NSU Watch. Online verfügbar unter https://www.nsu-watch.info/2018/07/nsu-watch-dieses-urteil-ist-ein-schlagins-gesicht-fuer-die-angehoerigen-der-vom-nsu-ermordeten-und-die-ueberlebenden-des-nsu-terrors-pressemitteilung-vom-11-07-2018/, zuletzt aktualisiert am 15.7.2018+00:00, zuletzt geprüft am 24.11.2021.197Z.

n-tv (2020): Stephan B. lacht bei Tatvideo des Halle-Anschlags. Online verfügbar unter https://www.n-tv.de/mediathek/videos/politik/Stephan-B-lacht-bei-Tatvideo-des-Halle-Anschlags-article21927997.html, zuletzt aktualisiert am 22.7.2020.000Z, zuletzt geprüft am 24.11.2021.

ORF (2014): Polizei identifiziert Amokschützen von Kalifornien. In: ORF.at, 25.5.2014. Online verfügbar unter https://orf.at/v2/stories/2231365, zuletzt geprüft am 26.11.2021.

Phönix (2012): Urteilsverkündung gegen Anders Breivik vom 24.8.2012. Online verfügbar unter https://www.youtube.com/watch?v=gHc-cuzLDTE, zuletzt aktualisiert am 26.11.2021, zuletzt geprüft am 26.11.2021.

Pohl, Rolf (2009): Konstellationen des Antisemitismus. Theorie – Forschung – Praxis. Der antisemitische Wahn Aktuelle Ansätze zur Psychoanalyse einer sozialen Pathologie. Online verfügbar unter http://www.agpolpsy.de/wp-content/uploads/2009/05/rolf-pohl-der-antisemitische-wahn.pdf, zuletzt geprüft am 24.11.2021.

Pohl, Rolf (2018): Sexualität und Gewalt – Über Männlichkeitskrisen, Weiblichkeitsabwehr und die Zerstörung der Frau als Subjekt. Online verfügbar unter https://www.youtube.com/watch?v=x0fu8rTmYwQ, zuletzt geprüft am 24.11.2021.

Pohl, Rolf (2019): Feindbild Frau. Männliche Sexualität, Gewalt und die Abwehr des Weiblichen. 2. Auflage. Hannover: Offizin.

Postone, Moishe (1995): Nationalsozialismus und Antisemitismus. Ein theoretischer Versuch", in: Werz, Michael (Hrsg.): Antisemitismus und Gesellschaft. Zur Diskussion um Auschwitz, Kulturindustrie und Gewalt, Frankfurt 1995: Verlag Neue Kritik, S. 29-43.

Pütz, Maximilian (o.J.): Braucht man Muskeln um Frauen klar zu machen? Online verfügbar unter https://www.casanovacoaching.de/medien/videos/.

Pütz, Maximilian (2020): Casanova Coaching. In: Casanova Coaching, 17.1.2020. Online verfügbar unter https://www.casanovacoaching.de/, zuletzt geprüft am 24.11.2021.

Rathjen, Tobias (2020a): Mannifest.

Rathjen, Tobias (2020b): Tobias Rathjen shooting in Hanau Video. Online verfügbar unter https://archive.org/details/hanau/Erkl%C3%A4rung.mp4, zuletzt aktualisiert am 25.11.2021, zuletzt geprüft am 25.11.2021.

Rathkolb, Oliver (2011): Neuer politischer Autoritarismus, online verfügbar unter https://www.bpb.de/shop/zeitschriften/apuz/59723/neuer-politischer-autoritarismus/, zuletzt geprüft am 22.5.2022.

Ribeiro, Manoel Horta; Blackburn, Jeremy; Bradlyn, Barry; Cristofaro, Emiliano de (2020): From Pick-Up Artists to Incels: A Data-Driven Sketch of the

Manosphere. Binghamton University, University of Illinois at Urbana-Champaign, University College London, Max Planck Institute for Informatics. Online verfügbar unter https://arxiv.org/pdf/2001.07600v1.pdf, zuletzt geprüft am 24.11.2021.

Rodger, Elliott (2014a). Online verfügbar unter https://www.youtube.com/watch?v=-okAStQbGLo.

Rodger, Elliott (2014): My Twisted World. The Story of Elliott Rodger.

Rodger, Elliott a. (2014): Why do girls hate me so much? Online verfügbar unter https://www.youtube.com/watch?v=CF_1g53AMP4, zuletzt geprüft am 24.11.2021.

Sabrow, Martin (2010): Der vergessene "Dritte Weg", online verfügbar unter https://www.bpb.de/shop/zeitschriften/apuz/32883/der-vergessene-dritte-weg/, zuletzt geprüft am 20.6.2022.

Sarrazin, Thilo (2018): Deutschland schafft sich ab. Wie wir unser Land aufs Spiel setzen. 23., durchgesehene Auflage. München: Deutsche Verlags-Anstalt.

Schiefenhövel, Jan (2020): Auch ein Jahr danach bleibt viel Leere. In: Frankfurter Allgemeine Zeitung, 8.2.2020. Online verfügbar unter https://www.faz.net/aktuell/rhein-main/das-trauma-von-hanau-17187358.html, zuletzt geprüft am 25.11.2021.

Schmincke, Imke (2017): Das Kind als Chiffre politischer Auseinandersetzung am Beispiel neuer konservativer Protestbewegungen in Frankreich und Deutschland. In: Sabine Hark und Paula-Irene Villa (Hg.): Anti-Genderismus. Sexualität und Geschlecht als Schauplätze aktueller politischer Auseinandersetzungen. 2., unveränderte Auflage. Bielefeld: transcript (Gender studies), S. 93-108.

Schmiester, Carsten (2021): Norwegen und der Massenmord. Zehn Jahre nach Breiviks Tat, online verfügbar unter https://www.deutschlandfunkkultur.de/norwegen-und-der-massenmord-zehn-jahre-nach-breiviks-tat-100.html, zuletzt geprüft am 20.5.2022.

Scholtyseck, Thilo (2021): Aktuelle Petition: Mutter von Halle-Attentäter nie mehr Lehrerin. In: BILD, 25.1.2021. Online verfügbar unter https://www.bild.de/regional/sachsen-anhalt/sachsen-anhalt-news/aktuelle-petition-mutter-des-halle-attentaeters-soll-nicht-mehr-als-lehrerin-arb-75067256.bild.html, zuletzt geprüft am 26.11.2021.

Schulz, Bernhard (2005): Ein weites Feld, online verfügbar unter https://www.tagesspiegel.de/kultur/ein-weites-feld/607298.html, zuletzt geprüft am 20.6.2022.

Schulz, Julia (2022): Tagesschau vom 17.5.2022, https://www.tagesschau.de/multimedia/sendung/tt-9377.html.

Schon, Manuela (2018): Prostitution als Spielfeld zur Reproduktion männlicher Herrschaft. In: Carina Angelina, Stefan Piasecki und Christiane Schurian-Bremecker (Hg.): Prostitution heute. Befunde und Perspektiven aus Gesellschaftswissenschaften und Sozialer Arbeit. Baden-Baden: Tectum Verlag, S. 57-74.

Scholz, Roswitha (2011): Das Geschlecht des Kapitalismus. Feministische Theorien und die postmoderne Metamorphose des Patriarchats, Bad Honnef: Horlemann.

Schon, Manuela (2020): Prostitution als Teil männlicher Herrschaft. In: Feministisches Bündnis Heidelberg (Hg.): Was kostet eine Frau? Eine Kritik der Prostitution. Erste Auflage. Aschaffenburg: Alibri Verlag, S. 49-68.

Schüßler, Michael (2020): Judenhass und der Kampf um männliche Vorherrschaft – Über den Zusammenhang von Antisemitismus, autoritärer Männlichkeit und Weiblichkeitsabwehr. Amadeu Antonio Stiftung. Online verfügbar unter https://www.idz-jena.de/pubdet/wsd8-14/, zuletzt aktualisiert am 26.11.2021, zuletzt geprüft am 26.11.2021.

Sigmund-Wild, Irene (2000): Anerkennung des Ver-rückten. Zu Luce Irigarays Entwurf einer "Ethik der sexuellen Differenz". Marburg: Tectum-Verl. (Wissenschaft im Tectum-Verlag).

Siri, Jasmin (2017): Paradoxien konservativen Protests. Das Beispiel der Bewegung gegen Gleichstellung in der BRD. In: Sabine Hark und Paula-Irene Villa (Hg.): Anti-Genderismus. Sexualität und Geschlecht als Schauplätze aktueller politischer Auseinandersetzungen. 2., unveränderte Auflage. Bielefeld: transcript (Gender studies).

Soiland, Tove (2013): Lacan und Marx: das Subjekt und die Ideologie (32), S. 140-154. Online verfügbar unter https://www.e-periodica.ch/cntmng?pid=wis-001:2013:32::480, zuletzt geprüft am 24.11.2021.

Soiland, Tove (o.J.): Landnahme der individuellen und sozialen Reproduktion: eine feministische Perspektive auf die Transformation des Sozialen. Online verfügbar unter http://www.theoriekritik.ch/?p=3180, zuletzt geprüft am 24.11.2021.

Soiland, Tove (2013): Das Theoremder Neuen Landnahme: Eine feministische Rückeroberung. In: Jahrbuch Denknetz. Online verfügbar unter http://www.denknetz.ch/wp- 30 content/uploads/2017/07/Das_Theorem_der_neuen_Landnahme._Beitrag_in_Jahrbuch_2013.pdf, zuletzt geprüft am 13.4.2022.

Soiland, Tove (2010): Luce Irigarays Denken der sexuellen Differenz. Eine dritte Position im Streit zwischen Lacan und den Historisten. Reprint. Wien, Berlin: Turia + Kant (Turia Reprint).

Soiland, Tove (2018): Der Umsturz des Ödipalen. Ein feministisches Dilemma. In: Regina Becker-Schmidt, Charlotte Busch und Mira Kaszta: Der Riss durchs Geschlecht. Feministische Beiträge zur Psychoanalyse. Originalausgabe. Hg. v. Charlotte Busch, Britta Dobben, Max Rudel und Tom David Uhlig. Gießen: Psychosozial-Verlag (Forum Psychosozial), S. 95-116.

Spiegel (2022): Polizei durchsucht Praxis von Kinderpsychiater Michael Winterhoff, https://www.spiegel.de/panorama/justiz/michael-winterhoff-polizei-durchsucht-praxis-von-kinderpsychiater-a-d6fb9f95-6035-47e3-8447-5548820c85d3, zuletzt geprüft am 22.6.2022.

Statista (2021): Todesfälle in Zusammenhang mit dem Coronavirus (COVID-19) in Deutschland nach Alter und Geschlecht. Online verfügbar unter https://de.statista.com/statistik/daten/studie/1104173/umfrage/todesfaelle-aufgrund-des-coronavirus-in-deutschland-nach-geschlecht/, zuletzt geprüft am 24.11.2021.

Stein, Hannes (2019): Columbine High School: Er rief „Kuckuck“ und schoss ihr mit einer Schrotflinte mitten ins Gesicht. In: WELT, 20.4.2019. Online verfügbar unter https://www.welt.de/geschichte/article192139211/Columbine-High-School-Er-rief-Kuckuck-und-schoss-ihr-mit-einer-Schrotflinte-mitten-ins-Gesicht.html, zuletzt geprüft am 26.11.2021.

Steinert, Heinz (1999): Kulturindustrielle Politik mit dem Großen & Ganzen: Populismus, Politik-Darsteller, ihr Publikum und seine Mobilisierung, In: IPG, H. 4, S. 402-413.

Steinhagen, Martin (2019): Lübcke-Mord: Terror aus dem »führerlosen Widerstand«. Hg. v. Blätter Verlagsgesellschaft mbH. Online verfügbar unter https://www.blaetter.de/ausgabe/2019/august/luebcke-mord-terror-aus-dem-fuehrerlosen-widerstand, zuletzt aktualisiert am 26.11.2021, zuletzt geprüft am 26.11.2021.

Stögner, Karin (2020): Von „Geldjuden“ und „Huren“ – Kritik der antisemitisch-sexistischen Ideologie. In: Institut für Demokratie und Zivilgesellschaf [Hrsg.]: Wissen schafft Demokratie. Schwerpunkt Antisemitismus, Bd. 8. Jena, S. 86-93.

Stögner, Karin (2007): Antisemitismus und Antifeminismus: eine zeitdiagnostische Studie der Vermittlung von Vorurteilen. Institut für Konfliktforschung. Online verfügbar unter http://www.ikf.ac.at/pdf/Antisemitismus_und_Antifeminismus.pdf, zuletzt geprüft am 24.11.2021.

Süddeutsche Zeitung (2021): Als “Verdachtsfall” eingestuft. Online verfügbar unter www.sueddeutsche.de/kultur/antaios-verlag-als-verdachtsfall-eingestuft-1.5323171, zuletzt geprüft am 24.11.2021.

Tagesschau (2016): Attentat in München 2016: Ermittler sehen doch rechtsradikale Tat. In: tagesschau.de, 2016. Online verfügbar unter https://www.tagesschau.de/inland/muenchen-attentat-oez-101.html, zuletzt geprüft am 24.11.2021.

Tarrant, Brenton (2019): The great Replacement. Towards a new society. We march ever forwards.

Terre des Femmes (2018): Horror hinter geschlossen Türen: Erschreckende Zahlen zur Partnerschaftsgewalt in Deutschland. Online verfügbar unter https://www.frauenrechte.de/unserearbeit/themen/haeusliche-und-sexualisierte-gewalt/aktuelles/4154-der-horror-hinter-geschlossen-tueren-erschreckende-zahlen-zur-partnerschaftsgewalt-in-deutschland, zuletzt aktualisiert am 24.11.2021.

The Mob Reporter: Alek Minassian — full police interrogation of incel van attack driver. Online verfügbar unter https://youtu.be/VyHgtSy41VM, zuletzt geprüft am 24.11.2021.

Theweleit, Klaus (2019): Männerphantasien, Berlin: Matthes & Seitz.

The Republic (2021). Online verfügbar unter https://www.therepublic.de/, zuletzt aktualisiert am 26.11.2021, zuletzt geprüft am 26.11.2021.

Theweleit, Klaus (2015): Das Lachen der Täter: Breivik u. a. Psychogramm der Tötungslust. 3. Auflage. St. Pölten, Salzburg, Wien: Residenz Verlag (Unruhe bewahren).

Treusch-Dieter, Gerburg (2005). Luce Irigaray: Speculum. Spiegel des anderen Geschlechts. In: Löw, M., Mathes, B. Schlüsselwerke der Geschlechterforschung. Wiesbaden: VS Verlag für Sozialwissenschaften.

Verlag Antaios (o.J.): Revolte gegen den Großen Austausch. Werbungstext. Online verfügbar unter https://antaios.de/gesamtverzeichnis-antaios/einzeltitel/14322/revolte-gegen-den-grossen-austausch, zuletzt aktualisiert am 26.11.2021, zuletzt geprüft am 26.11.2021.

Virchow, Fabian (2010): Tapfer, stolz, opferbereit – Überlegungen zum extrem rechten Verständnis „idealer Männlichkeit", In: Claus, Robert; Lehnert, Esther; Müller, Ives (Hrsg.): „Was ein rechter Mann ist ..." Männlichkeiten im Rechtsextremismus, S. 39-52.

Völkerling, Jörg (2020): Attentat in Halle: Das Schweigen der Mutter im Zeugenstand. In: BILD, 29.7.2020. Online verfügbar unter https://www.bild.de/regional/sachsen-anhalt/sachsen-anhalt-news/attentat-in-halle-das-schweigen-der-mutter-im-zeugenstand-72118952.bild.html, zuletzt geprüft am 24.11.2021.

Wagner, Kathrin (2018): Massenerschießungen auf Utøya. Eine prozesssoziologische Erklärung der Gewaltausübung im Fall Breivik. Online verfügbar unter file:///C:/Users/Dell/Documents/Madamthesis/Literaur/Anders%20Breivik/Wagner2018_ORDEX_Working-Paper_Massenerschiessungen-auf-Utoya.pdf.

Weißmann, Karlheinz (2010): 1.10.10 / Zur Konjunktur eines politischen Begriffs / Der konservative Ernstfall. Hg. v. Junge Freiheit. Online verfügbar unter https://jf-archiv.de/archiv10/201040100162.htm, zuletzt aktualisiert am 12.8.2016, zuletzt geprüft am 26.11.2021.

Universität Innsbruck: Genesis Kapitel 1 Vers 27, https://www.uibk.ac.at/theol/leseraum/bibel/gen1.html#27, zuletzt geprüft am 10.6.2022.

Vanheule, Stijn (2020): Über das Wesen der psychotischen Halluzinationen: Eine lacansche Sichtweise. Online verfügbar unter https://www.psychoanalyse-journal.ch/article/download/jfp.53.8/1395/, zuletzt geprüft am 25.6.2022.

Winterhoff, Michael (2008): Warum unsere Kinder Tyrannen werden: Oder: Die Abschaffung der Kindheit. Gütersloher Verlagshaus: Gütersloh & München.

Wikipedia (O. J.): Fremskrittpartiet. Online verfügbar unter https://de.wikipedia.org/wiki/Fremskrittspartiet#Gegnerschaft_zu_einer_Frauenquote.

Wimbauer, Christine; Motakef, Mona; Teschlade, Julia (2017): Prekäre Selbstverständlichkeiten. Neun prekarisierungstheoretische Thesen zu Diskursen gegen Gleichstellung und Geschlechterforschung. In: Sabine Hark und Paula-Irene Villa (Hg.): Anti-Genderismus. Sexualität und Geschlecht als Schauplätze aktueller politischer Auseinandersetzungen. 2., unveränderte Auflage. Bielefeld: transcript (Gender studies).

Wolfsburger Allgemeine (2015): Akif Pirinçci – Der Absturz eines erfolgreichen Autors. In: Wolfsburger Allgemeine, 22.10.2015, zuletzt geprüft am 24.11.2021.471Z.

Wolter, Nadine (2021): RKI-Studien: Deshalb erkranken und sterben sozial Benachteiligte häufiger an Covid-19. In: RND RedaktionsNetzwerk Deutschland, 17.4.2021. Online verfügbar unter https://www.rnd.de/politik/rki-studien-deshalb-erkranken-und-sterben-sozial-benachteiligte-haufiger-an-covid-19-G5ERYZMWRJFADDQLHRQ442F46I.html, zuletzt geprüft am 24.11.2021.

Woolf, Virginia (2020): Ein Zimmer für sich allein. München: Anaconda Verlag.

Zeit Online (2018): Norwegen: Anders Breivik scheitert mit Klage wegen Haftbedingungen. In: Die Zeit, 21.6.2018. Online verfügbar unter https://www.zeit.de/gesellschaft/zeitgeschehen/2018-06/norwegen-anders-breivik-emr-klage-abweisung-haftumstaende, zuletzt geprüft am 24.11.2021.

Zick, Andreas; Kipper, Beate; Mokros, Nico (Hg.): Die distanzierte Mitte. Rechtsextreme und demokratiegefährdende Einstellungen in Deutschland 2022/23, Berlin: Dietz.

Žižek, Slavoj (1998): Hysterie und Cyberspace. In: heise online, 7.10.1998. Online verfügbar unter https://www.heise.de/tp/features/Hysterie-und-Cyberspace-3440029.html, zuletzt geprüft am 26.11.2021.

Žižek, Slavoj (2002): Was Sie immer schon über Lacan wissen wollten und Hitchcock nie zu fragen wagten. 1. Aufl., Orig.-Ausg., [Nachdr.]. Frankfurt am Main: Suhrkamp (Suhrkamp-Taschenbuch Wissenschaft).

Žižek, Slavoj (2016): Lacan. Eine Einführung. 5. Auflage, Deutsche Erstausgabe. Frankfurt am Main: FISCHER Taschenbuch (Fischer-Taschenbücher, 17626).

Zupančič, Alenka (2001): Das Reale einer Illusion. Kant und Lacan. Originalausg., 1. Aufl. Frankfurt am Main: Suhrkamp (Suhrkamp-Taschenbuch Wissenschaft).

Zupančič, Alenka (2006): When Surplus Enjoyment Meets Surplus Value. In: Justin Clemens und Russell Grigg (Hg.): Jacques Lacan and the Other Side of Jacques Lacan and the Other Side of Psychoanalysis. Reflections on Seminar XVII. London: Durham, S. 155-178.

Alibri

Wassyla Tamzali

Eine zornige Frau

Brief aus Algier an die in Europa lebenden Gleichgültigen
Aus dem Französischen übersetzt von Lou Marin
Mit einem Nachwort von Naïla Chikhi
175 Seiten, Klappenbroschur, Euro 15.-
ISBN 978-3-86569-308-2

In der Debatte um Identitätspolitiken setzt die algerische Feministin Wassyla Tamzali dem Mythos der kollektiven Identität die Erinnerung an den Kampf für Freiheit und Gleichheit entgegen. Sie verteidigt den universalistischen Feminismus der Gleichberechtigung gegen kulturalistische und postmoderne Einschränkungen. Ihre besondere Kritik gilt jenem Teil der europäischen Linken, die die Ideale und Ziele der Revolte von 1968 vergessen haben und sich kulturrelativistischem Denken ergeben.
Vermeintlich postkoloniale Diskurse haben in Algerien und Frankreich – wie auch in Deutschland – zu einer Stärkung orthodox-religiöser und fundamentalistischer Positionen und Gruppen geführt. Dass viele europäische Feministinnen heute einem Kulturrelativismus folgen, ruft bei der Feministin Tamzali das Gefühl hervor, „zur Einsamkeit verurteilt" zu sein. Ihr Buch ist daher als Aufruf an die europäischen Freund*innen zu verstehen, ihr koloniales Schuldgefühl zu überwinden und den gemeinsamen Kampf für die unteilbaren Allgemeinen Menschenrechte weiter zu führen.
Tamzali schreibt darüber, wie der Begriff der „Vielfalt" die Vorstellungen von Gleichheit und Demokratie ersetzt, über „moderate" Vorzeigemuslime, über den patriarchalischen muslimischen Eros, über den Schleier und über ihre Erinnerung an den Tag der Unabhängigkeit, an dem die Frauen – von Schleier und Kolonialismus befreit – mit im Wind wehenden Haaren zu Hunderten auf den Straßen tanzten.

Naïla Chikhi / Rebecca Schönenbach (Hrsg.)

Ich will frei sein, nicht mutig

FrauenStimmen gegen Gewalt
Vorwort von Lale Akgün
175 Seiten, kartoniert, Euro 14.-
ISBN 978-3-86569-328-0

Nach der massiven sexuellen Gruppengewalt gegen Frauen in der Silvesternacht 2015 wurde die Debatte schnell von Rechtspopulisten und intersektionalen Kreisen instrumentalisiert. Damit war die Diskussion über Hintergründe und mögliche Prävention beendet, bevor sie richtig begonnen hatte. Frauenrechte gerieten aus dem Blick. Dabei warnen Feministinnen seit langem, dass frauenverachtende religiöse Vorstellungen und patriarchale Strukturen zu einem Backlash führen werden – finden aber kaum Gehör.
Die Autorinnen des Sammelbandes knüpfen in ihren Beiträgen an den emanzipatorischen, religionskritischen und revolutionären Geist der ursprünglichen Frauenbewegungen an. Sie analysieren die Fehler nach „Köln", berichten vom Kampf um Frauenrechte in der islamischen Welt und von eigenen Erfahrungen in Saudi-Arabien, Iran, Irak und Ägypten.

Alibri Verlag, Postfach 100 361, 63703 Aschaffenburg
Fon (06021) 62 62 560, www.alibri.de